U0121008

A History of the Dark
Side of Reason

理性的暗面

非理性的九副面孔

Irrationality

Justin E. H. Smith

[美] 贾斯汀·E.H.史密斯——著

王昕——译

九州出版社
JIUZHOUPRESS

弗朗西斯科·戈雅（Francisco Goya），《理性沉睡，心魔生焉》（*The Sleep of Reason Engenders Monsters*，1799）

谨以此书纪念肯尼斯·冯·史密斯

（Kenneth Von Smith，1940—2016）

每一种哲学皆有背面，那是非常重要的一面，这些背面就像人的后脑勺，想要看清，唯靠镜子的反射。

——赫尔曼·梅尔维尔，《骗子》（*The Confidence-Man*，1857）

目　录

序　言

数学家之死

塔兰托湾，公元前5世纪。他们把他的头按进水里，直到生命的气息完全消失。他们四人是首领亲自从学派里最无学识的教徒中选出来的，这些强壮的教徒表忠心的热情弥补了他们对数学的无知。根据指令，他们要等到可怜的受害者走到船边拉网时采取行动，并且要在他的四肢不再抽动时才罢手。他对即将发生的事毫不知晓，拽起甲板上湿乎乎的网绳，满心期待梭鱼和乌鱼会出现，结果看到了可怕的死亡。

不要泄露学团的秘密，尤其是那些有损立教之本的秘密。但这正是希帕索斯（Hippasus）所做的。消息还是传出去了，那些不穿袍子的人，那些嘲笑毕达哥拉斯学派的人都知道了，说是所谓事物相加的方式出了点小问题。构建这个世界的不可能是数字、比例、比率——理性，原因是，他们开始这样讲，数学烂到根了。如果世界真的是由数字建立起来的，那么它一定像这些数字一样不理性。不久前该教派在正方形的对角线上发现：它与正方形的两个边不成整比。如果计算一下，你就会得到一个永无止境的十进制序列。这怎么可能？如果这个数无法被确定下来，那怎么可能用它来给世上的某物定性呢？不，这不对。它是非理性的。泄露它的人必须死。

我们从杨布里科斯（Iamblichus）那里了解到了有关这个传说的第一个版本：溺水的梅塔蓬图姆（Metapontum）的希帕索

斯，是毕达哥拉斯学派的哲学家，有段时间也很有名，比苏格拉底早1个世纪左右。作为7个世纪后第一个记载这个传说的人，杨布里科斯告诉我们，把希帕索斯抛入大海的不是他的教友，而是天神，他似乎认为希帕索斯的罪不是泄露了非理性的本质这一天机，而是教授学派外的人在球体里雕刻十二面体这种没有多大争议的技艺。[1]在杨布里科斯之后，又过了几个世纪，好像是亚历山大的帕普斯（Pappus of Alexandria），于4世纪，也就是距事件发生差不多过去了一千年了，才第一次指出希帕索斯是因为揭露了正方形对角线的秘密而被故意杀害的。[2]几乎可以断定，这个传说不是真有其事，但正如其他有价值的传说一样，它的深刻意义并不需要真实发生来体现。

还有很多和这个故事类似的神话传说，但我们很难不把它同斯坦利·库布里克1969年拍摄的电影《2001太空漫游》的开场做一番哲学类比。在该片中，一个类人猿发现它有能力把一根骨头用作武器，于是它先杀了比较低等的貘，然后又制伏或杀死了其他的一些原始人对手。科学发现、技术创新、认知突破：这些都标志着人类的理性向前迈出了一步，即使它们通常也会成为新暴力的发动机，为这个世界尚未知晓的新的暴力形式提供手段。理性和凶残是人类历史的两极，而每一次创新——充当武器的骨头、对火的控制、书写、火药、互联网——都会增加它们各自的库存。在我们刚刚回顾的这两个有关原始人和希腊人的本质上是虚构的事件中，在主人公的身上都有灵光一闪的瞬间，而接下来他的命运，或者说人类的命运就注定无法改变了。这种灵光有时体现在神话里，就像在潘多拉的故事中，一个外部世界的盒子被打开了，但把它想象成一个内在事件或许更准确，一次顿悟，一次突破，之后一切都变了。

新力量带来了新危险，也为暴力带来了新机会。这种情况很容易随着科学技术的发展和伟大理论的发现而成倍增加，这些发现也开启了人类毁灭的新篇章。这是科学的悲剧性轨迹，詹姆斯·梅里尔（James Merrill）觉察到了这一点，在1982年的诗《桑多弗变化莫测的光》（*The Changing Light at Sandover*）中，他写到了一种"我们披荆斩棘，吻醒了"的"事物本质的力量"，并说它：

> 睁开充满恶意、扫荡一切的眼睛，深吸一口气
> 说出了新算法，足以灭绝百万人口（megadeath）。[3]

最后一个词让一支知名的激流金属乐队在起名时有了灵感，但事实上它是一个度量单位，用来计量原子弹爆炸导致的每一百万的死亡人数。梅里尔懂得，之所以能够实现用如此大的单位进行计量，与我们想要探索自然，渴望用理智去理解其机制的欲望是不可分的。工具的使用、几何学、理论物理：它们看起来非常相似，因为它们唤醒了我们的至善和至恶。同样地，对于人类历史的清醒评价，并不是简单地认定其进步或倒退，而应该看到它在解决问题和制造问题之间永远保持的平衡。人类头脑中最杰出的功能发挥作用的时候，同时也成了肌肉的实力得以显示的时候，但如果过了界，那便是劈头盖脸的打击。

帕普斯所讲的希帕索斯事件，从某些方面来说只是这段漫长而重复的历史中的另一个例，但是它包含了某种特殊之处，使它得以与别的事件区分开来。有助于我们制造核武器的发现并未揭

示出世界运转方式的非理性：我们已经知道世界由多种物质组成，它们要么特别热，要么特别冷，要么极具腐蚀性或分裂性，以至于与人类生存不相容。这些发现只是给我们提供了更多的机会，使我们邪恶地对待彼此，在更大程度上互相伤害。而无理数的发现要更加令人沮丧，因为它涉及一个团体——毕达哥拉斯学派，他们全身心地敬拜以数学为代表的理性，通过研究数学来表达他们对理性的崇拜，但无意间发现在崇拜对象的核心存在着非理性，结果就对团体中的一个人施以非理性的暴力。这一系列的行为引领我们出离狭义上的科学技术史，进入社会史和政治史，因为后者的历史篇章恰恰具有这种辩证运动的特点：从投身理想，到发现在运动中存在着与理想对立的、无法消除的张力，到最终，陷入理想的对立面。

这是理性的历史，因此也是它的孪生兄弟非理性的历史：颂扬理智和要消灭它的对立面；在生活中人们不得不忍受非理性，或许尤其是——或至少尤其令人困扰的是——在以铲除非理性为目的的运动中；最后，正是那些以抵抗非理性之堡垒而自居的思潮和社会组织，陷入了非理性的自我献祭。非理性，在个体层面上，表现为梦、情绪、激情、欲望、感情，并通过毒品、酒精、冥想来增强；在社会层面上，则表现为宗教、神秘主义、讲故事、阴谋论、体育狂热、暴乱、诡辩、集体游行，如果超出了它被规定的角色则是性欲，如果脱离了纸上的音符，具有了自己的生命，就成了音乐。它囊括了大部分人类生活，或许还掌控了大部分人类历史。也许它一直大权在握，而那些人类自认为将其成功制伏的历史时期则寥寥无几。

引　言

理性的孪生兄弟

在过去的几千年里，许多人为了摆脱我们生于其中的混乱——战争和暴力造成的混乱，情感未被满足或情感过剩带来的痛苦，或者牲畜般的生活产生的堕落——一直把希望寄托在一种能力上，一种传说只有人类成员才具有的能力上。我们称这种能力为"理性"或"理智"。通常认为，它是在古希腊时期被发现的，而在现代欧洲初期几乎被提升到了神圣的高度。或许，没有什么比1789年法国大革命之后，在被没收的天主教堂里临时搭建起的"理性神庙"更能体现这种现代崇拜了。然而，将中世纪庄严的教堂改为"理性神庙"这种换汤不换药的做法，表明在人类试图按照理智来生活，以及根据理性原则来打造社会的努力中，很可能存在着一种无法消除的矛盾。为理智搭建庙宇让人觉得荒谬可笑，让人感觉这实在是非理性的。人们在这些庙宇里该做什么呢？祈祷吗，还是跪拜？但以前信徒们在教堂里不也是这样跪倒磕头吗？我们不是应该从中解放出来吗？

现在，我们也许应该理解，理智的任何成功都是暂时的、可逆的。任何想让事物永远处于有序状态、消除极端主义、确保所有人都能在以理性为原则而构建的社会中舒适平静地生活的乌托邦式的努力，从一开始就注定会失败。这个问题的辩证本质也很明显：希求的事情包含着与它相反的内容，每一个认真想要用理性建构社会的企图，或早或晚，好像是由于某种自然法则，结果都会转变成非理性暴力的爆发。看起来，我们越要为理智奋斗，就越会陷入非理智。强行推行理性，让人类或社会更加理性，这类愿望通常会突变成非理性的大爆发。它要么激发出浪漫的非理性主义作为其反应，要么在理性最狂热的倡导者中引发出自相矛盾的想法，他们认为理性就是那种应该由少数已经获得了启蒙的人强行或依法迫使愚昧大众接受的事物。

贯穿本书的有大量的例证，以及我希望能够具有指导意义的附带说明，但是核心观点非常简单：无论是在社会中，还是在运用我们自己的智力时，试图消灭非理性的做法都是非理性的。如果真要消灭它，那么将产生这样一种后果，这种后果被法国历史学家保罗·阿扎尔（Paul Hazard）令人难忘地描述为"侵略性的理智"（la Raison aggressive）。[1]

从启蒙运动到神话

1944年，西奥多·阿多诺和马克斯·霍克海默在他们里程碑式的著作《启蒙辩证法》[2]中，对理性与非理性的两极之间发生的持续运动——理智急转掉头变为它的对立面——做了细致入微的描写。此书写于他们逃亡加利福尼亚期间，当时纳粹政权发动的战争正在他们的祖国肆虐，大肆破坏着养育了他们的文明。此处没有必要重复他们书中精妙绝伦的叙述。这两位德国作者尤其感兴趣的是"启蒙运动如何变回神话"，也就是说，为了解决社会问题，为了所有人的利益，基于对理智的完善和应用而建立起来的社会哲学怎么可能会转变或僵化成了法西斯主义：这一政治意识形态没有践行丝毫的理智，而仅仅是用残忍的暴力，操纵大多数人为少数人的利益服务。

自1944年以来发生了太多的事情。阿多诺和霍克海默很有预见力，他们的思想即使在现在也仍有价值，但还是有很多事他们没有料到。马克思主义对学者而言，仍是理解世界历史进程的有价值的分析工具。以激进的经济再分配为目标的革命运动仍对全世界的许多人具有吸引力，尽管通过革命建立社会主义的第一次伟大尝试在20世纪末之前已经失败了。21世纪初，我们仍在努力理解特朗普主义-普京主义这个新现象，它的意识形态的模糊性似乎是前所未有的，但它似乎也明确宣布了自由民主制的终结，或至少是对自由民主制构成了致命的威胁，然而作为一种抱负和理想，自由民主制直到最近仍在美国深入人心。

阿多诺和霍克海默的贡献在于预见到了统治过20世纪中叶的自由主义政治的意识形态会重现——在他们看来它仅仅只是扮作一种缺乏意识形态的状态——它具有一种倒向法西斯主义的天然倾向。最近，持类似观点的人认为当前民粹主义在全球兴起——在美国则因唐纳德·特朗普的崛起而产生了变体——就是这一进程不可避免的结果。自由民主褪下了它的表皮，化身为各种样子，既可以是一条狡猾的法西斯主义毒蛇，也可以是花园里一条普通的民粹主义民族运动之蛇。无论是哪种情况，几十年前在阳光灼人的陌生之地流亡的两位有远见的德国马克思主义者都早已预见到了它的出现。特朗普装作华盛顿、杰斐逊和林肯的继承者，但他并不关心他们曾经关心的事情。"让美国再次强大起来"的诉求所依据的是有关美国过去的神话，这种神话从根本上与启蒙运动背道而驰，与了解我们是谁，实际上从哪里来背道而驰。总之，阿多诺和霍克海默的公式被验证了：启蒙运动已经变成了神话。两位德国作者认为这是启蒙运动自身的问题，不过在接下来的章节中我们也会看到其他的解释。

无论如何，我们根本不清楚特朗普本人是不是反启蒙运动的理论家。对于这一定义清晰的任务，他看起来不具备必要的清醒和成熟。然而，他被一群这样的理论家簇拥着，受益于他们的支持，因此即使他不是反启蒙运动的非理性的代理人，那至少也是反理性的次级载体。从历史上看，他的崛起正值知识界的许多作家和名人对启蒙哲学的核心主张提出一致批评的时候。我们可以将这些主张归为如下两点：其一，我们每个人都被赋予了理性，能够认识自己和自己在自然以及社会中所处的位置；其二，为了使个体能够茁壮成长，也为了使我们每个人能用自己的方式助益社会，最佳的社会组成形式应该让我们能自由地运用理智。我们也许希望能对启蒙运动的这个马马虎虎的定义做一番润色打磨，但目前这个已够用了，尤其是在让我们明白目前受到攻击的是什么这件事上；那些时而有意，时而无意地打造后启蒙主义文化和后民主价值观的硅谷新贵们，以及目前各种各样的思想家，他们借由抵制社会长久渴望和迫切需求的平等和民主参与，而使自己在知识界居于“前卫”。

启蒙的辩证法——在这我指的不是那本书，而是它的进程——已经被仔细研究过了，而且不只是被马克思主义者。法国的新保守主义思想家帕斯卡尔·布吕克内（Pascal Bruckner）甚至在1995年就已经提出个人主义把部落文化作为它的终极逻辑目标，因为在一个以个人自由为根基的社会里，个体"也许会获得自由，但也会失去安全"³。因此也就出现了我们现在耳熟能详的转变，像年轻的电脑黑客和年迈的放牛牧场主这类人在2008年左右把自己看作自由主义者，而到了2016年就加入了某种国家民族主义的个人崇拜的拥护大军。

自由主义哲学家以赛亚·伯林在1973年的一篇文章中用英语普及了"反启蒙"（counter-Enlightenment）这个术语。泽夫·斯汤奈尔（Zeev Sternhell）指出，这个术语第一次出现是以德语Gegen-Aufklärung出现在弗里德里希·尼采的著作中，并于20世纪早期在德国广为传播。斯汤奈尔自己作为一个有思想的自由主义历史学家，在2006年发表了他的重要研究著作《反启蒙》，在其中他详细阐述了埃德蒙·伯克（Edmund Burke）和J. G. 赫尔德（J. G. Herder）等人关于现代政治思想史的作品的重大意义。据斯汤奈尔所言，有两种趋势一起出现在18世纪，这一时期"不仅标志着理性主义的现代性诞生了，同时还标志着其对立面的诞生"⁴。把这一主题和它的对立面看作是在历史和概念上同时出现的，也就意味着不把启蒙和反启蒙对立起来，而是把它们当作了孪生兄弟，同时也不把理智和非理智对立起来，而是把它们当作一个统一的、不可分的整体的明暗两面。

正如斯汤奈尔注意到的，作为一种运动和情感的反启蒙在尚未被命名之前就早已存在了。他认为18世纪初那不勒斯的思想家詹巴蒂斯塔·维柯（Giambattista Vico）首次提出了一种世界观，它重视的是不能被简单概括化的个体，而这种世界观与不久后启蒙运动对普遍之重要性的强调正相反。斯汤奈尔的分类法，即谁属于启蒙的一方、谁又属于反启蒙的一方，有时候是怪异的，正如其他任何进行这种分类的尝试也都确实如此。例如，他把让-雅克·卢梭看成法国启蒙运动的核心人物。最近，潘卡吉·米舍尔（Pankaj Mishra）在他的畅销书《愤怒的时代：一部当代史》（*Age of Anger: A History of the Present*）中，把卢梭的特殊主义与伏尔泰的典范启蒙思想进行了对比，发现二者是对立的。米舍尔认为，两位思想家在波兰民族自决权这一问题上所站的立场，标志性地体现了他们各自的理念。伏尔泰受雇和服务于俄罗斯的凯瑟琳女皇，认为波兰人是不可救药、落后愚昧的人种，而这为俄罗斯帝国之后用武力征服波兰提供了辩护。必须用武力启蒙波兰人，这就是伏尔泰的观点。

卢梭正相反，他在写于18世纪70年代初的《关于波兰政体的思考》（*Considerations on the Government of Poland*）中提出，波兰应该保有自己的民族习惯，不要让自己被其他任何泛欧洲文化同化。卢梭认为，如果这种文化上的抵抗能够成功，那么即使在政治上被外部势力统治，一个民族也不会被完全征服或灭绝。"只要确保没有波兰人变成俄罗斯人，"他写道，"那我敢保证俄罗斯就不会征服波兰。"[5]米舍尔认为这两位思想家各自的立场开启了现代思想的两个截然不同的分支。伏尔泰热衷于用武力推广启蒙运动，他坚信事实上只有一种正确的做事方法，关于如何构建社会只有一种普世标准，这个思想后来的衍生品就是2003年新保守主义带领的入侵伊拉克的这类失败冒险。反之，卢梭是那些反霸权势力的元祖，他们抵制20世纪和21世纪普世主义者的帝国主义和全球主义，如伊斯兰宗教激进主义和推动了英国脱欧和唐纳德·特朗普当选的各种民粹主义。

在过去的几年里，启蒙运动又重新引起了美国公众的广泛关注，受到思想家和专家的推动和赞美，这些人既没有被右翼民粹主义诱惑，也没有受到愤愤不平的身份主义（identitarianism）的影响，这种身份主义退回到身份群体中，进而执迷于各自的特权等级，这种执迷出现在左派中，尤其俘获了许多美国大学生的心。一些反对这两个极端的思想家认为它们不过是对同一个观念的镜像体式的表达，即排斥个体理智和自主性的这种狭隘的观念，并反过来提倡现在有时被称为"激进的中立主义"的观点。值得一提的是，心理学家史蒂芬·平克（Steven Pinker）令人称赞地意识到在当今这一历史时刻，鉴于右派和左派基本上是不加反思地全盘摒弃启蒙运动的遗产，所以是时候重新评价和捍卫它对人类发展所做的真正贡献了。平克2018年的书《当下的启蒙：为理性、科学、人文主义和进步辩护》表明值得我们捍卫的有很多。[6]然而，他把启蒙哲学和科学理性合并起来的观点受到了广泛的批评，而历史记录清楚地表明，大多数典型的启蒙哲学家都非常重视情绪和激情在指导我们日常行为时具有的重要作用，并且警告我们如果把理智的功能当作至上权威一味服从，会带来很多危险。

　　一种不太常见，但也不乏严肃性的针对平克著作的批评指出，他对我们所说的启蒙辩证法显然不够敏锐。平克很少提到阿多诺和霍克海默，这件事本身不见得错。他的错误在于，在一部致力于为当今世界揭示那个时代的政治和哲学遗产的著作中，毫无根据地假设启蒙运动牵涉其对立面的方式不值得我们去认真对待。没有重视这一牵涉关系，说明没有严肃地考量从自由主义到法西斯主义的那种突变，而这正是令处于左派立场的阿多诺和霍克海默最感兴趣的问题。不仅如此，这也使得启蒙运动的捍卫者无法解释暗含在启蒙话语中的明显的虚伪性和局限性——例如，1791年《世界人权宣言》(*Universal Declaration of the Rights of Man*)的支持者拒不接受来自奥兰普·德古热(Olympe de Gouges)对此做出的女权主义的还击——《女权和女公民权宣言》(*Universal Declaration of the Rights of Woman and of the Female Citizen*)；再如，许多法国革命者拒绝承认激励了他们的价值观也同样加速了圣多明各奴隶的反抗。严肃的论据表明这些不只是一个大体上没有什么问题的系统出了些小故障；相反，启蒙运动的自相矛盾和自我破坏是这个系统一直固有的。即使有人不承认这些观点，它们也并不是边缘的观点，它们值得探讨。

在启蒙运动的更下游，我们碰到了乔丹·B.彼得森(Jordan B. Peterson)，他最近刚刚在北美文化界崭露头角，好像是特意来为我们解释阿多诺和霍克海默的观点的。彼得森宣称自己是"古典自由主义者"，然而他的追随者们更适合被看作一群自发地凝聚在一起的年轻而心怀不满的身份主义者。这种身份主义生动地反映了当下有时被称为"跨界"左派的人，或是在互联网的角落里被称为"清醒"的人们所推崇的那种身份主义，这些人大概是敏感地，或许是超敏感地意识到了种族主义、性别歧视以及其他压迫形式构建日常社会现实以及定义每个人的经历范围的那些方式，且不论他们是有意识地还是无意识地感知到这一点的。彼得森的拥趸事实上已经被排除在清醒圈外了（除非他们准备好扮演俯首帖耳和虚情假意的"同盟者"角色），所以他们满怀着憎恨，带着刚刚发现的属于他们自己的身份主义意识聚集在了彼得森的周围。或许他不应因这群被他吸引的人而受到非难，但是就事论事，他宣称自己是启蒙运动的接班人也无助于让人理解启蒙运动事实上是什么，以及其遗产的许多复杂分支。他一直抱着20世纪国家共产主义造成的破坏不放。与阿多诺和霍克海默不同——他们只把法西斯主义看作启蒙运动在辩证法上引发的对立面——彼得森把左派的独裁主义简单地、直截了当地，也就是非辩证地，当作他所倾心的政治社会哲学的反面。这种观点显然忽视了20世纪工人和农民——从1917年的布尔什维克到20世纪70年代的柬埔寨政权——的各种解放运动，这些运动与1791年《世界人权宣言》的哲学主张有着一脉相承的联系，而这部宣言也可以被看作启蒙哲学精神的精髓。这不是在谴责启蒙运动给我们带来了红色高棉，而仅仅是承认一个显而易见的事实，即一个人若认为自己是启蒙运动的继承人，却不认可所有其他任性的继承人，那么无论他与他们是多么地不同，都不能把他的话当真。启蒙运动也许确实值得人们为之辩护，但是正如非自由左派喜欢说的，它的问题之大，也足以使得认真的辩护者们觉得有责任面对和解释它的所有衍生形式，以及它一直未能实现的对人类潜能的诸多想象。

此时此刻

这是一本书，而非一篇社交网络发言，因此，过多地谈及可能在我最终交稿和书稿付梓期间就又归于寂寂无闻、仅仅因我敲打键盘才短暂现身的人是不明智的。所以我们还是尽量坚持援引那些到目前为止看起来还无可争议的经典作者的著述。然而，无论这些经典作者有多么各司其职，无论什么样的政治倾向影响了他们对历史的编写，阿多诺、霍克海默、伯林、斯汤奈尔、米舍尔和其他作者都认同，或是强烈地表明了，现代思想史中始终存在着一种根本的张力，这种张力存在于普遍主义和特殊主义之间：前者认为所有人都有着同样的命运，因为每个人的自然本质相同；后者则认为每一群体都有着特殊通道（Sonderweg）——也就是独特的路径，对于这条路径来说是正确或合适的东西并不能适用于其他环境，这些路径也不可能被放入一个对不同群体的成就进行比较和排名的等级体系中。我的目的并不是要把这个老生常谈的故事再讲一遍，尽管我们所关注的问题在很大程度上与把它讲述得很好的人所关心的问题有交集。启蒙和反启蒙的历史学家通常感兴趣的主要是与构造一个社会所需的最好的理想和价值有关的理论。很明显，他们意识到了理智是与启蒙有关的价值，而反启蒙，如果不总是赞美非理智的话，至少在把非理智的对立面作为社会组织的最高准则时也是一直小心翼翼的。这些作者中的大多数人很少注意到，理智被现代哲学概念化了，成了人类智力特有的能力，进而他们也很少注意到，在有些方面，启蒙政治哲学——借用柏拉图《理想国》的核心理念——最终成了显而易见的人类灵魂哲学。或者如在19世纪早期，斯达尔夫人（Germaine de Staël）所表述的那样，"维持构成社会秩序基础的原则不可能背离哲学，因为这些原则与理智是一致的"[7]。

　　无论我们是否有理由在灵魂与城市、个体与国家之间来回移动，我们都要明白，如今这个时代的人们事实上就是自由地在两极间往复运动着，正如柏拉图那样，并且他们很少停下来问一问，个体是否真的是社会的微观形式，我们是否可以把对两者之一的理解同时运用于另一个之上。举一个最近新闻界关于社交媒体对我们的认知功能和社会秩序的影响的例子，这种主题现在很常见了：2017年末，保罗·路易斯（Paul Lewis）在《卫报》上的一篇文章中写道："如果苹果、脸书、谷歌、推特、照片墙和快拍逐渐碎片化了我们控制自身精神的能力，那么我想知道，是否到了某个时刻我们的民主就无法再运行了？"[8]因此，民主是不是个体控制自身精神的工作的总和？若失去了这种控制，或更准确地说，失去了我们经常所说的理性，也一定会失去社会的最佳组织方式吗？

启蒙运动的社会哲学基础被认为是理智，而早在现代开启之前，人们对理智的心理机能就已经开始反思了，尽管到了现代它才被广泛地神化。在阿多诺和霍克海默看来，对理智心理机能的反思史，反向地变成了一种可以上溯到古代（或许也只能上溯到古代）的文明的基础，即"西方"的基础，虽然理智最早现身于古希腊时，也不过就是某种对奇怪邪教的崇拜（参考毕达哥拉斯学派的例子），而非受到普遍认同的公民美德。

许多人认为，被称为"西方"的那个区域和里面的人所持有的价值观，在世界历史上占据了一个独一无二的位置，其创造的成就和树立的丰碑不同于有时被轻蔑称呼为"其他人"的，称他们为"其他人"（the rest）不过是为了和"西方人"（the West）押韵。我的直接目的不是要反驳这个观点，但或许就这个方面说上几句是有用的。当第一个欧洲人与美洲人相遇时，那时候的欧洲不过就是一个相当不重要的——生产力相当不发达，成就相当贫瘠的——欧亚大陆的半岛。当时的主要活动中心不是法国、荷兰、英国、德国，而是地中海、中东、中亚和东亚。直到欧洲与更广阔的大西洋地区形成了极为密切的经济共生关系，它才开始变成了我们现在所认为的样子，成了世界中心。从那时起，欧洲就把将世界其他地区揽入它的羊圈当成使命和必然。若从来不存在一个被认为需要被西化的非西方地区，也就不会有"西方"了。欧洲本身什么都不是。世界上所有地区都是如此，它们曾经不可能是什么，未来也不可能是什么。因此，这并不是对欧洲和从欧洲延伸出去的地区的轻视，而仅仅是基本的历史和地理常识而已。最近出现的极端身份政治的化身们明显缺乏这种认识，而在此消除这种懒惰的无知也是我的目的之一。

这种无知最近愈演愈烈。当真正的世界大同主义看起来即将到来时，世界上的很多社会却已经倒退到了粗劣的民族主义状态，并且还发明或重新上演了一套幼稚的神话，以此来解释自己在世界人民中所处的特殊地位——例如，古代的印度人发明了飞机，而你能在《吠陀经》中读到这样的内容：他们拥有神授的、天生的特殊通道。一些主要或明显是欧洲血统的美国人已经接纳了一种身份主义形式，崇拜某种经不起推敲的，但也没人能搞得懂的单模标本。人们发现他们尤其崇信牛奶，把它作为白人至上的象征，既因为牛奶本身是白色的，又因为他们模模糊糊地认为在几千年以前，他们的欧洲祖先有过一次基因突变，导致他们具有了乳糖耐受的相对优势，进而被赋予了某些生存优势。[9]也许旧石器时代确有此事，但是在当下，能因为这样的事情产生文化自豪感真是奇怪，所以人们不禁想要试图理解那些驱使它的力量。

不可否认，互联网助长了最近公众生活中非理性主义的爆发。白人至上主义的牛奶派仅仅是一个强度不可持续的文化狂热时刻的无数表现之一，标志着我们在新的政治规范和制度结构的支持下，向一个新的并且仍然不可预见的风俗习惯景观的过渡。而正是那些处于边缘地带、没有什么好失去的人，最适合从这次转型中获益。任何人都可以上网，发出一些声音。任何人都能恶意发帖，让世界变得更糟；而当这些恶意的帖子来自那些边缘人群时，不难预料在日益恶化的条件下会出现新的机会，这些新机会会凝聚力量，或至少会出现小范围的繁荣。所以互联网是所谓的"加速主义"的有效工具，凭借着它，那些没有什么可失去的人有意让情况变得更糟，以便让自己有希望以无法预见的方式更快获益，而那些会有所失的人现在也有理由感到恐惧了。这只是互联网作为革命工具的一个方面而已。

正如互联网可以干扰，或在某种情况下破坏新闻业、学术界、商业、电影业和出版业等行业，如我们所知，在某些情况下，它也使得规避体制的检查成为可能，而这一检查曾被用来判定什么是合适的政治言论。互联网是一种装置的转型，能够限制、催化和加速人兽（bête humaine）的激情——《人兽》正是1890年爱弥尔·左拉所创作的小说的名字，在该书中，左拉通过人与铁路的新关系描绘了人性：铁路是一种人类的创造物，它加快和强化了人类社会生活，也把我们以前所珍视的大部分价值都搅动了一番，即便它当初的承诺仅仅是要让我们更好地获得我们崇尚的事物。

也就在大约10年前，我们还有理由希望网络这个提供公开讨论的新的媒介能够成为尤尔根·哈贝马斯所说的"公共领域"，在此可以进行民主协商，而最好的决定就是通过集体协商做出的。但现在，它看起来则像是一个黑暗得多的场所，对于合理言论的正常的、可预测的回应是，如果这些回应是来自陌生人的，那一定是纯粹的辱骂，而且常常是协调一致的一大片辱骂之声；如果是来自朋友的，则基本上是空洞的支持和纯粹的热情鼓励，没有批判性的参与，也没有恭敬有礼的异议。除非我们能够确定我们与之打交道的确实是有血有肉的人，不然我们在互联网上常常无法知道我们受到的辱骂究竟是来自一个真人，还是来自程序，或是来自一些马甲，他们在遥远的俄罗斯巨魔农场上辛苦劳作，为的是巧妙地把一些新的假话移入公众的意识之中。更糟糕的是，区分敌友在很大程度上已经成为一个算法的问题，该算法致力于强化我们的内在倾向——好在目前这个问题已经可以克服了——即用二元态的我们/他们二分法划分社会现实。

而且就在最近，未经审核的评论区中无知、偏执、充满仇恨的评论已经成功蔓延到了政治现实中，产生的结晶就是美国总统本人。导致这种堕落和失败的原因很多。部分原因可能是，对互联网话语——这种话语我们长期以来一直认为基本是基于文本的——的大规模参与（尽管我们在网络上的实际做法标志着文本交流历史的根本性中断），不知不觉地将我们的注意力转移到了那种既不是也不能通过理性辩论交流的信息上来了，这些信息的交流只能依靠暗示、图像、暗讽和开玩笑来实现。

很少有互联网用户愿意运用理性辩论证明自己的政治观念，或者他们根本没兴趣证明。相反，与观点相关或并置的表情包却数量激增——希拉里·克林顿面色苍白；年迈的伯尼·桑德斯（Bernie Sanders）魅力十足，在讲话时能把小鸟吸引到讲台上；特朗普头戴皇冠，配有随从，看上去也不错——这种方式使我们未经真正的思考就改变了对政治现状的认知。我们一直以为政治辩论已经进入了使用新媒介的时代，但事实上它已经退化为我们从故事书、老太婆、巫师和裸体国王那里了解到的信息，这些信息通过比喻来进行交流。这些人物对我们来说太熟悉且太有意义，以至于让我们忘记了，作为民间传说，这些文化单位，这些表情包所满足的人类需求，完全不同于一个人充分参与政治的需求。

这些文化单位虽暂时地满足了想象力，但并未让世界变得更好。它们让被剥夺政治权利的人得到了安慰，但其本身并不是政治参与的合适媒介。2016年，政治在很大程度上成了表情包大战，我们被一下子抛入了这样的局面：我们不仅无法再装作生活在一个民主协商的国家，而且甚至放弃了对它的渴望，转而去追求一种纯粹是文化层面上的政治。这种"政治"有着古老的根源，它携带着表情包的神话和夸张的民间传说，让以前那些没有希望参与社会政治生活的人展开了无拘无束的想象力。想象力是一种强大的工具，但是——作为一种即使是什么权利都没有、什么都不了解的人也不能被剥夺的能力——也常常被无所顾忌地滥用。在弗吉尼亚·伍尔夫1929年发表的一篇名为《镜中女士：映像》（"The Lady in the Looking Glass: A Reflection"）的短篇小说中，叙述者描写了当面对一个像伊莎贝拉那样沉默的、谜一样的人物时我们可以采取的策略："太荒谬了，太怪异了。如果她把自己藏得这样深，而她知道的又那么多，我们只能使用手头上的第一个工具——想象力，把她撬开了。"[10]想象力可以把东西撬开，于是我们求助于它，尤其在我们缺乏知识的时候。想象力就像色彩艳丽的染色剂融入了显微镜载片上的细胞里：它使看不见的东西可见，尽管它会扭曲，甚至可能危害到我们想要看到的事物。

当然了，在某种程度上，即使是在最开明的时代，政治也总是通过视觉画面和联想，通过暗示和影射发挥作用的，而且总是在情感层面上对我们产生影响。但是开展这项工作的新工具——这个工具既需要创造性的想象力，又需要专业技术——把关乎我们政治命运的巨大责任让渡给了通晓科技却不那么通晓辩论的人，让渡给了表情包的制作者，让渡给了网络上亚文化圈子里的人。如果说这些社会部门未必准备以负责任的方式行使其新的巨大的权力，那是完全不足为奇的。

我们正在经历一个极度非理性、狂热奔放、摇摇欲坠、让人感到恐惧的时代。我们之所以走到这一步，其中很重要的一个原因似乎是维护理性程序和协商的传统保障措施失灵了，同时公共辩论被不知不觉地注入了过多的缤纷染色剂，以至于模糊了我们本打算用这些染色剂去分辨的事物。然而，许多人显然很欢迎这种转变。而那些谨小慎微的人则突然觉得自己好像属于另一个时代了，一觉醒来发现他们关心的事物、他们的习惯——简而言之，他们的世界——一下子消失了。那些损失最多的人，就是那些在行将崩塌的制度中寻求合法性的人，在一个即将沦为旧秩序的制度中，他们想方设法照旧行事：订阅纸质印刷品，出版书籍，取得人文学科学位，支持主流党派的主流候选人，倾听理由充分的观点，而这正是他们的弱点。正是这些人可能会感受到最深刻的失望，因为互联网被具有攻击性的势力和混乱控制了，而此时我们仍然能记起，就在最近互联网还被大加赞誉，被认为有能力作为发动机在社会中为人类生活的理性秩序服务。

所以，我们与希帕索斯几千年前的处境其实区别不大。希腊人在几何学的核心发现了非理性；而我们最近在计算机算法的核心也发现了非理性，或者至少可以说，我们不能在把算法用于人类生活的同时，又使它免于被非理性势力当成武器。如果我们不是有如此强大的意志，相信我们的技术发现和理念有着赶跑非理性、不确定性和无序的力量——也就是说，如果我们能够学会以更哲学的态度来看待我们的人类处境——那么，我们可能会更好地避免在我们最伟大的创新之后，在我们的理性获得伟大的狩猎战利品之后，似乎总是随之而来的猛烈反冲。

非理性：路线图

在第一章，我们探究**逻辑**和它的局限，它的被滥用和被扭曲。我们要研究它是以何种方式在整个历史进程中成为诡辩的对立面的，尽管事实上它也经常被指派服务于与诡辩相似的目的。在这一关系中，我们探究一个独特的且未曾被研究过的现象，它的主张或观点从逻辑角度看完全正确，服务的目的却只能用不诚实来形容——也就是真理"用来骗人"的现象。接下来我们要探究的重点是逻辑史里的谬论和诡辩，它们曾经时不时被用来制造可能被认为是理智科学的扭曲镜像，而如今又变形成了非理智的科学，我们将探讨这一变化是如何发生的。在狭义上对逻辑做了初步的研究之后，我们进入与之相关的理性选择理论范畴；我们探究这个理论涉及的许多有关人类自主性和理性的模棱两可的假设——这些假设显然没能认清在人类真正做决定时是什么在起作用。接下来我们关注有关神秘体验的说法，它在某种意义上似乎与逻辑正相反，在神秘体验中，主体显然无法用可共享的说法来表述相关的经验，因此也无法将与之有关的主张交由逻辑审查。同时，就历史而言，神秘体验以及它被社会用来建立新的宗教派别的方式，与一些哲学学派在兜售悖论方面有许多异曲同工之处。事实上，虽然我们认为狂热崇拜只是对教规的忠诚，而在外人看来这些教规不可理喻，一看就是假的，但实际上它们同样能（如果不仅仅是可能的话）产生于对批判性思维或理智的兴趣。这样，我们研究的中心就是要阐明一个问题，即把理智作为至高原则为之献身，极容易陷入非理智。

第二章我们转向可称为"**无须用脑**"的问题。纵观历史，"理性的"这个词的使用方式一直带有模糊性。它经常被用在机器上，被用在作为整体的自然上，被用在抽象的过程和系统上，也被用在动物身上（即使不太普遍），因为所有这些事物都能够以恰当的或合适的方式运行，不会失控或崩溃。但是在其他时候，"理性的"只被用在人类身上，或许也可以被用于上帝和天使，因为他们不仅能正常工作，还能做有意识的决定。人类运用大脑，经过深思熟虑，做出一个有意识的决定，这个决定可能对也可能错。也有人认为，这种思考以及它可能出错的倾向，使得我们比所有那些缺乏大脑、不仔细思考、仅仅靠本能自动行事的事物，更少些而非更多些理性。那些在有些人看来最不理性的事物，比如一只动物，在有人看来却最理性；而人类，从某种角度看，不能被说成是理性的典范，而只是带有缺陷的理性的近似物而已。在这一点上，我们尤其要研究与此相关的一些最新的著作，这些著作把理性看作一种进化了的超级力量，它虽然像许多进化适应一样带有瑕疵，但是在自然秩序中仍然是非凡和罕见的。接下来要探讨的是在人类生活中（以及在作者的生活中）理性失败的一些具体例子，这些失败似乎说明了理性作为一种单纯的适应机制，尽管为使我们能够生存而尽己所能，但也有自身的局限性，有时也会引发意想不到的问题。

第三章我们研究**梦**，或者更准确地说是研究一个令人既好奇又不安的事实，即普通人一生中有三分之一的时间都受制于令人神志不清的幻觉。这往往违背了我们自认为对世界的理性秩序的所有认识。最令人不安的是，当我们被幻觉掌控时，我们的理智逃匿了的这一事实似乎并没有引起我们的困惑。在不同地方，不同时代，人们以不同的方式处理了人类生活中这个无法消除的特征，而这些不同着实反映出理性在特定社会中的特殊价值。亚里士多德对梦的预测功能一直保持谨慎的开放态度。在现代早期，北美洲的土著人围绕着梦计划生活和组织集体决策，这在与他们交往的欧洲人看来是不合逻辑甚至是恐怖的。与之形成鲜明对比的是如今在欧洲内部出现的另一种态度，它认为人们最好在醒来的那一刻就赶快脱离梦境，而清醒的人则需要严谨的哲学论据来证明自己确实不是在做梦。当然，与此同时，尽管哲学想要把梦的重要性最小化，梦也不会被完全压制。它们会不断扩大对文化的渗透，而到了19世纪末，它们将随心理分析高调重返公众视野，声称发现了个体身份的真正所在——无意识。纵观过去的大约3个世纪，许多讨论都以梦为中心，不仅特指狭义上的我们睡觉时做的梦，也指头脑中产生的任何幻象，任何与外部世界无法准确对应的图像，以及任何听得到却无法在我们身外找到发声者的声音。如何处理这些非理性的表现，以及如何区分创造性的想象和引发错觉的幻象，这些问题定义了现代欧洲对理性的大部分探讨，它们也与认为现代欧洲在历史上拥有独特地位的那一连串观点（或换个更准确的词，自负）的出现密切相关。

在第四章我们把重点放在**艺术**上，尽管它与上一章关注的问题距离不远，因为艺术作品的创造经常被理解为梦中发生的某种内在幻象的具体表现。在现代的进程中，梦被赶出了科学、政治学和其他领域，而只被允许留在创作领域中。在古典主义时期，艺术通常，或者说在最好的情况下，曾被认为反映了控制着自然世界的比例和秩序，因此同科学研究一道被看作探索世界模式的一部分；然而，在浪漫主义和与其相关的运动中，创造与理解之间、灵感与对秩序的热爱之间出现了裂痕。最能清楚地反映这种情况的莫过于现代对天才的狂热崇拜了。天才曾一度被理解为一种天生的学习能力，虽然不是人人均有，但也不是特别稀有之物，可到了19世纪晚期，天才却成了稀有之物，一种无法被理解的能力。它是一种无法用法则加以规范的做事能力，因此它的作品不会被看成是失败，而是一种成功的新形式。与此相反，还有一些其他的针锋相对的艺术观点，它们一直没被彻底根除。例如，其中一个古老的观点认为艺术应与仪式处于大致相同的活动领域（这是我非常认同的观点）；另一个则认为艺术是提升道德或改善社会的工具，这种观点在集权社会非常普遍，在这样的社会中，艺术创作被指定为宣传的目的服务（我有多赞成上一个观点，也就有多反感这一个观点）。

在第五章，我们转向**伪科学**，因此也必然要论及科学，因为在任何为了展现和探索某个特定的知识体系而试图确定究竟什么是虚假的、歪曲的或不诚实的尝试中，这两个领域之间的所谓分界问题都会出现。在这里我们将进行案例研究，尤其要研究神创论"科学"、地平说理论以及反疫苗运动（尽管仅仅因为空间有限就有意地遗漏了其他同样臭名昭著的案例，比如，哎，否认气候变化主义）。同引言一样，这一章也以讨论阿多诺开始，尤其要讨论20世纪50年代他在洛杉矶对报纸占星术的批评。在理解何种研究项目、何种做法在原则上有助于科学进步时，我们也会思考保罗·费耶阿本德提出的有关最大放任度（a maximal permissiveness），甚至是无序度（promiscuity）的著名观点。接下来研究的是一些方法，上述两人的分析都没能用这些方法捕捉到理智的细微多样性，而不同的群体则在权威科学的边缘，或是在与其截然相反的领域对这一问题进行了各种不同的探索。当我们思考理智的多样性时，我们看到一些伪科学正是由于它们的辩护者与主流科学在理论信仰上存在大量差异而产生的，而另一些伪科学事实上与捍卫关于自然界如何运作的任何特定的理论都没有什么关系，它们实际上只是有关社会如何运行的阴谋论的幌子而已。一旦做了这些区分，无论是严肃的阿多诺还是灵活的费耶阿本德，似乎都不足以对抗伪科学的挑战。

第六章我们探讨**启蒙运动**。甚至就在我写作的时候，社交媒体上就有一大批青年人正在激烈地辩论这个模糊的历史现象是好是坏。他们中的许多人从未读过有关它的书，他们所知道的都是从"古怪政治推特"这样奇怪的、歪曲事实的过滤器和其他类似的社交媒体次文化圈得来的，在那里，讽刺喧嚣的文本和图像并置在一起，远比论证和其他线上团体所做的类似事情更具说服力。但他们强烈的观点至少表明，启蒙运动在今天仍然很重要，从某种程度上说，它或许很久不曾这样重要过了。它之所以重要，是因为它的遗产处于非常关键的时刻，很有可能无法传承下去。在这一章，我们回顾那些历史源头，探索它们第一次出现的时间和语境，为的是更清楚地理解已经被我们定义为（如果足够谨慎的话）启蒙和反启蒙之间的那种辩证关系究竟是什么。我们用批判性的视角进行实质的探讨，据此观察，启蒙运动从一开始就是一个狭隘的思想运动，它不实地宣称自己的普遍合理性，因此表现得非常虚伪，或至少是支支吾吾，无法回答谁能从中受益，以及社会或个体为此要付出怎样的代价。我们感兴趣的还有启蒙运动与神话形成对照的方式，以及像阿多诺和霍克海默所警告的那样，启蒙运动退化成神话的方式。我们必须仔细思考神话究竟是什么，它是否明显是进步、平等和社会理性秩序的障碍物。在这个方面，詹巴蒂斯塔·维柯对于神话、历史和诗歌的关系的研究特别有帮助。最后我们探讨启蒙运动的价值观，尤其是言论自由：它是如何能够，而且事实上已经被扭曲和改头换面，坚定地为反启蒙服务的。当我们知道这是可能的，甚至这类启蒙价值观的一般趋势可能都是如此时，我们就不得不采用比传统二元制选项（按照它的规定，我们只能接受或拒绝）更加谨慎的方式来思考启蒙运动的遗产。

在第七章，我们终于回到了**互联**网这个话题，它从一开始就在我们的讨论中反复出现。我们将想办法查明，这种新交流形式的兴起是如何扭曲公共辩论的，它在理性话语规范的退化方面扮演了什么样的角色，以及，为什么它当初许下的乌托邦式的诺言消失得如此之快，为什么评论家对它引发的变革程度又是如此不谨慎。我们从一个历史的题外话——即19世纪，也就是所谓的互联网的史前时期真真假假的电讯发明——入手，试图说明在某种程度上，这些年人们寄予互联网的希望其实并非前所未有；还为了说明从一开始，连接世界的开创性事业就被某种欺骗和操纵的倾向玷污了。接下来我们研究一些关于网络话语恶化的生动案例，尤其是社交媒体的结构设计如何加剧了极端主义，使对立阵营关系僵化。我们会花很多时间研究网上持续讨论的性别认同本质的问题，以此说明问题的严重性。对于网络讨论来说，围攻、僵局、信息泡沫以及怯懦地想要得到点赞的行为不只是区域性的或偶然存在的缺陷，而是网络内在构成的一部分，这使我们陷入一种新的、几乎是自相矛盾的境地，即在参与公共辩论时，分享观点、以理服人这些看似理性的意图，事实上只能进一步助长一个本质上非理性的系统，只能帮助喂养这头被我们召唤出来的年轻而愤怒的野兽。

在第八章，我们把话题转向**笑话和谎言**，这又是一个看似截然不同的话题。互联网不仅让作家受到失业威胁，也让喜剧演员和幽默大师受到失业威胁，因为网络几乎是永无止境地产出匿名的、自发生成的幽默段子，这些段子基本上都比专业人士创作的更辛辣、更迅速。但伴随着这个新的过剩状况而来的是政治准则和一些观点也发生了危险的变化，这些观点涉及哪种幽默形式是有效的讽刺，而哪些形式要么太过分，要么证实了现在常用的那个既空洞又邪恶的标签，"问题重重"。为了讨论这个问题，我们倒退几年，回到2015年，当时巴黎的一群讽刺作家竟因其作品而遭到了非法暗杀。这一事件的反响迅速扩大到了讽刺的本质这一问题：一个标新立异、以讽刺模式参与世界活动的人，与那些以陈述方式参与世界活动的人，是否有着不同的道德和政治责任。这次辩论同样扩展到启蒙价值的虚伪性和言论自由的限度问题。我会讲述我在事件发生一开始就扯着喉咙为这些巴黎袭击事件中的讽刺作家所做的辩护；之后我要讲在接下来的一年里，美国总统大选如何迫使我重新思考了我的那些论据，我之前用它们来证明一种特殊的讽刺模式有存在的合理性。这就引发了对一个勉强算是哲学分支的思考，它也许可以被命名为"痴笑学"（gelastics），或是幽默哲学。在此处我们会特别提到康德所做的尝试，他把笑话定义为"紧张的期待突然消失"，在这样的定义下，笑话就与逻辑论证有了奇特的关系：它可以被说成是扭曲的或是僵化的三段论，其目的不是从前提得出正确的结论，而是通过颠覆我们的预测来歪曲我们对事实的看法。它们常常是骗人的，却始终保持着与事实的特殊关系。进而，这个讨论会带领我们在更大范围内讨论谎言：尤其是，在不考虑不道德的情况下，谎言在多大程度上可以被看成是非理性的？诚实又在多大程度上可以被理解成永远只说真话？也就是说，骗子与诚实之人的区别就仅仅在于他们各自话语的真假值吗？这一讨论是在最近的政治历史背景之下展开的，并且从中提取了许多例子，现在看来这是不足为奇的。

在第九章，我们开始为**死亡**做准备，反思了我（受列夫·托尔斯泰启发）所戏称的"不可能的三段论"：它让我们充分理解了自身必死的命运。我们考察那些非理性的形式，它们似乎就是以这样或那样的方式拒绝承认个体未来的死亡，但同时这种拒绝既塑造了人类生活，又赋予我们的社会存在以价值，对此我们同样要进行思考。

第一章

逻辑，自噬的章鱼

行　骗

reason（理智）是拉丁文 ratio 的英译，而拉丁文 ratio 则译自希腊语 logos（逻各斯）。这个希腊术语可能是《圣经》最有名的一节——"太初有道"（《约翰福音》1∶1）——的主题，同时它也为科学研究中无数学科的名称提供了后缀，从矿物学（mineralogy），到流行病学（epidemiology），到心理学（psychology）。它还为我们提供了另一个学科的名称，但这次它不是作为后缀，而是作为词根而存在：逻辑（logic）。可以说，就逻辑的大部分历史而言，它一直被认为是关于理智的科学。

今天的哲学家可能会避免这样的描述，而认为逻辑是关于正确性（validity）的学科，这种正确性是论证的属性，而非人类思维的能力，这是现在普遍的看法。但这是最近才发生的变化，而此时大多数哲学家已经忘记了自古以来，理智本身就并不被认为仅存在于人类心智中，这一点我们将在第二章讨论；相反，以前的人们认为理智无所不在，塑造了整个自然的秩序。因此，我们不必过分拘泥于当下这种敏感。相反，让我们广泛地扫视逻辑和理性论证的历史，以及去想想理智的努力显示出自我颠覆性的许多方面。

关于哲学起源的神话，一个关键要素是，它诞生于辩论者将真理而非胜利作为辩论目标的那一刻。相传，这也是哲学家与诡辩家分道扬镳的时刻：两个不同的祖系分离了。在他们分开时，哲学家的角色已经远离另一种身份——预言家（seer）——有一段时间了。也就是说，早在古希腊时期，在一般情况下，哲学家就不会告诉你他在梦中或是迷幻状态下看到了什么了，也不会告诉你神明或某个个人的缪斯给他带来了什么连他自己也不一定理解的指示。哲学家不接受指示，而总是独立地形成自己的观点。他们也不是为了个人的利益，或仅仅为了赢得一场辩论而争论。但是这两种行为，也就是预言家和诡辩家的行为，却对现代哲学家的祖先基因做出了巨大贡献。[1]

当今的哲学家更愿意承认自己与诡辩家系出同宗，而非与预言家（尽管经仔细推敲就会发现，直觉这种被哲学家钟爱的思维方式不过是"预言"的一种世俗化的形式而已）。律师、修辞家和辩论俱乐部成员，与逻辑学家、形而上学者以及伦理学家源自共同的祖先，虽然自古代起，前者就与后者演化成了不同的职业，前者的职业的主要目的与哲学不仅不同，而且在许多方面是相反的。西塞罗，这位公元前1世纪的罗马政治家和律师，对于那些从事同一职业的人来说，或者至少对于那些对自己的职业和其历史略有所知的人来说，就是一种守护神。托马斯·克伦威尔在16世纪所受的法律教育就包括大量背诵这位罗马人写的书籍。[2]学术哲学家同样对西塞罗推崇备至，即便其中大部分人对他其实知之甚少。

就苏格拉底而言，他被同时代的雅典人错误且粗暴地指责为强词夺理（作为对他的诸多指控之一），而这恰恰是苏格拉底在他的公共生活中一直抵制的事。他并不喜欢像赢得辩论这么空虚的事。他追求的是真理（如果真理可得的话），即使这个真理是由他的谈话对象，而非由他本人提出的。但是我们今天仍然鼓励争强好胜的高中生通过抽签组队，作为辩论的一方或另一方，在就某个题目，比如死刑是否正当进行辩论时强词夺理。我们一般会希望或期待这些年轻人上法学院，有朝一日将接受客户的委托，并为其成功辩护，不论他们自己认为他们的客户是有罪还是无罪。他们中的许多人，高中参加辩论队，研究生学习法律，而在这之间会读个哲学本科，人们告诉他们这是法律的"预科"课程。然而事实上哲学不可能是当律师的预备课程：追求真理和赢得辩论只会在一种情况下一致，即当辩论与事实相符的时候。然而，在实际情况中，这两种目的往往相互交错，而且大概率，哲学越是要在一个唯利是图的社会里努力找到安身立命之所，就越要让自己显示出实用价值，即强词夺理。

当然了，这种能言善辩的艺术除了能让律师长袖善舞外，还有别的用途。当它被看作一门**艺术**的时候，那些运用它的人有时候可能会想要创造美。伟大的法国人类学家彼得吕斯·拉米斯（又名皮埃尔·德拉拉梅）于1551年在巴黎就职教授时（他就职的机构就是后来的法兰西学院），被授予了"皇家钦定哲学和雄辩术教授"称号，由此得以把他于1546年在《论哲学和雄辩术的合并》（*Address on Combining Philosophy and Eloquence*）[3]中设想的这门学问真正地制度化了。今天我们对这一结合不会大惊小怪，但在当时，拉米斯把这两个术语放在一起，也就是把两个伟大的——而且到了文艺复兴时期已经势不两立的——传统结合在了一起：一边是经院哲学，主要为我们提供关于形式的逻辑论证；另一边是人文学科，为我们提供现在可能被称为"内容"的艺术和文字。正是后者让我们觉得了解点什么东西是值得的，并让我们能够应用我们所掌握的逻辑规则（不过最好以不偏执、不傲慢的方式来运用）。拉米斯鼓励他的学生们既要学三段论，也要学诗学，这一做法引起了巨大的争议。一个匿名反对拉米斯的人在一本小册子里指责他"路线不明确，仅仅对一些理论上鸡毛蒜皮的事狂吠"。[4] 16 世纪和今天一样，有一条不成文的规定，那就是哲学不能太过能言善辩，如果到了把诗学和雄辩术都揽入囊中的程度，那它就是不务正业了。

现在，哲学家几乎不会谈及雄辩这个词了，不管他们对它赞成还是不赞成。然而一个和"雄辩"指涉的范围大致相同的词——"博学"，出现的频率却奇高。在学术哲学家看来，它似乎往往是一种反唇相讥：一个博学的哲学家，指的就是那种虽然了解许多事实却无法把它们综合起来，严谨或系统地解释任何重要事物的人。然而，当"博学的"被用于学术哲学之外时，它反倒和"聪明的"一样，成了一个完美的推特用词：用一个简单的形容词就迅速概括了难以掌握的知识，这些知识如今并不流行，被认为连标签都不值得加。于是，博学要么是对学术不精的一种补偿，要么就是一种虽难以理解但也能给人留下一定印象的怪癖。作为雄辩的直系后裔，博学和雄辩一样，在人类折中主义的表达中尤其可疑。拉米斯的著作提醒我们，长久以来，哲学一直努力与这种知识保持安全的距离。

能够最有力地为这种警戒距离提供论据的或许就是，诗学和演讲术能够被用来唤起人的激情，而三段论、有效推论、演绎只对理智起作用。而根据斯蒂芬·杰·古尔德（Stephen Jay Gould）对科学与信仰之间的关系所做的解释，这两个领域永远不能重叠。[5]

然而，最好和最雄辩的诡辩家一直都知道，如此泾渭分明的区分让逻辑拥有了一张不应得的通行证。西塞罗精通逻辑，但是他清楚地知道它潜在的功能，即可以被当作武器。他懂得，有效推论的规则可以服务于可疑的目的，而即便是经过逻辑检验的论据，当被用于邪恶的目的，如巧取权力时，也仍然是错的。律师们可以用貌似真理的华彩言辞令对手眼花缭乱，但是西塞罗自己知道，一个人也可以运用完全不涉及任何诡计的逻辑论证来迷惑、压制和征服他的辩论对手，这些论证完全是真实的，但也是极其琐碎和经过了巧妙的安排的。赫尔曼·梅尔维尔作品《骗子》中的同名角色援引的正是这种真实与欺骗同时出现的景象，虽说有些奇怪，但他把它归功于古罗马作家塔西佗写的《日耳曼尼亚志》。"即使塔西佗说的是真话，"他写道，"这些真话也可以用来行骗，因此它们仍然是毒药，道德毒药。"[6]

真话怎么可能是"道德毒药"呢？如果它是真的，又怎么会用来"行骗"呢？在教授和传播逻辑的历史上，长久以来一直存在着一个问题：为了能够熟练地识别合理有效的论据，一个人也要善于辨别虚假的论据。因此，诡辩术构成了逻辑学很大的一部分，以至于在有些人看来，逻辑不过就是诡辩的科学。就像警探在黑社会做卧底，因陷得太深而无法抽身而退一样，逻辑学家也被诡辩术缠身而无法自拔。因此西塞罗对逻辑学家很是不以为然，批评他们的全部事业就是在"导出扭曲的结论，发表丑恶的言论，使用琐碎而不足道的证据"。[7]我们也从2世纪的讽刺作家萨莫萨塔的琉善（Lucian of Samosata）那里读到过类似的批评，他认为逻辑学家"给自己头脑中灌输的无非就是些少得可怜的知识和寥寥无几的诘难"。[8]4世纪的拜占庭修辞学家忒弥修斯（Themistius）

也表达了类似的观点，他指责逻辑学家把时间浪费在"粗鲁的、令人讨厌的诡辩上，它们理解起来很难，知道了也是无用"。[9]又或者，2世纪的格利乌斯（Gellius），《阿提卡之夜》的作者，警告人们花过多的时间在"逻辑的迷宫和弯道上"，只能产生一种"二次童年"的结果，这是一种心智的婴儿化，而对于明智的，甚至只是精神正常的成年人而言都是不相宜的。[10]我们再回到西塞罗，这位罗马作家引用了普鲁塔克描写的"整个冬天都坐在那里吞噬自己的章鱼"，他觉得这句话非常适合用来比喻逻辑学家自食其果的行为。[11]这些作家担心，逻辑仅仅是一种空洞的、自毁的、可耻的消遣——这门关于真理的学科，因用来行骗而被毁掉了。

爆　炸

对于理性给予我们的承诺，大概没有哪个哲学家比戈特弗里德·威廉·莱布尼茨更笃信了，他的著作主要写于17世纪末到18世纪初的德国。他显然真的以为只要我们能成功地设计出一种合适的人造语言，其中所有的术语都定义严谨，所有的推理规则都制定清晰，就再也不会有任何冲突，小到家庭纠纷，大到帝国战争。每当冲突的迹象开始冒头，我们就可以马上宣布："让我们演算（calculate）吧！"［或者翻译成："让我们计算（compute）吧！"］这样我们"无须任何仪式，……（就会知道）谁是对的"。[12]问题是——当然正如他同时代的许多人已经看到的那样——我们许多人还是太依赖莱布尼茨想要摒弃的那种仪式了。就像现在常说的那样，我们喜欢"戏剧性"：我们不希望我们在冲突中的立场被形式化、明确化。相反，我们希望凭借我们的激情、想象力和各种能用得上的障眼法来进行布局，来对抗、打击和迷惑敌人。我们不希望修辞学和逻辑学这两个领域之间以任何必须明确承认的方式重叠，但这并不意味着逻辑领域中的人如果发现另一个领域的语言有用，会不愿展现他对这门外语的精通。这两种"语言"，也就是直截了当的论证和玩弄手腕的诡辩的重合之处，在国际冲突和高级别外交这类场合中经常出现，事实上，这正是莱布尼茨本人作为王公贵族的专职朝臣和枢密院官员时曾参与过的场合。有哪个战争的发动者，是基于客观的证据——基于战争的正义性，或基于对战争的结果能在总体上带来更多利益的期待——而发动战争的呀？有哪个想要发动战争的国家，仅仅因为根据莱布尼茨的计算方法，得出了反对开战的结论，表明开战是不合理的，是被真理所禁止的，就改变了主意吗？当敌对双方的外交官们想要迫使对方接受自己的想法时，他们给出的何尝不是梅尔维尔所说的用来"行骗"的证据呢，即便这些证据是真实的？

17世纪的法国哲学家皮埃尔·伽桑狄（Pierre Gassendi）则将普鲁塔克的自噬章鱼形象解释为对这样一种观点的表达，即逻辑只能"靠自己的发现喂养自己"。对于伽桑狄而言，"逻辑的规则在它自身之外是没有用处的，因此在它内部产生的一切一定也是在它内部被消耗的"。[13]许多其他哲学家，无论古代的还是现代的，都进一步指出过一个更深层次的问题，对此我之前也已经提过，即那些被我们当成"诡辩"而不予理睬的逻辑辩论常常是完全正确合理的，但显然它们最好也不过就是被当成消遣，最坏则是被当成危险的修辞工具。以最有名的关于犄角的诡辩为例："你拥有的就是你没失去的；你从没失去你的犄角；因此，你有犄角。"（它又是喜剧套路的一个原型，在喜剧套路中，一个无辜的男人绞尽脑汁地回答"你什么时候没再打过你老婆了？"这个问题。）或是另一个例子，这个例子被18世纪早期非洲哲学家安东·威廉·阿莫（Anton Wilhelm Amo）称为所谓合成谬误的变体，这位哲学家一直在德国从事研究，在1738年，他于作品《论准确清醒的哲学思考的艺术》(*Treatise on the Art of Accurately and Soberly Philosophizing*）中写道：

> 这只山羊是你的。
>
> 这只山羊是母亲。
>
> 因此，这只山羊是你的母亲。[14]

如果这些例子看起来像是笑话，那是很合理的，因为笑话的形式结构可以被理解为对逻辑推理的讽刺。伊曼努尔·康德把笑话定义为"紧张的期待突然消失"[15]。它与正常的、非讽刺的逻辑推理正相反，在正常的逻辑推理中，结论就是对一个迅速膨胀的期望的最终确认。

　　诡辩，可以说是变味的、僵化的论证形式。当然了，它们也很有趣，且极具诱惑性。逻辑学家自娱自乐地探求这些推理形式的共通性，并想要构建那种同时囊括了逻辑论证与玩笑之特性的推理，对此我们不必感到惊讶。谎话打开了一扇大门，连通了一个想象力丰富的世界，其中充满了各种各样的可能性，它们既好笑，又无须负责任，而这竟然被奉为逻辑本身的一条规则，并被人们愉快地称为"爆炸原则"：Ex falso sequitur quodlibet（从谎言中任何事都可能随之而来）。一旦你允许你的论证掺入了一丁半点儿的虚假，那么从此，就像歌中所唱的，一切皆有可能。

我们已经了解了针对逻辑的两种主要批评：一是它很容易沦为高级的消遣，二是它好像一条"自噬的"章鱼，即它只能以自己为食。西塞罗援引的普鲁塔克的批评与几个世纪以来的普遍观察不无联系，例如，1921 年，路德维希·维特根斯坦在《逻辑哲学论》中写道，逻辑不能告诉我们关于这个世界的任何事，而只能阐明我们借助非逻辑手段已经了解到的关于这个世界的事。[16] 在 1925—1926 年出版的讲稿集《逻辑学：真相之追问》（*Logic: The Question of Truth*）中，马丁·海德格尔差不多也是在同一时间，但态度却更为轻蔑地评论道，学院派的逻辑学，或三段论的艺术，"是为教师准备的一种懒惰的、现成的形式，……它一直被用来欺骗学生"[17]。从各自不同的角度出发，西塞罗、维特根斯坦和海德格尔都担心逻辑是空洞的，担心对它推崇备至，好像它本身有什么莫大的价值，结果充其量是浪费智力。就伽桑狄而言，他在两种令人反感的做法——一方面，习惯于视逻辑本身为目的；另一方面，滥用逻辑来进行"口舌之争"，通过逻辑论证争夺对他人的控制权——之间察觉到了一种联系。因此他批评"那些古人把一生都用在了设计诡辩的迷路和弯道上，为那些在逻辑学中被教授的东西争吵不休，紧紧抓住这些东西不放，就好像它们并非途径，而是我们正在赶往的目的地"[18]。

简而言之，就连逻辑也不能免于人类的非理智，不能免于琐碎、分心、激情、侮辱和口角。事实上，如果我在这里引述的哲学家们所言不差，逻辑——常常被期许为我们抵抗非理智的堡垒——不仅不能免于堕落，而且由于人类的激情和私利，它**更**有可能堕落。或许调教有方，它也能助力人类和个体的进步，但显而易见的是它不能调教**我们**，因为我们总把它对准我们的对手，以及为了自己的目的调教它。这些目的常常是对权术赤裸裸的操纵，同时就像我们回顾的各种诡辩术一样，它们往往也只是恶意的玩笑。这两个分支之间的界限并不总是清晰的：我们将在第八章看到，玩笑的基本功能之一就是凌驾于他人之上，通过把他人贬低一等、暴露出他们的劣势的方式。诡辩和玩笑一样，都是我们为了迷惑、击晕对手，从而谋取私利而制造的小爆炸，释放的烟幕弹。而且，不知何故，这些战术不但不违背逻辑论证的艺术，还常被视为值得珍藏的逻辑范例。

卡斯帕尔·豪泽尔和理性选择的局限

当代学术哲学，对于理智的掌握如何转变为人类生活中非理智的实践，往往并不像西塞罗、伽桑狄、维特根斯坦和海德格尔那样感兴趣。相反，它主要把自己局限于努力给理智下精准的定义，并对这一尝试提出可能的反例。例如，在因果决策理论——与经济学和政治学关系密切的一个哲学分支——中，最近几十年产生了大量的关于所谓"纽科姆问题"[19]的讨论。给你两个盒子，一个是透明的，另一个不透明，你不知道里面有什么。透明的盒子里有一千美元；不透明的盒子里要么有一百万美元，要么什么都没有。你被告知可以拿走任意一个盒子，或两个盒子。令人纠结的地方在于：不透明的盒子里有没有一百万美元由另一个参与者决定，即所谓可信赖的预测者，他事先对你将做的决定做出可信赖的预测，而且决定一旦你要拿走两个盒子，不透明的盒子里就什么都不放，你在做选择时已经知道了这一点。你想要你的财富最大化。所以问题就来了：你是拿走一个盒子还是两个？有人认为无论不透明的盒子里有什么，在做出选择的那一刻都不会改变了，因此你最好两个都拿走；也有人劝你最好只拿走不透明的盒子，万一里面真的有一百万美元呢。

几十年来，关于这个问题的各种变体大量涌现，使得一个很小的分支学科保持了活力，而且它自身也是硕果累累。但这类文献研究的情况与我们感兴趣的情况相去甚远：比如，理性被当作武器，以达到非理性或非法的目的；或是实施者似乎是理性地选择了非理性地行事；或是实施者在做事时，似乎完全不关心是否理性，或是否显得理性，而且就彰显人类的独特性而言，这么做似乎不仅没有失败，相反，不论好坏，他们表现得还很突出。例如，当人们说美国和朝鲜之间的核边缘政策是"非理性的"时，或者当我们说战后的法国哲学中弥漫着一种非理性主义倾向时，或者这种非理性主义的倾向成了另类右翼表情包的典型特点——这些表情包的传播者之所以希望特朗普当选，仅仅是为了得到"幸灾乐祸"这么一点回报——时，我们并不是说上述这些人表现得像是纽科姆问题中拿走一个盒子的人，或拿走两个盒子的人（如果你自己选的是拿走一个盒子的话）。

一个人可以对理性和非理性感兴趣，而不必想要解决理性选择的经典问题。相反，他的目的可以是，理解在什么情况下实施者可以回避这些问题——比如，他们拒绝接受他们必须希望使自己的财富最大化的期望或要求，或拒绝设法给出专家所期待的答案。比如，想象一下，一个13世纪初的方济各教会的修道士发誓他永远不会拥有比他一天乞讨所能得到的更多的尘世财产，而且在当天之内还把会这些财产全部分发或消费完。如果知道有教士存钱，方济各本人可能会大发雷霆，就像耶稣得知商贩们在神殿里做买卖时那样。对于这位教士而言，即便是在理性选择理论家设计的用来测试其理性的实验中赌对了，又有什么用呢？在中世纪方济各会的理解中，人生有价值的东西完全不包括具有货币价值的东西，尤其是金钱。[20]而理性选择理论却把理性的衡量标准默认为了对利益的追求，但它的实践者们普遍没有意识到这一点。同样广泛的趋同力量也把每个个体至少理解成了一个有投票意愿的人，一个想要拥有自己房子的人，一个想要拥有幸福的三口之家的人，而没有包含不想参与上述行为的可能性，以及隐退、禁欲、出家的可能性。作为对比，我们可以考虑一下古老的思想，如传统的印度教[21]认为，无论成家还是禁欲，选择任何一条道路都表达了一个人对社会共享价值的热爱。在当代哲学关于理性的推理，以及在价值领域，关于我们可以称为"美好生活"的推理中，都几乎没有这一理念。今天，人们理所当然地认为，我们都希望拥有属于自己的房子，因此我们都需要每个月还房贷，又因此，若是能正确回答理论家在理性选择实验中提出的问题，我们就都有额外的钱可用了。

也有人会说，如果我们想摆脱纽科姆问题等思维实验标准模式中所偏爱的金融算计，只要用某种精神奖励替代金钱奖励就行了。但这样的替换不是那么简单的，因为这似乎暗示着精神奖励是某种可以被轻易交换的东西，就像在货币市场上一样。精神生活丰富的人并不一定需要以那样的方式寻求精神的"报偿"。他们寻求的很可能是自我贬低，是在上帝面前对个体虚无的确认，这需要通过行谦卑之事来实现，如果做得好，得到的就是不被承认。

对于这些人来说，奖赏就是没有奖励，而且如果一个人在做事的时候总想着报偿，那么事实上他或她也就不配再得到奖赏。很难想象，对这样的人而言，什么样的期票（promissory note）可以被代入那个不透明的、其他人想要在其中找到一百万美元的盒子里呢。

我们对旨在测试我们理性的思维实验的反应，与我们所珍视的事物以及我们是谁有关。可以回忆一下沃纳·赫尔佐格在他1974年的电影《卡斯帕尔·豪泽尔之谜》中拍摄的一个生动场景，这部电影讲述的是一个**天真的人**，一个那种据称对自让-雅克·卢梭以来的哲学颇有兴趣的野孩子。[22] 这个年轻人名叫卡斯帕尔·豪泽尔，他在显然是以原生态的方式度过了整个童年——要么是独自一人，要么是和一群动物亲密地住在一起——之后，才被人发现。他几乎不能交流，但慢慢地学会了一些19世纪德国的语言和习俗。过了两年，一位教授受邀前来判定卡斯帕尔是否能进行逻辑思考。教授给他出了一个题：有一个村子，里面住的都是只说真话的人；还有一个村子，里面住的都是习惯说谎的人。现在你站在十字路口，可以分别沿着两条路通往这两个村子。一个人沿着一条路走了过来，你问他是来自真话村还是谎话村。你只能问他一个问题，以此来判断哪个村子是哪个，那么问个什么问题呢？

卡斯帕尔陷入了沉默，于是这位骄傲的、一本正经的教授终于把答案透露给了他："如果你是从另一个村子来的，那么当我问你是不是来自谎话村时，你会说'不是'吗？"这就是逻辑，教授说，而就在此时卡斯帕尔终于开口了，说他知道还有一个问题也好用：问那个人是不是树蛙。这也确实能说明哪个村子是哪个，但是教授不接受。教授非常生气，因为"这不是一个合适的问题"。教授的意思是，这个问题无法表明卡斯帕尔有能力在思考时遵从逻辑规则。如果卡斯帕尔面对的是纽科姆问题，而非教授的那个狭隘的谜题，他肯定会说他不想要钱，或者会问那个可信赖的预测者一个同样不合适的问题，然后专家就会勃然大怒，因为他的测试对象拒绝遵守规则。

我们不必站在卡斯帕尔一边，就能认清造成这一误解的症结的重要性所在，这是卡斯帕尔和教授之间的误解，也是相信逻辑掌控一切的专家和坚持一种他认为更直接、更"真实"、更足以应付实际生活的思维模式的外行或异议者之间的误解。这位官方的教授，除了他的个人形象外，在某些方面与狡猾的律师不无相似之处，他们都是在心知肚明地强词夺理。在教授所垄断的真理中，存在着某种行骗，而卡斯帕尔·豪泽尔，就像人们现在常说的，把它说出来了。但在其他方面，教授和修辞学家又不一样。擅长利用修辞的律师只能利用身份赋予他的部分权力进行辩护，他需要让法官和陪审团相信他的论据是正确的，为了达到这个目的，他要设法寻找论证工具，无论在逻辑上是否有效。而对教授来说，卡斯帕尔完全在他的掌控中（至少在这个丛林男孩让他的逻辑测试沦为笑柄并引得女仆窃笑以前），且他缺少诡辩律师的那种自知之明：他把自己当作了通往逻辑必然真理的简单载体，而不是利用这种真理行使权力的代理人。诡辩者的论据是自创的，而教授的逻辑是外在于他的（至少就他的理解而言）。在某种意义上说，他仅仅是在做笔录（然而他永远也不会这么认为）。但这种区别可能只是用来衡量教授拥有的相对权力的一个尺度。他不必说服任何人相信任何事情，因为卡斯帕尔只是个无名小卒，一个野孩子。

无论如何，教授所探讨的真理，与站在法官面前的律师所说的真理截然不同，不管他的听众是否认同，它都是真理。

卡斯帕尔反正是不认同的。当然了，他仅仅是个虚构的人物。但他在真实的历史中曾经扮演过重要角色，他再现了一个在许多启蒙时代的哲学思想实验中都很常见的人物，并且至今也不曾离开这个舞台。事实上，在沃纳·赫尔佐格本人身上就有他的影子。许多人觉得教授先生，以及其他和他类似的人都很可笑，不想听他的话，这些人的存在也需要被解释。

继续不可言喻之事

据说由狼养大的孩子们有一种自发的洞察力，抗拒用符合逻辑的方式行事，但在人类生活中还有许多其他的表达方式也对此拒不服从，宗教团体的虔诚信仰就是其中之一。自17世纪以来，理性与非理性之间规模最大、时间最久的战争就是围绕着宗教在现代社会的地位展开的。宗教被打上"非理性"的标记，而世俗主义则是"理性"的，这一事实只是偶然地发生在我们这个社会的近代历史中。在其他历史背景下，无信仰的人才是胡言乱语、神经错乱的边缘人，反过来，宗教则得到了来自最精英的学术机构的最佳逻辑论证的充分支持。宗教在一个时代的标签是这样的，而在另一个时代就不一样了，这与我们将在第八章中研究的现象，即政治左派也可以在一个时代看上去头脑发热，而在另一个时代头脑清晰，说的是一回事。社会生活的两极就像地球的两个磁极一样，我们与社会生活的两极之一——左派或右派、宗教或世俗——联系在一起的道德特性也可能会发生突变，其原因社会科学家和自然科学家至今仍不能完全理解。

但什么是世俗主义？早在文艺复兴时期就已经开始出现这样的观点：虽然宗教对个体来说是必需品，但社会本身最好被组织为一个真正中立的公共空间，独立于教会。在接下来的几个世纪里，要求将社会的这两个组成部分——教会和公共空间——分离的呼声往往强化为要求彻底压制或至少限制前者的权力。因此，就像在引言中提到的，在法国18世纪90年代早期的恐怖统治时期，可以看到天主教会的教堂变成了理智的庙堂，而在20世纪上半叶的苏联，宣传"宗教是毒药"的海报泛滥，异教巫术的图腾被借用来抹黑东正教会。

直到最近，宗教在现代西方社会中的公共作用似乎还在恶化。同样在引言中提到过的德国哲学家尤尔根·哈贝马斯，在有生之年眼睁睁地看到自己在几十年职业生涯中竭力论证的主题——现代社会注定能完全实现在文艺复兴时期就提出的目标，而且这个目标的吸引力与日俱增，即建立一个中立的公共空间，在这个空间里理性的论证压倒了构成特定社会的特定社区的情感投入——彻底失验了。这种观点不再站得住脚：从"伊斯兰圣战"到亚拉巴马州法院里竖起的十诫纪念碑，宗教信仰在20世纪晚期和21世纪早期气势汹汹地涌进了政治生活。

这一复兴突如其来，令人惊诧，促使我们重新认真思考这一设想的局限性，即人们普遍认为现代性与理性之间存在着一种联系。几个世纪以来，我们一直认为社会日益增强的理性可以用宗教的式微来衡量，而后者已经等同于迷信、对虚假和不存在事物的信仰。但宗教实际存在的持久力迫使许多人——甚至哈贝马斯在他后期的作品中——质问，难道跟艺术和激情一样，宗教不可以继续存在吗？我们必须要问，在经历了几个世纪的疏远之后，哲学是否最好和它达成和解？

但我们究竟要与什么达成和解呢？现代世俗哲学家是否根本上误解了他们希望人类有力量也有办法要战胜的事物的本质呢？

许多宗教话语是围绕着信仰的核心，即"神秘"建构的，它们无法与我们日常使用的语言完全一致，甚至也不能与这一宗教自身的其他主张相一致。这些神秘被宗教团体的全体成员共享，它们被冥想，被讨论，被辩论，但没人质疑是否有人真的理解它们到底是什么。除了神秘这种玄乎其玄、由教会成员共有的财产以外，还存在着神秘的体验，这种体验只被团体内的少数人拥有，或据称拥有。神秘体验的通常特点是它无法用自然语言的命题表达，因此嘲笑神秘主义者的人把他们定义为学到了一些无法言说之事却又不肯对此缄口不语的人。通常情况下，神秘主义是完全超越了哲学的界限的。有意义的命题止步的地方也是自苏格拉底以降理性辩论传统止步的地方，但却是另一种截然不同的人类经验起步的地方。

然而哲学常常试图越过这一界限，并通过摸清界限本身的轮廓，来获取一些关于另一边可能存在的东西的概念。早期的维特根斯坦认为，人们可以表明一些关于神秘主义本质的东西，不是通过说出来——这会引发一种践行矛盾，因为神秘是无法言说的——只是通过把它展示出来。伊曼努尔·康德在试图理解不可知概念（至少理解与之有关的一些事情），比如上帝的概念时，不是把它们作为积极的知识客体来理解，而是理解它们调节我们知性的方式，而这些概念本身不需要被理解。

　　就亚里士多德而言，他在整个研究生涯中只有一次达到了可知语言的临界点，那就是在他把上帝的活动描述成"对思考的思考"[23]的时候。这究竟是怎样的思考呢？亚里士多德不可能知道，因为我们凡人所能做的全部思考就是思考这个或那个具体的对象，而非思考本身。即使我们试图思考思考本身，我们仍然是专注于某个特定的思考对象，而不是在完全和纯粹地思考。认识论不能直接保证研究它的人获得超验。亚里士多德越过了不可言说的界限，冒险提出了一个令人费解的命题（即上帝的思考是对思考的思考），部分原因无疑在于他觉得有必要把我们不理解的这个实体——上帝，纳入他对我们能够理解的每一件事所做的系统解释中。上帝位于自然之外，也就位于亚里士多德的系统之外，但为了把自然理解为一个统一综合的整体，上帝仍然需要被解释。所以他越界了，但没有在那久留。

　　其他哲学家则表现得更像是痴迷于与这一界限调情所带来的刺激，就像牛群总是试图越过电围栏一样。因此，据普罗提诺的弟子波菲利（Porphyry）所言，普罗提诺，这位3世纪的新柏拉图主义哲学家经历过令人欣喜若狂的上帝附体，不是一次，而是"四次，发生在我和他共度的那段时间里，……这不仅是因为他内在的健康，更是有赖于不可言喻之举"[24]。而波菲利声称他本人只经历过一次同样的状况。[25]我们可能会好奇在普罗提诺经历的几次附体之间发生了什么，比如说，在第三次之后，他是否能在自身之中发现什么办法可以对这种经历进行准确的描述，是否对它的基本形式或发生过程开始感到熟悉，或者说它是否还像第一次之后那样无法言明。计算这种神秘经历的次数看起来很奇怪，几乎让人觉得滑稽，因为计算次数让这种本质上理应完全无法描述的事物具有了某种结构性和可辨识性。

　　由于这种经历无法被描述，经历它的人也就免于被问责了，而这样的地位对于想要在宗教活动中成就个人魅力的人来说显然是有用的——除非风向变了，那些曾被打动的人开始把神秘主义者视为骗子了，并且看穿他所说的神授灵感不过是在吹大牛了。

　　如果哲学家声称自己拥有无法言说的经历，他们通常就会被看作要脱离狭义的哲学团体。我们更常看到的是哲学家用神秘的方式——可以言说但仍令人费解的那种——做起了买卖。这种谋生手段实际上在可称作"巴黎非理性"（Paris irrationality）的实践者中很常见：这是一群21世纪晚期法国大学系统中的学术名流，最有名的是雅克·德里达，他们既以哲学传统的继承人自居，又宣称要"克服"传统。他们竭尽所能，以"克服"的名义带领那些愿意听从他们的人走上错误的道路，发表让人无法理解的言论，并遮遮掩掩，谎称这些言论之所以不被理解，错不在发言者本身，而在追随者（这些追随者一般都是容易上当的、只会说一种语言的美国人）。[26]这种"克服"通常被理解为通过抛弃更多的信条来挣脱传统，但这种努力同样可以被视为对传统的净化或提纯。它很少带有一种去发现其他传统的开放态度，这反而让重新认识自己的传统成为可能，发现它既不需要被克服，也不需要被狂热地捍卫。

　　但如此和平简单的道路永远不可能被克服传统的人采纳，因为那会显得太容易了。因此他们心仪的策略是即兴重复传统，就像即兴演奏家那样表演传统，而不被要求公开表达对传统的忠诚。即使他们的作品中有可提取的价值，我们也一定会认同佩里·安德森（Perry Anderson）的说法，即"在书写时不断地提升风格运用的精湛程度算得上是这个时代（法国）人文科学和哲学最突出的特点，学者们在写作时，利用的是从艺术形式而非学术形式上获取的资源和特许权"。[27]我们可能仍会研究它们的"神谕手势"和"折中媚态"，但我们没有理由把自己局限于20世纪这些装模作样的创意作品（这些作品把自己包装成"哲学"或"理论"）中，因为事实上在同时期的艺术和文学中存在着大量更好的可汲取的资源。

许多巴黎非理性派自己就大量借鉴艺术和文化作品，也借鉴经典哲学家，目的是捏造出一个属于他们自己的新奇品种，其混合的成分已无法再被辨别和品尝。因此凭借本能，阿兰·巴迪欧拼凑出一套神秘理论配方，所用的学说包括柏拉图主义、共产主义、集合论、《新约》，再加上一味对20世纪独裁者的辛辣影射的特殊酱料。他刚刚是不是确认了他对某些可怕的事物的支持？人们在听到他的话时不禁这样问。这些元素乱七八糟，重组得速度飞快，令人眼花缭乱，以至于无论是听众还是读者都无法判断究竟什么算是主张，而什么只是炫技。[28]他的作品的整体效果就像一首流行歌曲，秉持着一种讽刺的重组精神，靠着采样技术从其他歌曲和曲风中吸收元素；或像一个表情包，里面有锤子和镰刀，或红军的坦克，再加上一句机智的口号和其他一些从好莱坞借来的视觉信息，可以说，所有这些加在一起所产生的东西，看起来与其说是一种主张，还不如说是一种挑逗。

巴迪欧并非一位非常有趣的思想家或作者，多亏了斯洛文尼亚哲学家斯拉沃热·齐泽克——他在很多重要方面是巴迪欧的继承者——巴迪欧才理解了，或是直觉到了，他所从事的题材归根结底是喜剧。在巴迪欧让我们觉得完全摸不着头脑的地方，齐泽克通常会不失时机地抖一个包袱出来。这样的设计仿佛就是为了说明所谓的幽默不协调理论，根据这个理论，喜剧效果就是通过把不和谐的元素并置在一起而产生的，比如对于无趣的巴迪欧而言，就是集合论和斯大林主义，而对于机智的齐泽克而言，就是在一些糟糕的好莱坞浪漫喜剧中出现的对雅克·拉康的客体小 a 理论的解释。齐泽克在他的职业生涯中从一种自我东方化的滑稽表演里获得了巨大的收益，其可耻之处与其说是来自他本人，不如说是来自相信他的崇拜者们，因为他在其中扮演的不过就是来自东方阵营某地的一个典型人物。这使得他可以戏谑地破坏自由民主社会或资产阶级社会的虔诚，因为根据偏见，他的故乡是一个荒凉之地，在那里这些虔诚的信念是没有希望生根的。身为铁托时期南斯拉夫的斯洛文尼亚经济学家的儿子，与身为斯大林时期苏联去富农化运动中的幸存者，这两种身份之间的差异在他对美国或英国公众的表演中很容易被掩盖，因为人们认为：他来自世界上那个只能被铁腕统治的地方，那个地方的人从没有像我们西方人这样对人施于人的野蛮手段如此谨慎小心过。因此，当他滔滔不绝地以意识形态的权力为主题为我们构建幻想时，他的表述具有特殊的洞察力；当他讲述西方资本主义的矛盾性和空洞性时，他的表述又是如此直言不讳，那是只有外国人才能做到的。这种类型的政治评论早已在孟德斯鸠于1721年的书信体小说《波斯人信札》中创造的两个人物，郁斯贝克和黎伽身上完美呈现过了，这两位来自异域的天真无邪的人使我们得以窥见巴黎人隐藏在各种自大和自欺后面的真面目。这也是《贝弗利山人》的基本模版。在这类体裁中，真话总是被大量的笑话打断。因为齐泽克接触"西方"的主要途径之一恰好是拉康精神分析学，所以在他对这种体裁的贡献中，讲真话的部分难免变得微不足道了，而且最终——对此我并非完全持鄙视态度——他的毕生之作很可能都会被当成一本不同寻常的简明笑话书留在人们的记忆里。

在哲学史上比神秘或不可言说的神秘体验更常见的是所谓的兜售悖论。在某种程度上，它与我们已经探讨过的兜售诡辩有重叠之处，但是它关注的并不是那些看似真实的论据（尽管它们显然是假的），而是那些似乎迫使我们谴责它们是错误的论据，尽管我们找不到任何理由这样做。兜售悖论就是对那些必须真实但又不可能真实的主张的反常的庆祝。谁要是偶然发现了一个新的悖论——比如爱利亚学派的芝诺，他证明运动和变化是不可能的——他就得到了一些带有神秘色彩的东西。他会宣称，他只是在遵循理智本身，无论它将他引向何处，沿着理性推理的道路。但这一发现很容易再一次在追随者中引发怀疑，怀疑世界本身是非理性的，并因此觉得兜售这一悖论的哲学领袖或运动处于一种独特的地位，能保护他们免受非理性世界的残忍和不确定的影响（虽然这可能也是自相矛盾的）。

芝诺之所以有说服力，不仅因为他的推理看起来无可争议（尽管千禧年来芝诺悖论已经有了许多令人信服的破解办法），而且因为他的结论十分荒谬。例如，他的"运动场悖论"告诉我们，为了穿越一个体育场，我们必须先跑完一半的场地，为了跑完一半，我们必须先跑完四分之一，而为了完成这个距离，我们又必须先跑完八分之一，在跑完八分之一之前，又得跑完十六分之一，以此类推以至无穷。因此，无论为了跑完多远的距离，在我们尚未开始之前，我们都必须完成无穷无尽的预备航行。因此，任何运动都是不可能的。我们在理智的引导下得出了这个结论，虽然在某种意义上它完全置我们的日常经验于不顾。

哲学家可能会觉得，他们对哲学悖论的爱，要比那种只受荒谬驱动而对理智毫不尊重的宗教信仰高出一等，但两者最终可能不会有太大的差别。毕竟，如果我们选择不去思考悖论，也没人会要求我们去思考，而即使我们思考了芝诺悖论，并发现自己被他说服了，这也并不会阻止我们在日常生活中继续四处走动，随心所欲地穿越体育场。因此，莱布尼茨在1692年曾告诫西蒙·富歇（Simon Foucher）："先生，不要害怕乌龟。"[29]这句话后来被豪尔赫·路易斯·博尔赫斯奉为箴言。莱布尼茨在此提到的是芝诺的另一个悖论，它阐述的是同一个问题，即在连续统中运动是不可能的，而它是用阿喀琉斯与乌龟赛跑的寓言来说明的。莱布尼茨想说的是，不必担心，我们仍然比乌龟跑得快，不管悖论告诉了我们什么。

或许我们可以考虑更近期的一个案例，在这个案例中，把理智树立为崇高的目标导致了另一种瘫痪。一家由基思·拉尼埃（Keith Raniere）创建的名为NXIVM的公司，它在一个名为"高级经理成功培训班"的项目中使用了其创始人的"专利申请技术"，为的是提高我们的理智能力。理性探索网（Rational Inquiry）宣布，这项"技术不仅仅是一种哲学"。更准确地说，它是"一种创造或检验哲学的工具——这是哲学开发的一个流程"，能"协助个人最大限度地发挥他们的潜力，更深入地了解道德，发展批判性思维能力和使用逻辑的能力，并深化对人类的同情理解"。该网站援引没有注明出处的文献，这些文献赞美理性探索网"发现了历史性的命题"。这些人会不会就是我们这个时代的毕达哥拉斯派呢？就像梅塔蓬图姆的希帕索斯因为向毕达哥拉斯学派以外的人泄露了无理数的秘密就被同门从船中抛出去一样，NXIVM也严厉地惩罚了它的"叛徒"。[30]据《纽约时报》2017年10月17日的一篇文章报道，NXIVM要求它的女性成员把她们的裸照上传至多宝箱账户，并威胁一旦泄露组织秘密，组织就会把她们上传的照片公开。该报道还显示，新入职的员工在公司高层劳伦·萨尔兹曼（Lauren Salzman）的指导下，要向她们的"主人"（也就是她们的招募者）请求："主人，请为我打上印记吧，这将是我的荣幸。"这样她们就会得到一枚痛苦的烙印，显示的是公司创始人基思·拉尼埃名字的首字母"KR"。

　　这就是理性探索导致的结果吗？我本人身处这样一种社会环境，它多多少少确保了我根本不会听说像NXIVM这样的公司，直到它的丑闻传到《纽约时报》；就算听说了，我这个圈子里的人也只会习惯性摇摇头，对此嘲讽一番罢了。我们认为我们才是诚实地从事理性探索的人，而基思·拉尼埃所谓的理性探索只不过是个骗局。随着新闻曝光，人们纷纷向国家医疗监管机构提出了投诉，我们的这一信念也得到了证实。然而，如果我们这么快就假定我们自己的事业是绝对合理的并因此与拉尼埃的企业存在着巨大分别的话，我们就错失了一个能够更好地认识自己的机会。别的不说，在这个奇妙的大千世界中，有大量的钱被用来满足企业家的自助和精神需求，被大公司用来为其员工支付研讨会和静修会的费用，其金额比许多学术哲学院所的预算要多得多。

　　因此NXIVM和你最喜欢的大学哲学系并不是泾渭分明的。这清楚地表达了一个令人不悦的事实，我们不得不对此进行思考，那就是邪教和类似邪教的组织不必宣扬他们对非理性主义的奉献，不必宣称在与他们签约时，你正在抛弃批判性思维，而选择了某种关于意识或情感的更加深奥或原始的体验。找到一个明确宣称相反内容的邪教组织也同样容易，即宣称它的存在无非是为了帮助你发展批判性的思维能力，而这些技能是我们有意识的头脑所能提供的最好的东西。没有人能与神灵结合，没有航行能到达星体层。你只能依靠正确的推理，不断打磨辨识谬论的能力，不然邪教头子的名字首字母就会被烙在你的屁股上。

语言的使用，在神秘、神话、咒语、幻想和甜蜜的歌曲中从未完全消失，虽然几千年来人类一直渴望拥有一种思考和表达的标准，我们把这个标准叫作"理智"，虽然我们往往并不完全理解自己的意思。但是，那些本该用来对抗人类头脑的不理智倾向所产生的破坏性影响的方法和做法，很快就陷入了它们原本要解决的问题中。逻辑论证演变成了神秘的悖论，或是堕落成了诡辩，可以用来暴力地恐吓对手。理智的爱好者们允许他们所爱的对象在理智的神庙里被崇拜，在对批判性思维的变态狂热中被亵渎。逻辑不仅没有带领我们远离非理智，它甚至没能清楚自己地盘里的欺诈、诡计、权术和戏法。

第二章

自然的理智，"无须用脑"

万物有序

逻辑，如西塞罗所说，就好比是一只章鱼。但章鱼确实不是逻辑学家，虽然在2008年到2010年之间有只叫保罗的章鱼格外受人追捧，被认为有预测足球比赛结果的魔力。广大群众对头足类动物的智力抱有的开放性态度助长了这样一种表象，即某种不仅仅是简单的占卜——比如通过蚂蚁或金鱼的运动路线来预测未来——的东西正在诞生：某种更像是真正的智力预测工具的东西。当然了，没有几个人会承认他们真的相信这种现象，因为就今天普遍的认知而言，理智仅仅属于人类（而就连人类也无法预测未来某场不确定的体育比赛的结果）。反过来，自然界中其他的一切，从熊和鲨鱼到蓝藻、雨云、彗星，都是巨大的非理智的力量，一种原始的、狂暴的混乱，它允许我们在其中短暂地生存，但我们总要听命于它随心所欲的摆布。

这种观点使作为人类的我们与自然截然对立，或至少把我们置于自然之外。而这就是整个历史进程中大多数哲学家一直抱持的观点。他们大多数人都把这种局外人的身份看作我们拥有某种非自然本质的结果，正是这种非自然的本质使我们得以为人，它可以是一个不朽的灵魂，受赋于某种超验之物，最终不受腐烂、衰败和其他自然现象的影响。而对于最近才主导了哲学的更具自然倾向的哲学家而言，他们认为人类理智在本体上并不有别于视觉、回声定位或其他通过进化产生的能力，这些能力让各种不同的有机体可以在世间畅行。理智是自然这个巨大之物的一部分，也是自然允许的所有进化了的适应能力的一部分，这些能力用各种方式促进有机体的生存，然而自然本身仍然没有一丝的理智。

当下流行的以自然主义的方式对理性所做的诠释——即它只存在于人类之中，虽然它像回声定位或光合作用一样自然——主要归功于笛卡尔的哲学传统，虽然这通常并不那么被人们承认。笛卡尔把他的人类例外论建立在二元论上，认为精神是一种非自然的东西，从本体论上讲与人体是不连续的，而人体却与动物身体、海洋、火山和星星处于本体论大分水岭的另一边。但是自然主义在有效地找到了维护人类例外论的方法的同时，又瓦解了二元论提出的本体论二分法。现在流行的观点认为理智只属于人类，而对于我们身处其中应用理智的这个世界却看法不一，要么认为它完全非理性，要么认为它具有积极意义的非理性。在这一点上，现代思想截然背离了古代的某些基本假设。根据古代对人类作为理性动物的最普遍的理解，人们理所当然地认为人类分享着某种东西，即理智，它不仅存在于人类内部，而且有着自己独立的存在。在动物中，人类是唯一把理智当作一种心智功能的，它可以在人类的选择和行动中发挥作用，但这并不意味着自然界中的其他事物就根本没有理智。相反，世界本身就是一个理性的有序整体：它被理性浸染，被理性塑造，也是理性的体现。

诚然，在分析哲学的历史中，我们发现了一个突出的观点，与古代的看法非常相似。在戈特洛布·弗雷格和早期的维特根斯坦那里，世界的现实结构与人为论证的命题结构是一样的，即真实和可知是一体的。近几年来，约翰·麦克道威尔对心灵和世界的同一性做了更大胆的解释，以至于有些批评家指责他——乍一看这好像是件坏事——太绝对唯心主义。[1]但在大体上，这个假定说的是，正如伽桑狄在17世纪所说的，逻辑是我们整理思想的艺术，而不是为了使世界井然有序、免于黑暗混乱的力量。

古代对理性的普遍理解或许也可以用来解释当代美式英语中的一个怪异表达：把做一个非常容易的决定说成是"无须用脑"。它的意思是说一个人即使没有大脑——在这里大脑这个器官隐喻着它的功能——也可以走规定的道路，理由很简单，那就是它的正确性已经被刻在事物的秩序中了。没有脑子，甚至根本没有意识，即便如此也能把事情做对，这个怪异的表达提醒我们，这可能就是理智的终极体现。[2]

下面是澳大利亚诗人莱斯·穆瑞（Les Murray）的诗句，在这几句诗中，他表达了对世界以及人类在世界中所处位置的看法：

> 除了语言之外的每样事物
> 都知晓存在的意义。
> 树木，星球，河流，时间
> 除此之外它们一无所知。它们体现着存在
> 每时每刻，就像宇宙。[3]

根据这个观点，世界本身就有意义，我们自己用来描绘世界的语言和努力则毫无意义，而仅仅是世界的虚弱无力的回声，切断了我们与世界的联系。它无法让我们与世界沟通，更别提做世界的主宰了。这也有点像形而上学和宇宙论的观点，如果我们敢这样

说的话，在福音书的核心，当约翰写"太初有道"时，他描写的是世界本身的状况，与人类对它的反思无关，而他认为最合适用来描述这一状况的词就是**逻各斯**。在圣哲罗姆拉丁版《圣经》中，这个词没有被翻译成ratio（理智），而被翻译成verbum（言）。但它与理智的历史性和概念性的联系是清晰的。世界是一个有序的整体，每个部分都各就各位，这多亏了逻各斯。逻各斯这个概念常常被比作基督，或是被看作隐藏在具象自然世界之下的抽象概念原理，其人类对应物，或者说化身就是基督。以这种方式把基督概念化，对于哲学色彩浓郁的早期基督教神学主张来说非常重要，也很合希腊人的口味。因此，例如，奥利金这位3世纪在亚历山大写作的教父主张把耶稣的灵魂完全等同于**逻各斯**，进而把**逻各斯**完全看作自然的理性秩序。正如卡洛斯·弗伦克尔（Carlos Fraenkel）所说的，以这种方式思考的人"几乎不会承认基督教的核心教义是无法通达理智的"。[4]

这些联系看起来只是针对基督教神学的，对我们理解理智这个概念的历史好像没有太多用处，但我们可以从相反的方面来理解这些联系，把它们看成是基督教思想家努力阐释这些哲学概念，以便把它们安放在神圣的文本中，使它们在这个日益狭隘地将《圣经》作为人类生活的唯一权威的文明世界可以畅通无阻的结果。在从古至今的哲学学派中，基督都被抽象地概念化为贯穿世界并使之成为有序整体的原则。这种观点在现代早期的理性主义中尤为突出。17世纪的犹太哲学家巴鲁赫·斯宾诺莎清楚地表明了他认同这样的一种基督教，在其中基督正如上文所说的，被抽象地理解为了世界的理性原则。在1676年出版的《伦理学》和1670年出版的《神学政治论》中，斯宾诺莎明确地把"基督的精神"完全等同于"上帝的理念"。⁵单就这一点，他在后来的著作中解释道"这取决于人是自由的，并希望其他人也能得到他们自己所渴望的东西"。早在几个世纪前，奥利金就试图将哲学融入这样一种基督教，而它现在已经变成了一种大胆的理性主义平等主义的主张了。与斯宾诺莎几乎同时代的剑桥柏拉图派的哲学家安妮·康韦（Anne Conway）对基督做了类似的哲学诠释，其观点的形成有赖于蓬勃发展的贵格会运动，这一运动与犹太教的卡巴拉学说有着很深的渊源。在17世纪的欧洲，犹太教和基督教在某些方面产生了交集，提出了基于古代信仰传统的关于理智的新阐释。

对莱布尼茨——他出生在莱比锡，是一名路德宗信徒，但在人生的最后阶段到达了一种拥有最大限度自由的非宗派化的基督教——而言，三位一体中的三圣在大多数情况下都不参与管理世界的理性。他对理性的看法似乎在很大程度上受到了古代斯多葛学派的启发，该学派认为宇宙是和谐的一体，其中万物"共同呼吸"，或"休戚相关"。但反过来看，斯多葛学派和基督教的观点都是一个更为普遍的观点的变体：理智不是仅存在于"我们的大脑中"，而且就算它在那儿，也仅仅是因为人类的思维及其理性能力反映了世界的理性秩序。

认为世界本身是理性的，通常来说，也就是认为它的构成方式是理性的，它的所有组成部分形成了一个有序统一的整体，它不是"混沌"——希腊语用这个词来翻译《希伯来圣经》中的"无形空虚"（"地是无形空虚，渊面黑暗，神的灵运行在水面上。"——出自《创世记》1∶2）。根据亚伯拉罕宗教传统对神创论的最普遍的理解，上帝并非无中生有地创造世界，而是对已有的事物施以秩序，也就是对之前那个无形空虚的东西——"混沌"。只有出现了秩序，才算得上是"世界"，或是用另一个称谓"宇宙"。这两个词在词源上都有装饰和点缀的含义。"宇宙"（cosmos）和"化妆品"（cosmetics）共有一个词源，而化妆品就是你涂抹在脸上，希望以此把你的脸从一团混沌变为有序的整体的东西。

将理智视为复合整体中的秩序原则，使我们更加接近了拉丁术语 ratio 的另一个原意：它不仅仅等同于我们所说的"理智"（reason）和"理性"（rationality）；在数学上，ratio 指的是分数中分子与分母的关系。这两个意义并非乍看起来那样毫不相干。比如，想一想传统上对音乐和声的研究。在毕达哥拉斯的五度相生律中，音程之间有"纯洁的"和"不纯洁的"的比率。知晓这些比率可以让我们在乐器上演奏出音阶，辨认出彼此一致、听起来很悦耳的音符。这种悦耳的声音是一种感官符号，表明世界是由比例构成的，或者换言之，是由理性构成的（暂时得把导致希帕索斯的悲剧的正方形对角线问题排除在外）。

斯多葛学派哲学家，比如爱比克泰德，所持的观点是宇宙的井然有序使它真正成了一个生命体，它自身还带有如动物或植物那样的有机体。这个观点遭到了大多数后来的哲学家的反对，部分原因在于它似乎威胁着要引发另一个必然的结论，即上帝是灵魂，而它的躯体是世界。在亚伯拉罕传统中，这是最糟糕的异端邪说，因为它把上帝看作是内在于世界之中而非超验于世界之外的。众所周知，斯宾诺莎的观点完全迎合了这一异端邪说，他认为"上帝"和"自然"就是用来表达同一事物的两个不同的说法。斯多葛学派本身并不认同这个看法，相反，他们捍卫"世界灵魂"说，它与任何超验的创造神都不同。

有些人，如莱布尼茨，不承认世界秩序是由一个统一的灵魂原则建立的，但仍然认为世界自身是理性的，因为它的秩序反映了造物主的理性。在他看来，世界之所以是理性的，不是因为它有意识地进行推理或做出证明，而是从狭义上讲，世界，在存于其中的所有个体上，在这些个体对完美的实现程度上，反映了理智的存在。如果不是作为理性的、有序的世界的一种机能，理智又该在哪呢？在大多数情况下，它的存在被归因于外在于世界的造物主上帝，而世界只是上帝理智的一种映像或是证明。因此，自然界的一切都是理性的，这就好比说一块构件细致精密的怀表是理性的一样。怀表自身不会反思时间的概念，但它仍然反映了时间的概念，就像是某种纪念一样，凝结了某外在主体对它的理性把握。

凶残的野兽

根据前一部分所做的描述，我们或许可以说，自然生命是理智的化身，但并非理智的拥有者。就这个意义上来说，它们自身无须用脑。这一观点又引发了一个新的问题：在自然界中，除了人类以外是否还存在其他理性的生命？先把天使排除出去，因为他们按理来说不属于自然（尽管这在哲学史上还存在着巨大争议）。那么最常被引荐的非人类的理性候选者就是动物了，它们常常被冠以更具贬义的名称——"野兽"（拉丁语为 bestia），在前面还经常加上一个轻蔑的词——"凶残的"（拉丁语为 bruta）。

大多数人认为，人类是理性的，而动物不是，因为人类能够思考命题，并根据命题进行推论。动物的认知通常被认为是基于对具体的个别事物的认知，而非对囊括所有这些个体的普遍概念的认知。一般来说，这种程度的认知被认为只属于拥有感性头脑的某种生命体，而不属于与其相反的拥有理性头脑的生命体。这种感性认知方式究竟是如何起作用的，目前还不得而知，甚至很长时间以来哲学家对这个理论能否自圆其说也争论不休。狗能认出它的主人，但它不能把他归入"人类"这个普遍概念之中。那么，它的认识意味着什么呢？它意识到了它的主人在某些方面更像其他人类（甚至包括陌生人），而不太像猫吗？如果它对我们说的普遍概念没有某种掌握，这样的意识又如何能够产生呢？

就在最近，随着动物有灵论——这个观点在过去体现的就是对动物这个词的直截了当的定义：动物（animal）就是被赋予了anima 的东西，anima 也即拉丁文的"灵魂"——的销声匿迹，我们已经倾向于从"本能"和"刺激"的角度来解释动物的认知了，尽管值得追问的是这个解释到底有多少新意，它在多大程度上不过是一个更新了的词汇，而这个词汇保有着一个更加根深蒂固的理论。从动物有灵时代到动物本能时代，我们总是以某种方式坚守着某种或高或低的等级制度，在其中人类和非人类所处的位置和以前一模一样。

再来想想那只章鱼吧。近几年，这只动物的地位已经从过去自毁性的自噬类低等动物，升级成了——如媒体所说的——人类之中的异形，与我们平起平坐的无脊椎动物，大海里有思维的生物，等等。2016年，彼得·戈弗雷-史密斯（Peter Godfrey-Smith）在他的著作《章鱼的心灵》[6]一书中，以严谨的哲学求证和对相关经验事实的深入了解为基础，探讨了章鱼这一头足类动物的思维进化过程，它与人类的进化截然不同。我们得上溯到6亿年前，才能找到一个共同的祖先，而我们今天在章鱼身上看到的是这样一个系统，它证明了章鱼的思维与我们的截然不同。首先，负责掌管我们所认为的意识活动的神经元遍布章鱼的全身，尤其是在它的腕足上，普鲁塔克曾看到它们被章鱼自己吃掉（事实上他看到的可能是分离了的雄性茎化腕，一种变形了的具有生殖能力的腕足，在交配结束后仍留在雌性体内）。[7]章鱼分布在全身的智力也可以用来象征我们所说的"无须用脑"，但此处指的就是字面意思：理智在自然中就可以实现，而不必通过特大号的大脑皮层活动。

戈弗雷-史密斯指出，章鱼"处于通常的身体/大脑这种划分方式之外"。[8]因为它是沿着与我们完全不同的路径进化而来的，而且它的思维构造似乎也与我们的非常不同，所以若是按照以人为标准制定的体系去评估它的智力，恐怕就会误入歧途了。在《章鱼的心灵》中，虽然作者提出了一些证据，用来证明章鱼足智多谋又富有好奇心，但其中没有任何证据表明，它在思维活动中会被疑问所困扰，比如，它在行动过程中总会被深思熟虑所阻碍，它会为了自己知识范围以外的东西而忧心忡忡，或者它会对负数的本体论、性别的社会建构感到好奇。它显然也缺乏那种能让它回忆起自己早年生活的情景记忆，也因缺少思维投射能力而无法思考未来或担忧自己有限的生命。只要它还活在永恒的现在，就没有令人信服的理由，可以说明章鱼具有任何崇高的道德地位，享有任何与生俱来的生命权利，或者说享有不被当作地中海菜系中的一道美味佳肴的权利。在这种意义上，即使是在这种充分展现了另一种动物思维活动的丰富性的最有力的例证中，人类和其他动物之间仍然存在基本的鸿沟。

我们推测章鱼能做出相当聪明的选择，但在做决定的过程中不会深思熟虑、犹豫不决或怀疑困惑。我们通常会将这种行为归为貌似理性，而真正的理性，在很多人看来，需要有考虑不同的选择，然后在它们之中做出决定的能力。然而，历史上一直存在着一个小众的观点，认为正是因为动物**不**进行推理，因此也就不深思熟虑，它们才不仅是理性的，而且比人类更加理性。这正是16世纪吉罗拉莫·罗拉里奥（Girolamo Rorario）在他的论文《野兽比人类更善于运用理智》[9]中所表达的观点。动物不会深思熟虑，它们只会——正如俗话所说——直奔主题。它们采取行动，而不是思考行动，而且它们从不会出错。这并不是说它们的行动从不会受挫，在逃离天敌时从不会跑错方向，以至于无路可逃。这只是说，它们的行动可以说是顺应了世界上自然事件的潮流，毫不拖泥带水。

人们常常认为，正是人类在采取行动前的犹豫、深思、推理，造成了我们和自然之间某种本体论上的分裂。许多哲学家认为，这种分裂使得我们与众不同，也使得我们成了唯一一种存在于自然中却不完全**属于**自然的生命。但这种分裂也造成了一个大问题：一方面，它让我们在自然生命中显得格外突出，把我们和天使联系在了一起；另一方面，它也切断了我们与自然的联系，致使我们在自然界中的活动不太游刃有余，而更像是在暗中摸索。一些哲学家，比如笛卡尔，会把这个问题解释为我们的理智机能有出错的倾向。我们的理智机能是一个有缺陷的机能，因为我们的愿望是无限的，而我们的理解力又是有限的。[10]如果我们不强迫自己对尚未了解的事物下结论，那我们就永远也不会犯错。凶残的野兽，因为没有自由意志，所以基于同样的理由，也不可能会犯错。

许多后来的哲学家反而会认为，这种能力并不能在我们与外部世界接触时带给我们安全感和力量，而实际上是一种深深的不安的根源。20世纪法国存在主义哲学家让-保罗·萨特把人类，或人类存在"自为"的特性描写成"存在的核心是虚空"[11]。这真是很难让人感到欣慰。相比之下，动物通常被看作最完整意义上的自然存在，与其说它是存在中的虚空，不如说它是填补了存在的虚空。这并不意味着它们不如我们，而是说它们没有处于和我们一样特殊的存在困境，既存在于自然之中，同时又与之分离，之所以分离，是因为我们在运用理智期间要深思熟虑、费时费力地做决定。根据海德格尔的说法，动物"贫乏于世"：看看松鼠吧，你可以非常确信它脑袋里什么念头都没有。但是贫乏于世意味着动物比我们更加实**地存在于**这个世界，而不是与世界分离。它们在世间畅行，并不觉得有什么困难或复杂。

罗拉里奥的著作尽管写于16世纪上半叶，但只有在1642年开始的几次再版中才被更多人知晓，进而激发了一篇名为《罗拉留斯》（"Rorarius"）的内容充实、影响深远的文章，由法国自由思想家皮埃尔·贝尔（Pierre Bayle）所作，收录在他于1697年首次出版的《历史与批判辞典》（*Historical and Critical Dictionary*）中。[12]贝尔的文章表面上是关于他的意大利前辈的，读起来却像是一个奇怪的实验，一篇大卫·福斯特·华莱士作品的近代早期版，因为大约90%的内容都是由长长的注释组成的，他在其中自由地探讨动物灵魂问题。他指出，罗拉里奥的作品很难算是哲学著作，而更像是一篇"关于动物勤劳而人类邪恶的独特事实"[13]的纲要。这位意大利作者在写作时正担任匈牙利国王的教廷大使，他相信，如果这些独到的观点得到认可，那么就不能否认动物能够运用理智，区分人类和动物的唯一标准就将不是基于理智，而是基于自由意志。

这两种能力通常是同时发挥作用的：能够做出自由选择，选择这样做而非那样做，假定有能力对选择进行反复思考，根据已知事实做出或对或错的推理，以找到最佳行动路线；反之亦然，能够深思熟虑也就意味着有能力在深思熟虑后采取一种行动方案而不是另一种。但这一联系并不重要。罗拉里奥似乎认为，只要生物的行动中表现出了理智，无论这种行为是不是自由选择的，都可以认为这个生物是理性的。贝尔则认为，罗拉里奥所列举的事实会令"笛卡尔和亚里士多德的信徒都感到很尴尬"。[14]在丹尼斯·德谢纳（Dennis Des Chene）看来，贝尔这样说很奇怪。[15]毕竟，经院哲学家，亚里士多德在中世纪晚期和现代早期的追随者们早已形成了非常一致的看法，或者说他们认为（显然丹尼斯·德谢纳也这么认为）可以用这种看法来解释动物的学习和判断。对于16世纪的经院哲学家弗朗西斯科·苏亚雷斯（Francisco Suarez）而言，一只羊在逃离一匹狼时，它所采取的是某种vis aestimativa（或称估计能力），这与理智无关，事实上"也没有超过敏感（能力）的等级"。[16]羊能够识别狼是狼，是敌人，但不会把它置于一个普遍概念之下。就如德谢纳解释的那样，它没有把这匹狼置于"坏的概念之下，它仅仅是**识别出**这匹狼是坏的"。[17]

重申一次，这种无概念的认识是否可能一直是哲学史上长期争论的根源，这个争论直到今天仍在继续，只不过在讨论动物的认知时更新了一些术语。笛卡尔将找到一种办法来解释羊能认出并逃离狼且根本不必诉诸任何认知功能的原因。他和经院哲学家们当然了解动物的非凡勤劳。但那时和现在一样，关于动物是什么样的存在的先验承诺通常被证明是强大的，足以解释动物被证明能够做的任何事。如果你基于这样一种先验的理由，认为任何非人类的生命都无法行使更高级的认知功能，那么你总能对动物的任何复杂行为做出解释，而不必修改你的观点。

　　然而，这个讨论似乎忽略了一点，那就是将理智归于动物可能根本不需要证明它们有更高的认知功能，因为它们的"勤劳"本身可能就是理性的，就像怀表作为构造世界的理性的集合体，作为"无须用脑"的事物是理性的一样。我们可以把这种对理性的认知扩展到动物以外。埃马努埃莱·考克西亚（Emanuele Coccia）在他的新书中呼吁哲学家严肃地对待植物，认为"塑造物质的技术力量没有必要等到人类出现，或更高级的动物出现，才会变成一种个体功能"。[18] 他断言植物种子天生就有"头脑"，因为"若非预先假定种子具有一种认知形式、一种行动计划、一种不以意识方式存在但能让它无误完成一切的模式，我们就无法解释种子的所作所为"。[19]

　　这可能像是不太严谨的类比，或是对"认知"的含义的含糊其词，而且从一开始就假设拥有"程序"的东西就一定拥有知识似乎也有问题。然而，如果我们基于动物的**行为**而不是它们的想法，事实上准备认同罗拉里奥关于动物理智的观点，那么我们就着实没有任何理由不承认那些自然界的生物，例如植物，也有理智，以认知的意义而言，很少有人怀疑它们知道点什么。这种对认知或思考的理解在爱德华多·科恩（Eduardo Kohn）最近对"森林如何思考"（how forests think）的大胆论述中也在发挥作用。[20]

对他而言，从美国实用主义哲学家C. S. 皮尔士于19世纪所阐发的符号理论出发，任何系统，比如雨林，都可以被理解为一个符号系统，这与该系统中任何个体的载体是否能够解释这些符号没有关系。科恩认为，也存在着非表征性的符号。一旦我们承认了这一点，我们就能看到，思想广泛地存在于自然之中，而非仅存在于少数具有特别大的头脑的"高等"生物身上。

另一个类似的不确定性是，理智到底是有思想的生物的内在形态，还是一个可能有思想也可能没思想的生物的正确行动的外在执行方式，似乎正是这种不确定性，导致许多（如果不是大部分）关于人工智能这一幽灵的讨论，其讨论的核心内容都是含糊不清的——尤其是对那些对哲学区分没有什么耐心的技术行业和科技新闻界的人而言。正如许多人工智能评论员经常说的那样，当机器开始做我们现在认为从根本上来讲只有人类才能做的事，甚至比我们做得更好时，它们会不会"超越"我们？或者当它们开始**有意识地**思考它们正在做的事情，发展出了选择做这件事而不做那件事的能力，而这种选择仅仅是出于纯粹任性妄为的念头时，它们会不会超越我们？它们是否会满足于准确无误地完成任务？这是否也是认知的一种形式？如果它适用于植物，为什么不能适用于机器？

对于动物、植物、机器、外星人和物理宇宙来说，这些问题从未真正得到普遍满意的解答，这表明我们确实不知道什么是智能，因此当我们试图识别人工智能或非人类智能的例子时，我们也不可能知道我们在寻找什么。同样的问题也困扰着对理智的讨论。对理性一词的实际使用方式进行清醒的评估，能让我们得出与哈特里·菲尔德（Hartry Field）一样的结论：它的作用仅仅就是"一个批准条款"。[21]至于理性是什么，它是否能描述无思维的自然或人工的系统，或者它是否就是思维本身，只有少数生命被赋予了这种思维，并且凭借这种思维，这些少数生命在某种程度上得以站在这些系统之外，这些都尚无定论。然而，在理性和非理性之间存在着一种严重的不对称：罗拉里奥和考克西亚关于动物和植物所强调的是，它们事实上总能把事情做对。没有深思熟虑意味着它们所做的事情是没有错误的——即使有时自然界中还有其他力量或生物阻止它们达到自然的目的。即使理性超越了人类，或是超越了具有更高级的认知和抽象表达能力的生命，非理性似乎也仍局限于更狭窄的情况：拥有高级认知的生命不能正确地运用其抽象表达能力，作为存在核心的虚空，总是出错。

在罗拉里奥看来，动物比人类更理性。因为缺少了高级认知，所以它们**只能理性**。顺着这个思路，高级认知带给我们的不是理性，而仅仅是非理性。这可能让人感到绝望，但也是一个对我们老生常谈的旧公式的有趣颠覆。在这个新的颠倒的说法中，理性是广泛分布的，而且太普遍了。使我们人类独特的是我们的非理性。我们是非理性的动物。

不完美的超能力

当代哲学界的主流观点与罗拉里奥所捍卫的观点截然相反，它认为我们是理性的动物。这个定义有时会扩大到把其他明显的普遍特性也包括在内——比如，塞维利亚的伊西多尔，一位上古晚期的西班牙博学家写到，人类"是一种有理性的、终有一死的、居于陆地的、两足的、会笑的动物"。[22]——但在这个列表中只有理性和动物性是持续入选的，即使在理性的概念中人类已不再分享某种来世的或把其他生命排除在外的超越性的现实了，情况也仍然如此。相反，理性在今天通常被理解成为全人类所共享且仅仅属于人类的适应特性，类似于我们在自然界中可能发现的任何其他特性，即使它的来源和功能更难说清楚，即使它为什么没能在自然界中更为广泛地流传至今仍是一个巨大的谜。

在2017年出版的《理智之谜》[23]——在本文写作时该书代表了对理性的实验和理论研究的前沿综合和新颖解释——中，雨果·梅西耶（Hugo Mercier）和丹·斯珀伯（Dan Sperber）把人类的理性比作蝙蝠的回声定位：一种因选择压力而形成的超能力，但在动物界罕见得出奇。梅西耶和斯珀伯与他们领域内几乎所有的研究人员一样，是完完全全的自然主义者，但也是人类例外论者。他们一直试图寻找一个令人满意的自然主义解释，用来说明究竟是什么让人类如此特殊——大体上他们确信人类**是**特殊的，也确信人类的理智并不仅仅是我们自身对自然界中广泛存在的某种东西的变形。

在他们看来，理智是一种特殊的推理能力，是我们经过早期生活习得的，而不是天生的。再进一步讲，理智是我们在运用它时可以意识到其存在的事物；它涉及直觉，而不是一种功能，并不像其他许多思想家所认为的那样与直觉不同。对他们来说，理智是一种不涉及对事物和事件的再现直觉，而是一种涉及对再现的再现的直觉。换言之，它是关于抽象概念的直觉——"一种对再现进行直觉推理的机制，就叫理智"。[24]梅西耶和斯珀伯在双重意义上，把理智看作一个"谜"：不仅因为它是一种稀有的、特殊的超能力，而且与我们的目的更相关的是，它显然存在着严重缺陷，极易引我们误入歧途。对于什么才算是关于逻辑和社会问题的理性结论，我们一直处于与同胞们意见相左的境地，同时我们饱受四处泛滥的确认偏差的折磨：系统错误造成了我们只去关注、青睐和选择进一步强化我们已有观念的新信息。关于这些缺陷何以可能，梅西耶和斯珀伯引述了笛卡尔曾试图做出的解释，"我们的观点各不相同，"笛卡尔写道，"不是因为我们中的有些人比另一些人更理智，而只是因为我们的思考方向不同，考虑的内容也不同……最伟大的头脑既能践行最高尚的美德，也能犯下最大的恶行。"[25]

梅西耶和斯珀伯并不认同笛卡尔的观点，认为它并没有解决理智缺陷之谜，而仅仅是重述了问题而已。他们对于这个谜题的回答从他们的自然主义领域出发，在这里理智本质上就是一个"适度的模型"，与其他直觉推理模型并存，它之所以能在人类进化过程中被挑选出来，是因为它能为我们提出和评价"与他人对话的理由和论点"。[26]这就是他们所说的"相互作用者"方法；与之相对的则是"知性论者"方法，根据这种方法，理性的功能"就是靠自己去达成更好的信念，做出更好的决定"。[27]在后者这种更传统的观点看来，理智应该为我们带来真理，所以当它做不到时，我们就觉得它有问题。相比之下，在新的相互作用者的方法中，理智仅仅是一种适应能力，在一定程度上帮助我们与他者互动。它未曾承诺过要做真理的搬运工，所以我们若是因为被它误导了而感到失望，那我们的失望就放错地方了。梅西耶和斯珀伯在自然中找到了理智不完美的原因：它之所以不完美，是因为它是自然进化的产物，而自然进化只是在既定的环境下利用现有的材料尽力而为。这种说法很符合我们许多人对自己的理性能力的体验，就像支撑着我们受伤的背部的脊柱的疼痛体验一样：这种安排正在尽其所能，但总好像要撑不下去了。

在网上你可能见过很多这样的视频，在视频中有一些可怜的游客，他们在深谷上方的玻璃天桥上蹒跚而行，无法前进。有的人崩溃了，紧紧抓住旁边的扶手，吓得痛苦呻吟。即使告诉他们如下事实——玻璃建筑材料和钢材在结构上一样坚固，即便我们看得透玻璃而看不透钢材，我们在玻璃上行走也并不会受到任何实际伤害——也一点儿用没有。

我本人是害怕乘飞机的。这并非对未知的恐惧。我经常乘飞机，每乘一次都要被重新抛入无法描绘的恐惧之中。我感到被抛弃了，感到冷漠无情的天空用它的超能力任意摆布着我，这不是人类应该穿越的地方。当我坦白这样一个关于自己的非常私人的事情时，我最受不了的就是有人向我背诵一串关于航空飞行相对安全的统计数字。请相信我，对此我想回应的是，我**知道**那些统计数字。我都背下来了。对于任何一家航空公司，我都可以告诉你它所有重大失事事件的年份、地点、原因和死亡人数。我知道即使把这些都加起来，与车祸死亡人数相比也只是很小的一小部分，但这一点儿用也没有。我不怕汽车，只害怕飞机。我猜想这可能是因为在公路上开车就像是对我的原始人祖先曾经有过的某种经历的延续。跑下一座山或在湍流里漂流多少有点儿像是乘车，而这完全不同于在地面上方、在海洋上方、在云层中飞行几英里。

我也不喜欢看到蝙蝠在我家里周围飞来飞去，就像几年前发生的那样，即使我知道它们在生态领域地位不凡，也知道我居住的大陆上没有会吸血的蝙蝠，诸如此类。写到这里，我也感觉好像有点跑题了，仿佛我正在被批评和教育——被蝙蝠批评教育，仿佛我的不开心是因为缺乏教育或对相关的科学事实缺乏了解。

还有一个类似的例子，尽管这个例子与我的个人经验无关。在我的个人生活中，我在很大程度上已经克服了民族优越感和排外情绪，并一直努力实现很久以前就决定要过的生活，在这种生活中，差异性是高级的和值得拥有的，而不是低级的和需要避免的。但显然，这种理解人类社会现实的方法是对整个人类历史和人类文化中处理多样性的惯常方法的颠覆，在惯常的理解方法中，多样性一直基于一个默认的，至少是没有挑明的前提，即认为自己的族群更高级。事实上，调查表明，研究人类差异的民间科学往往涉及一种关于群体间差异的潜在的本质主义，也就是在现代世界中表现为种族主义的民间差异理论。[28]

我们可能会认为，种族主义至少与这样一个事实有关：在与陌生人打交道时我们要承受与熟人打交道时没有的风险。对另一族群的人抱有一定的谨慎是合乎情理的——比如，当他们很可能正盘算着在夜色的掩护下袭击你的牲畜的时候。我们完全不应对此感到惊讶，即这种谨慎贯穿了整个人类历史，靠着一种本质化的倾向，或是一种把两个文化族群的不同看作不仅仅是表面上的不同，而是深层的、不可逆的真实不同的倾向。

种族主义是糟糕的，部分原因在于它是错误的。它并没有科学上的根据：我们所认为的重要的和突出的差异最终总是微不足道的。然而，从人类进化史的长远角度看，它也是完全理性的。正如爱德华·马谢里（Edouard Machery）和吕克·弗雪（Luc Faucher）所写的，有时候糟糕的民间科学也可能是好的认识论：

我们划分世界的方式在很多方面都是有意义的，即使这种方式的内在原理一旦被我们说出来，它对科学就毫无用处了。[29]反过来，这一事实很容易使得运用科学信息来反驳种族主义的意识形态变得徒劳，就像告诉我航空安全统计数字或食虫类蝙蝠无害也是徒劳的一样。在所有这些案例中，我们应对的都是恐惧症，只有对恐惧症的运作原理一无所知，才会认为它是可以通过补充信息来治愈的。

正如我们将在本书中进一步详细考虑的那样，就种族而言——如果不是就飞机安全而言——还有一个问题，这个问题来自许多患有相关恐惧症的人（也就是种族主义者）的共同努力，他们会陷入严重的确认偏差，还会编造出另一套属于他们自己的信息。其结果是，关于人类多样性科学的正确信息不仅没有收到预期的效果，而且在其被处理前就被种族主义者为自己辩护的各种半真半假的错误击倒了。种族主义者的这一努力大致可以与一种不太可能发生的情况相类比，在这种情况中，一个航空恐惧症患者为自己构建了一组替代事实，对现有的统计数据进行了新颖的解释，比方说，对于那些知道"真正的"事实的人而言，乘飞机旅行竟比乘汽车旅行要危险得多。

为什么这种努力看起来不太可能实现？为什么害怕乘飞机的人就得承认他们是"非理性的"，而种族主义者却用保护性的虚假事实打造了厚厚的外壳？我也许低估了和我一样害怕乘飞机的人，或许我还没在互联网上发现那个特别的角落，但也许区别就在于，我们独自忍受着飞行中的颠簸，孤苦伶仃，而种族主义者在想到那些与他们不一样的人也可以平等存在时，则与他们的同伙们联合起来，把他们的痛苦转化为了喜悦和团结。有些恐惧症比其他恐惧症更容易导致这种情况，原因与触发它们的现象、事物或人的性质有关。我们在此探讨的所有恐惧症，似乎都像是最近才转换为两足动物的脊椎动物的背痛，它是这一事实导致的结果，即理性是一种进化而来的功能，在现实世界和不断变化的环境中尽其所能。我们可以安抚这些恐惧，并把社会组织起来，以尽量减少其破坏，但它们不会消失。

很小的痛点

我们是不是太容易放弃了？有没有什么办法可以改善我们的思维，让我们真的克服飞行恐惧、蝙蝠恐惧、种族恐惧、玻璃天桥恐惧？被称为LessWrong（少犯错）的互联网组织或许是理性主义者中最突出的半学术组织，它是一个在线论坛和博客，由埃利泽·尤德考斯基（Eliezer Yudkowsky）于2009年成立。该组织致力于把从概率论上借来的贝叶斯定理运用于日常生活中，以便做出有利于获得更多幸福和更大成功的决定。其成员们着重研究认知偏差如何影响我们未经检验的理性思维过程，进而研究如何消除这种影响。从狭义上讲，LessWrong不是一个逻辑学家的组织，但如果我们根据伽桑狄的理解，在广义上把"逻辑"视为整理思绪的艺术，那么它就涵盖了LessWrong成员们的大部分核心关切。尤德考斯基就这些话题以及人工智能阐述了很多理论观点，但不是写在博士论文中，不是写在学术或大众非虚构类书籍中，而是写在了《哈利·波特》的同人小说中，发表在LessWrong网站上。LessWrong与应用理性中心（CFAR）和机器智能研究院

（MIRI）关联，这两个组织都位于伯克利，都完全沉浸在硅谷的自由主义世界中。[30]

引人注目的是，和这个亚文化中的许多人一样，尤德考斯基作为一名高中辍学生而备受赞誉，因此他的才智一定不是由某种按部就班的传统教学法教育出来的，而是一种被称为"天才"的内在灵光（我们将在第四章关注这一点）。不仅仅是LessWrong，整个硅谷都很推崇这样的人生历程。因此，彼得·泰尔（Peter Thiel）设立了一项奖学金——这位亿万富翁是贝宝（PayPal）的创始人，也是特朗普当选总统的支持者（至少在最开始是这样），早在2009年他就表态不再相信自由可以和民主共存[31]——为那些愿意从大学退学，追求发明或创新事业的年轻精英提供10万美元的资助。泰尔资助的另一个项目Imitatio，被认为是"一种把勒内·基拉尔（René Girard，法国理论家）对人类行为和文化之卓越见解所带来的影响向前推进了的力量"。[32] Imitatio的网站告诉我们，其执行理事吉米·卡尔特雷德（Jimmy Kaltreider）是"泰尔基金的首脑"，他在斯坦福大学"学习历史，差一点就毕业了"。[33]卡尔特雷德的简历或许可以反映出一种在更激进的技术资本家中不太明显的矛盾情绪，那就是他认为没有比勒内·基拉尔更有资历的学者了。基拉尔先是于1947年从久负盛名的法国国立文献学院获得了中世纪历史学位，接着在印第安纳大学获得了历史学博士学位，然后就在斯坦福舒舒服服地从事教书和写作了。卡尔特雷德的身份则卡在了官方正统的基拉尔和特立独行的泰尔之间：他既希望大量推广权威学术思想家的作品，又希望能拥有像泰尔那样的投资人所积极倡导的自由精神，这一精神部分涉及以下观点：传统教育机构的教学方式增值缓慢，需要跨越的障碍重重，只会阻碍个体天赋的充分发挥。所以当尤德考斯基从高中辍学的时候，卡尔特雷德也"差一点儿从斯坦福毕业"。一个人跳出体制的年龄，也可以用来衡量此人有多么深刻、多么牢固地信奉独行侠的浪漫理想。

CFAR 提供理性研修室，让人们花几千美元就可以学习诸如"身体压力反应背后的科学以及更容易地向专家索取知识、向客户索取业务、向投资者索取资金的技巧"这样的课程。[34]泰尔基金向 MIRI 提供的资助则是 150 万美元。我们稍后会回到政治层面讨论硅谷最近的意识形态问题。但目前要注意的是 LessWrong 团体内部出现的一个奇怪的动态，它似乎证实了西塞罗、伽桑狄和历史上许多其他学者的担忧。2017 年 4 月，LessWrong 团体策划并发起了一场活动，名字是"赫奇帕奇非正式会议"（这么叫的原因不为外人所知），理由似乎是意识到了"许多人在理性团体中感到孤独"，以及"团体中有很多小痛点"，[35]因此，组织者确定有必要让成员们聚在一起谈谈他们的感受。有人解释道："团体的情感氛围没能让人们感到幸福和与彼此紧密相连，对于**群体**智力和雄心的发展至关重要的一系列技能又供不应求。"[36]

人们（尤其是局外人）可能会困惑，这个矫正理智功能的项目不应该是通向幸福的车票吗？虽然在细节上做了必要的修改，但这难道不就是斯多葛学派和斯宾诺莎所做的承诺吗？即如果你能用正确的方式理清你的思想，并根据已知得出正确的推论，那么你的思想就会与现实相协调，你也能因此免受不协调所带来的失望。不就是这种不协调导致了激情对理性的控制吗？LessWrong 声明的重点是，当我们从个体理性走向群体智慧时，就会出现麻烦（正如萨特所言：他人即地狱）。[37]但是至少在很久以前，斯多葛学派就假定了任何人都能凭借自己的能力理清自己的思想，以至于无论别人用什么样的方法都不能令我们失望和受伤。

哪里出错了呢？非正式会议的公告似乎承认了，负面的情绪氛围不仅仅是团队核心活动的附带品，而是在某种程度上由这个活动本身造成的。在这里人们不禁要问，我们是不是没有意识到自学成才、单打独斗的方式有局限性？要是普鲁塔克和西塞罗能在这次活动中占据更重要、更权威的位置，而哈利·波特退居次位的话，这些缺陷也许可以避免吧？想要解决这些关于理性和幸福的重大问题，想要在不关注历史的情况下提升自我和改良社会，如果说有什么是不理性的话，这就是不理性的。

第三章

梦，理智之眠

梦醒时分

新法兰西，1671年，尊贵的神父已经吃惯了海狸肉、炖蔬菜，甚至吃惯了由上了年纪的妇女把嚼过的玉米粉吐出来再烘焙而成的蛋糕。虽然这些被视为美味佳肴，但是第一次让他吃时，他还是禁不住感到恶心。他已经看惯了战俘们被捕获和奚落的情景，他们在被烧死时，在手脚的骨头一个接一个地折断时，却似乎陷入了神经错乱般的狂喜。一个人真的能训练自己带着挑衅的快乐忍受这样的痛苦吗，甚至不仅仅是忍受，还能享受这种痛苦吗？他知道部落中的许多男人都有过这样的经历。他们并非出生在这个部落，而是在战争中被俘，在经受了漫长的折磨之后才被接纳的。他们被赋予了新名字，然后被接纳到了大家庭里，好像没有什么比这更自然的了，而如今，他们虽然伤痕累累，跛足而行，但看上去却很安逸自在。一个人可以习惯许多事，但有一件事令神父永远都无法放松下来，那就是这些人对梦的反应。

他来到新法兰西传播福音，给易洛魁人洗礼，让他们皈依罗马天主教，他常常会觉得他成功地说服了这些慷慨的人。他被允许与他们一同生活、一同狩猎、一同吃饭。但他时不时会清楚地意识到，无论他劝这些土著人改变信仰的理由多么有说服力，最终他们是否同意受洗，根本不取决于他的说服力、逻辑论证或是对地狱之苦的充满想象力的描述。真正左右他们的是他们做的梦，他们相信，是梦让他们看到了这个世界的彼岸，在那里，神灵会给他们指明清醒时分的行动方向。

头几个月，当他睡醒时，有人问他梦到了什么，他都拒绝回答。他没把他们的问题当回事，告诉他们这无关紧要。但过了一段时间，他开始明白，要想把这些人争取到自己的阵营里，讲讲梦到了什么要比论证管用得多。他开始相信，这些人把他们的梦当作了上帝本人。梦是这个国度唯一的上帝。但在梦里，他们遇到的唯一神灵只有魔鬼，如果某个晚上梦向他们显示了关于我们信仰的真理，那么第二天晚上这个启示可能就会反转。

甚至连酋长都愿意受洗，当被传授基督教的主要奥义时，他赞许地点了点头。但不久后的一天早上，他刚一醒就叫来了神父，严肃地告诉对方这些教义都是骗人的，说"在梦中他看到自己在天堂，法国人在那里用号叫来迎接他，就像他们在战俘到来时习惯做的那样，而当他逃跑时，他们手里已经拿好了烧得红红的拨火棍，准备用这个来烫他"。[1] 这位耶稣会士原以为自己已成功地把基督的救赎描绘成了悲苦世界——这也是他认为易洛魁人知道的全部世界——的反面，但他现在明白了，他的努力是徒劳的，因为在易洛魁人看来，上天堂似乎与战俘被俘后的命运没什么区别。他担心酋长可能会杀了他，仅仅就因为一个梦：梦只是我们被动接受的东西，它们是一连串杂乱的印象，而不是我们通过推理主动获得的东西。

人类学家和考古学家布鲁斯·特里格（Bruce Trigger）在大约30年前就写过早期现代耶稣会士与易洛魁人的邻居——也是他们的近敌——休伦人相遇的情况："就他们对世界上超自然力量的

信仰而言，耶稣会士与休伦人之间的共同点要远远多于他们与20世纪的人之间的共同点。"[2]特里格说的"20世纪的人"可能只是一个理想的版本，但除此之外——无论法国耶稣会士和美洲土著人的世界观在17世纪如何被超自然的生命和力量所充斥——在对这些生命和力量的认识方法上，法国人和美洲人的差异再大不过了，这种差异正是崛起中的现代西方人的重要身份特征。

我们的这位耶稣会士正从后来成为魁北克的地方给他在法国的上级写信，时间是笛卡尔出版《第一哲学沉思集》30年之后——这部作品为之后好几代的法国耶稣会士所熟悉，尽管它频繁地受到他们的批评。在这部作品中，笛卡尔不仅拒绝接受梦给我们带来的影响，认为它们是有关这个世界本来面目的不实之词，更关键的是，他的主要关注点之一是要证明我们对现实的认识不是来自做梦，而是来自实际存在的外在之物，并且在哲学推理的帮助下我们可以清楚且确定地区分清醒和睡眠。笛卡尔的权威性知识正是来源于他自己的思维。他认为他的思维被赋予了理智功能，而且不论好坏，它还被赋予了一些次要的功能，比如想象力和感觉，这是因为心灵在这一生中与身体紧密相连，尽管在本体上与身体不同。

衡量一个时代与理智功能之间的关系，可能没有比看它是否愿意重视梦境更好的方法了。与美洲土著人第一次接触时，欧洲的旅行家们认为这些土著人所信赖的解梦——根据对梦的解释来决定未来的行动——是极其陌生和"野蛮的"，是人类历史远古阶段的特征。伴随着这些旅行家来到美洲的是现代欧洲的思维模式，笛卡尔在《第一哲学沉思集》中对这种思维模式做了最清晰的表述，他试图用令人信服的论据证明人生不是一场梦，我们可以完全确信在我们清醒的生活与充满幻象的睡梦之间存在着差异。这些幻象，在笛卡尔看来，仅仅是令人遗憾的错误，我们要怀着遗憾承认这一点，然后在人类经验中把它们贬低到它们应该待的角落里。

在现代世界，即使在那些不捍卫理性主义哲学正典的人看来，睡眠也还是至少有一点儿让人觉得难为情的。在1913年至1927年之间出版的七卷本《追忆似水年华》中，马塞尔·普鲁斯特笔下的叙述者这样描述家中的女仆，爱脸红的弗朗索瓦丝，说她会用最令人难以置信的委婉说法来避免公开承认她睡着了，也就是说她不仅是闭上了眼睛，而且在闭着眼睛的过程中陷入了另外一种认知状态，在那里人们不能再指望她保持礼仪和遵守规则。而大约就是在同一时间，这位法国的乡下女仆进入了梦乡，在梦里她觉得她不再是自己，但又比以往任何时候都更像自己，因为她所有的戒备都解除了，所有的礼仪都悬置了。而就在此时的维也纳，一位精神病学家正在发展一种理论，认为只有在梦中最深处的自我才会浮现出来。在这位精神病学家的想象中，这个自我是一个盛着非理性欲望的冒着泡的大锅，而清醒时的理性不过是包裹着这些欲望的一层薄薄的皮，徒劳地想要把它们控制住。在20世纪的进程中，承认甚至是赞美这种非理性，从而为自己的自毁行为开脱，理由是这只是无意识在起作用，没有什么可以阻止它，这在许多地区都会被称为一种时尚。

我们可以说，现代哲学诞生于17世纪，诞生于笛卡尔证明了，或声称证明了，他确切地知道我们清醒时的经历不仅仅是幻象，也不是梦的那一刻。在接下来的几个世纪，至少对成年人而言，只有醒着的生活才算得上生活。然后，梦境就气势汹汹地回来复仇了，这被它们在19世纪末的伟大倡导者称为"被压抑者的回归"。在弗洛伊德的精神分析中，梦不是失常状态，不是一系列我们在夜晚犯下的令人遗憾的错误，相反，它们是我们理解真实自我的钥匙。从20世纪早期到中期，弗洛伊德所谓的科学工作几乎在所有的艺术和文化领域都产生了巨大反响。在这方面，他开启了一个非理性的时代，它当然遭到了各种假正经人士的抵制，但它的电荷会从各种达达主义者和超现实主义者以及第一次世界大战的其他先锋派，一直传递给20世纪60年代的文化革命者——有人可能还会说，也会传递给今天的网络巨魔们。它制造不和谐，打破受规则制约的公共话语的正常运作，制造破坏，寻欢作乐，让想象力和非理智肆虐。

但是我们也别言之过早。就在笛卡尔写作他的专著时，巴黎、阿姆斯特丹和伦敦到处都藏着解梦的人。据说向他们求教的人有国王，也有其他地位显赫的人。但是到了17世纪中期，这样的咨询要么是达官显贵们在一种炫耀性的非理性主义的驱使下进行的，要么是半秘密地在城市中偏僻的小巷里进行的，其被污名化程度堪比卖淫。事实上，早在笛卡尔之前，人们就开始对清醒和睡眠作为知识来源的这种等级区分进行阐述了。亚里士多德在他的短篇著作《论睡眠中的征兆》（*On Prophecy of Sleep*）中承认，对于梦中的占卜，"无论鄙视它或是相信它都不是件容易的事"，而且断言它至少"有一些理智的表现"。[3]然而无论睡眠中的这种预测能力究竟是什么，这位希腊哲人最终把它降为巧合，或降为一种要生病了的生理迹象，人们可能先是在睡眠中感知到这种迹象，尽管清醒时的大脑还未察觉到。

然而，亚里士多德认为"梦的发送者是上帝"的说法是可疑的，理由是"梦并不是被送给那些最优秀、最睿智的人，而仅仅给了普通人"。[4]当然了，在易洛魁人和休伦人之中，不是任何人的预知梦都有非比寻常的意义，而只有那些有特殊地位的人，像是萨满教的道士或预言家，他们的梦才有非凡意义，他们可不是普通人。耶稣会的传教士经常注意到，梦的意义是受到重视还是被轻描淡写取决于清醒生活的实际需要。就好像预言家从睡眠中提取幻觉，但在这样做的时候他完全清楚，哪些梦中的哪些部分可能会被用来指导清醒时的生活，这完全取决于他，任凭他自由选择，而只有在清醒生活中，基于我们选择的行动才会产生实际影响。但事实是，没有一个北美土著人像笛卡尔那样试图证明我们所认为的现实不仅仅是一个梦。对他们大多数人而言，把梦看作统一现实观的一部分没有任何问题；他们认为梦对于指导清醒生活中发生的事情具有启发性和意义，甚至把梦和清醒生活交织在同一张因果网里。梦很重要，而且无法通过解释被消除，不能因为我们醒了，把注意力转移到清醒的、理性的、成人生活中的真正的问题上了，就把梦晾在一旁遗忘了。

在欧洲，在笛卡尔之后的几个世纪里，梦仍然是不得体的、应该被抑制的，事实上这种情况一直持续到了今天，尽管弗洛伊德从19世纪末开始就在维也纳费尽心血，尝试着把它们带到光天化日之下，创立了一种关于它们的科学，并使它们成了我们理性的公共讨论的一部分。弗洛伊德对文化影响深远，尤其是在艺术领域，但即使到了20世纪中叶，当精神分析在英语世界流行到顶峰的时候，你若是向老板讲述你昨晚做了什么梦，通常也会被认为是犯了社交大忌。老板不想知道你梦到了什么，他只想知道你的"解决方案"，即使你的解决方案是在梦中出现的，也最好把做梦的事略去。这只是在我们受理性支配的社会中成为一个有能力的人的一部分要求。对我们来说，解梦是反文化的、适得其反的，而且与有秩序的生活格格不入。当然，它还继续存在着，但大多是在像睡眠本身一样模糊的环境中。

许多与笛卡尔同时代的人之所以把他们的作品说成是"梦"，不是因为他们如实汇报了自己的梦，而是因为他们希望自己在写作时，能比在平铺直叙的哲学文本中更多地诉诸想象力。所以1608年，约翰尼斯·开普勒在他的《梦》(Somnium)[5]中讲述了许多关于月亮天文学的大胆想法，贯穿整本书的是一个稀奇古怪的科幻故事，其中有巫术、出离身体的旅行和奇怪的月亮生物。1692年，墨西哥修女胡安娜·伊内斯·德·拉·克鲁斯（Sor Juana Inés de la Cruz）发表了《梦》(El Sueño)，在这首哲学诗里，灵魂进行了一次旅行，一路领略充满象征意义的生动风景，寻求对上帝的真正理解。[6]笛卡尔自己的《第一哲学沉思集》本身就是在哲学和忏悔的写作中对梦幻风格的发挥，这本书的诸多特点之一就是它是一次想象力的飞翔，但笛卡尔没有把这种飞翔嵌入梦中，而是把它作为在清醒生活中的一种反思，这种反思可以被证明为不是一个梦。

到了1769年，唯物主义哲学家德尼·狄德罗在《达朗贝尔的梦》(D'Alembert's Dream) 一书中，用梦的体裁提出了自己的哲学观点。[7]在1799年，我们迎来了现代史中关于梦的最具代表性的作品之一，它不是文学作品，而是象征艺术：弗朗西斯科·戈雅的《理性沉睡，心魔生焉》。一个男人睡着了，猫头鹰、蝙蝠和其他无法辨别的夜行动物扇动着翅膀从他的脑中飞了出来。正是这种梦境促使了笛卡尔去证明我们不是在做梦，或至少不总是在做梦。对笛卡尔而言，做梦就是关闭了理智，而在理智被关闭时，思想的产物是危险和黑暗的。然而，在整个现代哲学中持续存在着一种相反的说法，认为压抑梦会导致矛盾的结果。"在专注于某种经验时，"反传统的法国哲学家加斯东·巴什拉在1948年写道，"哲学家会对其他经验反应迟钝。有时极清晰的头脑会被禁锢在这种清晰性之中，拒不承认从更为朦胧的精神角落里散发出的微光。"[8] 他总结出了一条关于现世知识的理论："对梦的价值毫无兴趣，会导致我们与促使自己去探求知识的兴趣一刀两断。"[9]

破坏法律

除了梦不属于现实，事实上是幻觉以外，是什么让梦变得非理性呢？根据一个颇具影响的观点，几何学也是非现实的，因为它研究的对象，如三角形、圆形等，都是理想的实体，而非世界中的具体物体。那么，几何学研究的就是"存在于人脑中"的实体，这与梦没什么两样呀。然而，几何学往往被认为是把理性体现得最纯粹、最完美的领域，而梦却是非理智的猖獗之地。因此，无论理性是什么，正确精准地反映"真实的"世界都不是它的分内之事。那也许是**真理**的事，但是对理性，我们可以下的第一个定义是通过已知做出正确推理，而我们确实可以知道关于想象的或理想的实体的相当多的东西。提一个对哲学家来说很熟悉的例子供大家思考：我们都知道独角兽有一个角，这是一个无须对真的独角兽进行经验调查就能知道的事实，因为它的真实性根本就不依赖于独角兽的真实存在，只依赖于独角兽这一概念中包含了什么内容，而关于独角兽的一个独立存在的事实是，如果你再加上一两个角，那么它们就完全不再是独角兽了。

梦既不像涉及三角形的几何证明，也不像我们在清醒时对独角兽进行的思考。我们对梦的描述具有很高的文化特殊性，而我们对它们的记忆在很大程度上取决于我们的个性和价值观。中世纪的骑士可能会梦到幻日，醒来时相信这是即将开战的预兆；我的梦则总是充斥着兔八哥和电脑游戏中的古早卡通形象，当我醒来时，我只会觉得很奇怪，为什么我的梦竟会这样受到历史的限制。我并非在尝试探讨一个对所有人都有效的梦的现象学，但在此我敢说每个人的梦，嗯，都很奇怪。充实这一有力论断的一种说法是，我们在梦中总是公然违背排中律。许多西方哲学家都认为排中律是人类理智的根基，它认为万事万物要么是这样，要么不是这样，即A或非A两者必有一个是对的，但是不能两个都对或都不对。然而在梦中这一定律行不通：比如，同一个生物，既可以是也可以不是独角兽。它不仅可以多冒出一个角，还可能呈现出猪的外形，或是我们前房东的外形（引自喜剧演员米奇·赫德伯格的一个例子），或者它也可以化为无形，变成纯粹的微微发亮的光。这样的变形在梦里通常不会困扰我们。对于梦中出现的生物，我们似乎在某种程度上能够更深刻地把握它们固有的特征，这是我们在清醒状态下给它们的本质下定义——比如"独角兽是长有一只角的蹄类动物""地主是拥有居住地所有权的两足动物"之类的——时无法做到的。

现在，为了使某种东西既是马又不是马——让我们举一个实际存在的动物，而不是独角兽，以便简化例子——我们必须拒绝或悬置在自然种类问题上根深蒂固的形而上学。这种形而上学最重要的起源可以上溯到亚里士多德，它的主张是，若要使某种生

物从一个时刻存在到下一个时刻，那么它的形式也要从这个时刻
保持到下一时刻。比塞弗勒斯马——援引一个在中世纪拉丁逻辑
中备受喜爱的吉祥物——如果不是马，那么比塞弗勒斯这匹马也
就完全不存在了。有时候一些值得注意的自然现象会让这条定律
出现问题，非常明显的就是昆虫的变形，但人们之所以普遍认为
这样的现象是非凡的和例外的，正是因为它们威胁到了我们对自
然界事物如何运转的一般解释。在大多数情况下，个体生物只能
是某种类型的生物，如果它变成了另一个物种，那么它也就不再
是以前的那个个体了。

种类的离散性和排中律，作为我们理智概念的两大支柱，早
在亚里士多德的哲学中就被树立起来了，对他来说，存在就是永
远作为某种特定类型，而非作为其他类型的生物而存在。在亚里
士多德之后，这些定律当然一直在被打破，不仅在梦中，而且在
文学幻想中。在奥维德的《变形记》所颂扬的世界中，个体生物
就常常会越过自然的边界，变形成它们不曾属于的种类，但本质
上仍然是原来那些个体生物。这位拉丁诗人的作品如今已成了经
典，并没有被视为是危险的或有威胁的，但它之所以安全，是因
为我们认定它是诗性想象的产物，而且与亚里士多德形成鲜明对
比的是，它没想告诉我们世界究竟是怎样的（尽管在第四章我们
将会看到，对于想象的奇妙飞行而言，这样的区别也并不总是稳
妥的）。

欧洲传统中的其他后期作品在探讨变形问题的同时，也在诗
歌和写实主义的边界上做文章。12世纪，丹麦基督教编年史家萨
克索·格拉玛提库斯（Saxo Grammaticus）在作品中痛斥斯堪的
纳维亚的异教徒传说，因为它颂扬了生物变形，比如，某个叫哈

格雷普（Hardgrep）的女巨人想要勾引她的养子，就"像蜡似的悄悄地把（她）自己变成了一副陌生的样子"。[10] 她的超人身躯"过于笨重，不适合凡人怀抱"，所以她变形了，按她自己的说法，"出于自己甜蜜的意愿"。[11] 萨克索本人并不相信发生过这种事，但在同一作品中的其他地方，他又不经意地提到最早的丹麦国王是熊的后代。在他写作的时间和地点，我们所认为的"理性"要素——如坚持排中律法则，坚持属于自然物种的固定物质的形而上学——正在得到巩固，并和基督教化的文化-政治事业紧紧地结合在了一起。

这一过程也与文本读写能力的普及密不可分——萨克索·格拉玛提库斯这个名字可以被大致翻译成"能读会写的丹麦人"，好像"能读会写"和"丹麦人"这两个特征组合在同一个人身上是件非常新奇的事。但事实确实如此，因为在整个中世纪的进程中，读写能力是基督教（也即地中海）文明的内在特征，伴随着基督教文明的扩张才被带到了欧洲更遥远的地区。人类学家杰克·古迪（Jack Goody）令人信服地指出，正是书写技术本身让人们有可能用逻辑对立——其中最基本的是亚里士多德的不矛盾律[12]——的方式对世界进行概念化。古迪的论点会使我们远离现在讨论的重点，但是值得注意的是，即使很多作品——比如特别明显，奥维德的作品——写的都是违背逻辑定律的幻想性想象，我们仍然可以大胆地说，只有在那些将对世界的理解固定在权威性书面文本内的文化之中，这样的违背才会被看作是这样的，是"幻象"而不是"真相"。

萨克索亲眼看见了一个欧洲偏远地区从一种文化到另一种文化的转变。在接下来的几个世纪里，违背逻辑的行为将出现在整个欧洲的虚幻传说和神话故事中，并在19世纪浪漫民族主义的政治工程中起到举足轻重的作用——到那时，德国的格林兄弟[13]、俄罗斯的亚历山大·阿法纳西耶夫[14]、芬兰的埃利亚斯·伦洛特[15]将会把他们国家非亚里士多德式的民间传说汇编在一起，作为真实民族文化的证据和民族自豪感的根基。这些国家从希腊、罗马和法国进口了逻辑、科学和技术，反过来，又在自身内部寻找用来抵御熊的咒语，寻找要把孩子放进炉子里烤的巫婆的故事和用计谋战胜巫婆的孩子们的故事，寻找会说话的动物和精灵。一方面，这些带有公然挑衅意味的非理性的、梦幻般的文化表达显示出了这几个特定欧洲国家所独有的、无法被减灭的特征；另一方面，他们在更大的区域内，至少与他们的邻国共同继承了理性遗产，并希望有一天可以和全人类一起分享。19世纪的这一分裂——珍惜自身文化的非理性表达和引进理性的普遍利益之间的分裂——既与哲学的非理性主义倾向息息相关，也与20世纪非理性主义作为一种政治力量在欧洲的崛起密不可分。

但我们现在关心的是梦，以及除了梦是幻觉的产物这一事实之外，我们为什么要对它们如此提防。很大一部分答案似乎是，从形而上学的角度看，它们是不正确的：它们总是破坏着稳定和秩序，而我们已经说服自己相信，这两者主宰着我们清醒时的现实。

灵气、水蒸气似的癔症、风

"阴影覆盖的大地是梦游者的天堂，"伊曼努尔·康德在《通灵者之梦》（1766年）的前言中写道，"在这里他们发现了无边的疆土，随心所欲地建造房屋。疑病症患者的幻想、童话故事和修道院的奇迹为他们提供了大量的建筑材料。"[16]这位德国哲学家在书中所指的"通灵者"，正是瑞典的神秘主义者艾曼纽·斯威登堡，他声称获得了神启，能够随意造访天堂和地狱，能够与天使和其他超自然生物交流。康德在开篇处引用了贺拉斯的警句：就像病人的梦，制造徒劳的虚幻（Velut aegri somnia, vanae finguntur species）。[17]换句话说，斯威登堡的作品，在康德看来，就是热性谵妄的产物。

在康德年轻时写的这部奇特而非典型的作品中，他针对的主要目标可能根本就不是斯威登堡，因为他虽然表面上蔑视斯威登堡，但事实上似乎对斯威登堡怀有一种持久的好感。康德真正希望表达的是，形而上学者没有资格批评通灵者。在这里，康德用"形而上学者"的标签来指代那些令人尊敬的学术哲学家，与他们相对的则是像斯威登堡那样精神错乱的投机者和狂想家。在康德看来，形而上学者和通灵者同样有罪，因为他们对自己完全不知道也完全不可能知道的话题滔滔不绝。康德针对形而上学提出的这一观点开启了一个漫长的进程，这个进程在19世纪晚期会为我们带来实证主义哲学家——他们甚至把"形而上学"当作一个贬义词来谴责——以及像神智学者海伦娜·布拉瓦茨基这样色彩斑斓的人物，他们非常乐意看到自己深奥难懂的事业被贴上这样的标签。到了20世纪末，典型的非学术类书店会在"形而上学"区重点推荐雪莉·麦克雷恩的作品，内容是关于她过去的诸多轶闻。到目前为止，学术哲学家们对此一言不发，如果硬是问他们，他们也许会耸耸肩，认为商场书店的这种分类方法只是个玩笑，不在他们的管辖范围之内。

随着那些处于哲学实践中心的人对这个词越来越不舒服，这个词不断向外围移动，已经进入了边缘地带。在这个长达几个世纪的离心运动的初期，也就是在康德写作时，这种不舒服的根源在于，自亚里士多德以来，形而上学的定义就是超越科学观察和实验的范围，去探索科学上可观察现象的第一因。17世纪以后，只有像斯威登堡和布拉瓦茨基这样精神错乱的人才能故作天真地宣称他们还在进行这样的探索，而同时代的那些严肃、谨慎的人，就像是受到了某种束缚一样，觉得他们要是声称自己获得了经验王国以外的知识，他们就必须解释这项事业究竟是怎样做到的。

我们目前主要关心的不是形而上学，而是梦。康德的做法是指控当时正被人们追求的形而上学，把它描述成只不过是病人做梦时产生的幻觉。回忆一下亚里士多德的观点：一个真正有预测性的梦很可能让你在睡觉时第一次察觉到要生病的征兆。一个人之所以梦到自己要生病是因为这个人已经生病了，只不过醒着的时候暂时还没有察觉。通常，生动的梦境被看作许多疾病的征兆，任何古代的读者都会认为贺拉斯把病人的梦等同于"徒劳的虚幻"是理所当然的。康德认为通灵者就是这样的病人，即便是在他醒着的时候也是这样。他的幻象是由"蒸汽"构成的——传统上，这个词的字面表现是指一个生动的做梦者在头脑中产生的图像。但在这里，康德用的是这个词的喻义：通灵者的生活在某种意义上就是一个醒着的梦，因为他让想象的阴影在解释现实时发挥作用。他错把想象的幻觉当作了理智的概念。

康德这部著作的一些英译本没敢直接翻译这位哲学家在第一部分第三章所做的结论性观察。伊曼纽尔·F.戈威兹（Emmanuel F. Goerwitz）选择用"胃部紊乱"模糊地提了一下，然后在注释中给出了德语原文，说这样的表达在英语里是"令人难以接受的"。但此处英语表达的内容和德语一样不堪，康德实际上说的是："一股气在一个疑心病患者的肠子里窜来窜去，最后总得选个方向：如果向下，就是一个屁，但如果向上，就成了幻象或是神圣的灵感（inspiration）。"[18]如果我们以为康德是在追求幽默的效果，我们就该注意到德语Eingebung在这里的英译是"inspiration"（灵感），传统上则被翻译为"afflatus"（启示），"divine afflatus"（神明启示）中的"启示"。在西方思想中，"spirit"（灵），一方面是指某种崇高的、神圣的事物，另一方面仅仅就指一股气，这两者在概念上有着很深的渊源。印欧语系中的很多常用表达都体现了这种联系，且自古希腊起，这两个语域容易被混淆的趋向就是喜剧的主要内容。比如，在阿里斯托芬的《云》中现身的苏格拉底嘲笑神明，暗示打雷绝非昭示着这些神的超人力量，而不过是大气中的类似肠道不畅的表现。这类喜剧常常利用某个人物对自己话语的重要性的误解：他认为这些话语是"精神的"是在"崇高的"或"重要的"意义上，而他的听众认为这些话语是精神的则仅仅是觉得有很多"风"。这就是所谓的"风流"，把"风流"说成是深刻的见解。康德当然知道并利用了这种深刻的关联。

康德在本章中不仅强调了"灵"和"气"之间的概念联系，还强调了它们两者和"幻想"之间的联系。他当然清楚在他之前，笛卡尔花费了多大力气要把所有与幻想有关的观念从理解智力的活动中，或确切地说是从心灵或灵魂中努力清除掉。笛卡尔坚信，幻想并不是身体和心灵之间的某种中间状态，兼具了这两个本体论区域的特性，并在两者之间自由地来回移动。相反，对于这位二元论哲学家而言，每一个实体要么是心灵，要么是身体，虽然水蒸气可以膨胀，但它存在于物质颗粒中，所以无论这些颗粒多么细微或分散，水蒸气在严格意义上讲都不能被看作灵气。把灵气想象成风、气或幻想，只会让想象妨碍对哲学问题的理性探索。在哲学领域，幻想既非必要，也无用处，在那里没有什么东西需要一个形象，也没有什么好"想象"的。

当然，"水蒸气"，或者更准确地说是"癔症"，也是很常见的一种疾病，据说长久以来，上流社会的女士们尤其容易受此困扰。上流社会的女士和那些关注她们的人发现，"癔症"可以解释社会行为，如戏剧性的晕倒或不喜欢起床等。17世纪，这种疾病的社会建构性特征已成了非常普遍的话题。因此，在1676年，莱布尼茨指出，"在巴黎，许多妇女都常常抱怨患有一种病，她们管它叫'癔症'……它们就像从天而降的浓雾，遮蔽了她们的视线和思想，让她们什么都看不见了，因此她们也管它叫'水蒸气'"。[19]莱布尼茨抱怨说，人的头脑常被比作化学实验中用的那种蒸馏瓶，但这仅仅是个比喻，一种对想象力的帮助，它抓住了我们头晕目眩时的一些感觉，但没有正确地识别问题实际上是由哪些因素造成的。

水蒸气被英国人类学家玛丽·道格拉斯称为"自然象征"。[20]显然，在所有的人类文化中，雾、水汽、烛烟和其他这样的边缘实体似乎都想将尘世的现实与其他的通常来说更难抵达的现实联系起来。随着17世纪现代哲学的到来，出现了一种持续的努力，这种努力一直到康德的时代都没有停止，它致力于揭示这一边缘联系只不过是一种表象，仅仅是一点民间智慧而已，在厘清和分析概念（如身心概念）的严谨研究中毫无立足之地。看到水蒸气或相信自己被水蒸气影响，是想要尽快对自己陷入的非理性状态做出所谓的解释，然而事实上，从现代哲学的观点看，认为水蒸气竟会对人的思维活动产生影响，这才是真正的非理性。

当然了，水蒸气有时确实会对精神产生影响，特别是以吸烟或吸鸦片的形式，土耳其人对鸦片的使用对年轻的莱布尼茨来说是非常有趣的，"土耳其人习惯用吸鸦片给自己带来快乐，"他在1671年写道，"他们相信它能……振奋人的灵魂。"[21] 人们可以靠吸入或消化一些物质来振作或改造灵魂这一事实，有力地支撑了哲学家们所反对的一种民间说法：灵魂本身就具有这种细腻的或缥缈的物质的本性。此外，麻醉品、迷幻剂和致幻剂的存在本身就是一些哲学问题的来源，这些问题在现代早期并没有被忽视，它们与梦的问题密切相关。在开普勒的著作《梦》中，登月就是通过吞食某种不知名的草药药剂来实现的，关于这种药剂，我们猜测开普勒的母亲，卡塔琳娜（她的娘家姓是古尔登曼），可能有这方面的知识。在这位天文学家撰写这部论著时，卡塔琳娜正被关在斯图加特的监狱里等待受审，因为她被怀疑懂巫术。

打个比方，开普勒是否从她那得到了灵感，想到了通过服药能把人送上月球？无论真假，重要的是，开普勒把药物引发的探索看成是一种"梦"。在这种扩展的意义上，梦就不一定是人在睡觉时的经历，而有可能是当他的身体在床上或椅子上，或当他仅仅是磕了药对着墙发呆时，他在头脑里独自体会到的经历。

听到了声音

我们已经明白，哲学家不是通灵者。哲学家不是，也不应该是魔术师、狂热分子或是疯狂的头冒蒸汽的幻觉大师，尽管这些角色都是哲学谱系的一部分——它们只能从哲学中生发出来，而不应被斥为哲学永恒的对立面。这正是弗吉尼亚·伍尔夫在发表如下提问时的看法："那么什么是知识？除了那些蜗居在洞穴里、树林中，煮着草药、审讯着泼妇、做着占星记录的巫师和隐士的后代们以外，还有谁是我们的学者呢？"[22]哲学家不占卜，不祷告，也不听命于更高级权力的授意——无论是真的还是想象的，而是自己一步一步地把事情想清楚。但事实并不总是如此。

根据朱利安·杰恩斯（Julian Jaynes）的大胆且有影响力的论述，从通灵者到哲学家的转变也是人类整体在最近这些年经历的转变。1976年，在《二分心智的崩塌：人类意识的起源》（*The Origin of Consciousness in the Breakdown of the Bicameral Mind*）一书中，这位心理学家指出，直到三千至五千年前，人类还普遍不断地"听到声音"，因此正如我们已经讨论过的，他们在清醒时做着广义上的"梦"，就像现在被归类为精神病患者的那一小撮人一样。他们倾听内在的声音行事，直到出现了一些我们目前尚未完全知晓的进化飞跃，二分心智崩塌了，这时，我们才开始专注于个体有意识的思考。

什么是二分心智？杰恩斯的解释是，在这种心智中，"意志、计划和主动性在没有任何意识的情况下被组织起来，使用个体熟悉的语言，被直接'告知'给个体，有时通过亲朋好友、权威形象或'神明'的视觉先兆，有时则只是一个声音。个体会遵从这些幻觉的声音，因为他无法'看清'自己要做什么"。[23]杰恩斯认为我们可以在历史记载中、在文本中找到上述观点的证据，尤其是在最早的散文创作中，我们几乎看不到个体意识的痕迹。他把荷马于大约公元前800年创作的作品当作这方面的典范。"究竟是哪些神，把人类当作机器人驱使，让史诗经他们的双唇吟唱出来？"杰恩斯写道，"这些声音所传递的言语和指令可以清晰地被《伊利亚特》中的英雄们听到，就像某些癫痫病人和精神分裂症患者听到的声音那样。"[24]

但从荷马描写的如此陌生的世界中我们能真正得出什么结论呢？杰恩斯试图从文本中找到证据，来说明早期希腊人的思维和我们有着根本的区别。具有讽刺意味的是，杰克·古迪等人类学家和G. E. R.劳埃德（G. E. R. Lloyd）等科学史家都极力主张，正是文本本身的产生，以及在清单、表格等中理清思想的做法，才让我们逐渐对可能的论证形式愈发关注，进而产生了对现在被我们视为是理智的明确解释。但是，书写在使理智的出现成为可能的同时，也擅长其他一些事情，包括捕捉幻想、狂喜的体验以及其他表明内在"声音"发生作用的明显迹象。

最早的文字真的揭示了一种与我们不同的心态吗？[25]还是说它只是揭示了一种与我们不同的文字呢？即使我们这个时代的逼真小说和中世纪游侠骑士的传说之间不过隔了区区几个世纪，我们也已经看到了一种描写人类内心的非常不同的方式。在这方面，我们觉得自己这个时代的作品"更胜一筹"：在我们看来，普鲁斯特和伍尔夫对人类心灵的探索更深刻，他们是更伟大的"心理学家"——正如尼采评价司汤达的那样——远胜于《农夫皮尔斯》或挪威传奇这类作品的作者。这是否意味着自中世纪以来，人类历史上又出现了一次进化上的飞跃呢？抑或是我们对于如何充分发挥某项技术和某个创造性传统——如书写和文学——的期望有所改变呢？我们认为在时间上离我们更近的文学作品更有深度，这样想对吗？或者说，我们之所以对这些作品更有感觉，是否恰恰因为它们离我们更近呢？

如果我们认为荷马的作品是人类认知在不同进化阶段之间遗留下的过渡性化石，那么我们是否可以进一步认为导致二分心智统一的基因突变首先发生在地中海东部？其他带有许多相同特征的文学传统（例如，心理上扁平的人物，没有明显的内心活动，只能无意识地做事）在世界其他地方出现得相当晚，那么我们是否可以认为杰恩斯所追溯的迈锡尼吟游诗人（他们逐渐创作了《伊利亚特》）所跨越的时期出现的进化飞跃在短短几个世纪以后又出现在了斯堪的纳维亚？保存着同样特征的口头诗学传统在今天的塞尔维亚、雅库特和其他地方依然具有活力，那么这些幸存下来的文化是否表明了还在践行这类文化的人处于比其他人类族群更低的进化阶段？

杰恩斯固然是个大胆的思想家，但他的论述的遗留价值由于他太过草率的诠释学方法而大打折扣。他认定，文化实践，如那些用书写记录古代故事的实践，可能向我们揭示了与这些实践有关的个体思维的内在特征，而非仅仅向我们揭示了这些个体思维所处的文化。当然，在西方过去的三千年中，出现了从神启到沉思，从通灵者到哲学家的重大转变，事实上，我们所认为的西方的概念正是与这些转变紧密相连的。但是把这一转变当作自然的进化现象，而非特定文化实践的产物——比如像劳埃德所做的那样[26]——体现的则是一种纯粹狭隘的观念。原则上，杰恩斯的方法有可能成功：我们不应害怕把回顾文本历史当作我们了解人类自然历史的努力的一部分，也不应害怕把回顾语言学当作对人究竟是怎么一回事的全面自然主义解释的一部分。但是如果我们想要用文化线索来理解自然之物，我们就必须确保我们所认为的自然之物就其本身而言事实上并不是文化线索。

或许我们不该问荷马为什么不像几个世纪之后他的许多希腊同胞那样对人格同一性或逻辑推理感兴趣，就像我们不该问詹姆斯·乔伊斯为什么不把时间花在量子叠加的问题上，或问芭芭拉·史翠珊为什么不唱关于人类世的歌曲一样。可能他们没有意识到在他们进行创作的时候，伟大的概念革新正在发生或即将到来，也可能因为那与他们正在做的无关。荷马同 5 万年前无数的西伯利亚、巴尔干或澳大利亚的吟游诗人一样，关心的不是创新，而是语气和语调。这些吟游诗人完美地适应了当时的环境以及听众的情绪和期待。但艺术作品不是即兴创作，它的表演是有谱可循的，可以说，这个谱只可能存在于两代人的记忆中，以及每次现场的表演中。

诗人自己的话，不同于后来的笔录者记下的那些话，是无法被固定在可见的符号中的，无法被固定在文本中的。在这方面，第一位荷马——口头诗人荷马，他比文字诗人荷马早好几个世纪——分享了诗歌和朗诵的经历，这在人类历史上远比文本阅读的经历更为常见。人类在地球上生活的大部分时间中，文字在现实中并不存在，它们不过是人们说话时发出的声音。正如理论家沃尔特·翁在他1982年写的《口语文化与书面文化：语词的技术化》中指出的，我们很难，甚至是无法想象在一种"以口头表达为主"的文化中，人们对语言的体会是怎样的不同。[27]没有地方可以去"查一个词"，没有权威出处告诉我们这个词"实际上"是什么样的，压根就不存在任何办法可以确定这个词的存在，除了把它说出来——了解了语言存续的这种必要条件，也就不难理解为什么史诗的特点就是经常重复了，因为如果不一遍一遍地复读它就会溜走。在没有文本这样的锚把语词固定住的时候，人们会明显感到言语充满了力量和魔法，觉得词语在被说出时会让世间万物呈现出新的状态。它们的作用不仅是描写，更是引人遐想。

读写能力，在这之后，则引发了一系列概念的转变，应该能引起哲学家，还有像杰恩斯这样的认知历史学家对此的兴趣，因为我们很可能无法把新石器时代大脑发生的明显突变理解为原始人进化史上的一个内部事件，而是把它理解为伴随着储备和传播知识的新技术的出现而产生的一种新的实践结果。尤其是逻辑——它坚持用正确的推断搞清世界实际是怎样的，而不是用诗意的语言描述世界可能是怎样的——可能只是书写产生的一个副作用。荷马的史诗，与巴尔干半岛或西非的史诗起源于相同的口头史诗传统，它被写下来，冻结，固化，从此成为"文学"。在《伊利亚特》中没有论证，其中大部分的言语要么出于韵律的需要（需要用正确的音节数把一行写满），要么出于修饰，这些修饰词的作用是便于记忆（因此在转换成文本时就不再需要了）。尽管如此，对早期的哲学家而言，荷马还是成了权威：他揭示人性的真相靠的不是论证和辩论，而是靠声情并茂的歌咏，这些歌咏如今已被冻结成了文本。

对于诗人在社会中应该扮演的角色（如果诗人扮演了任何角色的话），柏拉图表达了极度的关注。但是他所说的诗人和我们以为的不一样：他指的诗人是朗诵者、吟游诗人，他们借助生动的现场表演、对不在的人和物的召唤和沟通来激发人们的情感。哲学不一定排斥口述。苏格拉底本人就拒绝写作，反而认同一种口头文化的形式。柏拉图也是为了确保自己的导师被奉为哲学圣人，才写下了他的话（忠实性我们无法确切知晓），这些话苏格拉底本来只是一说了之，说完就希望它们随风而逝。然而也可以说，多亏了柏拉图的记录，我们今天才可以说苏格拉底是哲学家。柏拉图和亚里士多德都愿意向荷马学习，前提是荷马的作品被写下来了。而苏格拉底则已经在从事一种与诗歌朗诵截然不同的活动，那就是辩证法：有步骤地解决一个问题，以达到一个没有预先确定的目的——虽然这种从推理形式间接产生的做法直到书写的到来才实现。用文本固化辩证推理，再与诗歌、格言和神话大量混合（不论里面有多少杂质或问题），塑造了接下来几千年欧洲传统中"哲学"的模型。诗歌、格言和神话的地位常常引发争议，它们也经常被扔出严格意义上的哲学之外。但就像贺拉斯在谈到我们曾试图拒之门外的自然界时所说的那样，它们全都会闹哄哄地卷土重来。

理智作为一种典范的出现，以及作为推理中心的个体自我的发现，都不需要基因突变，也不需要大脑内部转变来让话语沉寂，代之以一个新的、更为有序和更有逻辑的体制。它需要的仅仅是改变做法。詹姆斯·C.斯科特令人信服地把出现在美索不达米亚时期的书写描写成一种"新的控制形式"，[28] 我们可以认为它有两层含义，这是我们在读柏拉图的《理想国》时已经熟悉的：它允许通过行政记录来控制社会，也允许控制作为记忆和推理的假肢的个人思想。

痛苦的小胚胎

　　E. R. 多兹（E. R. Dodds）在他的开创性作品《希腊人与非理性》一书中提到，疑神疑鬼的现代学者们一直倾向于不把荷马作品中的梦当回事，认为它们不过是"诗歌中的惯例"或是"史诗中的机械部件"，而不是向我们揭示了梦在早期希腊社会中的重要地位。他认为值得注意的是希腊人总是说"见到"一个梦而非"做了"一个梦：做梦的人"是客观景象的被动接受者"。[29]对于希腊人来说，"与其他的古人一样"，[30]有意义的梦和无意义的梦大相径庭。[31]在有意义的梦中，如多兹根据马克罗比乌斯（Macrobius）的说法所做的解释，有三个子类别：首先是有象征意义的梦，它们"用隐喻装扮起来，像是某种哑谜，其意义不加解释就无法理解"；[32]还有一种属于horama，即"景象"，"一种对未来事件的直接预设"；[33]最后那些则属于chrematismos，"神谕"之梦，"在梦中，做梦的人的父母，或其他他尊重或敬佩的人，也许是祭司，甚至也许是某个神明，不带象征意义地直接告诉他什么会发生，什么不会发生，或者什么该做，什么不该做"。[34]

　　人们可能注意到了，现代精神分析学家只接受第一种有意义的梦，也就是那种需要解释的梦，而如果做梦的人遇到了一个毫不隐晦的景象或神谕，他们则会认为它仅仅就是一个梦而已，没有任何实际的含义。正如希腊人那样，我们很容易认为后两种梦由神明所托，或来自某种更高级的权威。多兹注意到这种"神谕之梦"在亚述、赫梯和埃及的记录中很常见，它们也可以被今天的"原始"人证实。[35]希腊人为了"酝酿"这样的梦，常常用斋戒、自残或其他残酷的方式诱导出一种不正常的心态。

亚里士多德指出，在梦中，"判断的因素是不存在的"。[36]但正因为有了弗洛伊德所谓的对梦的"润饰"，在醒来时，判断才与多兹所描写的"文化模式"结合在了一起。这是一个很有意义的文化联系，在这种联系中，梦的陌生性被删除了，剩下的只有一个极具意义的内核，随时可以和实用的社会行为结合起来。多兹解释说，有一种"信仰模式，它不仅被做梦者接受，通常也被与他处在一个环境中的其他人所接受"。[37]梦的体验模式"取决于这个信仰，反过来也肯定了这个信仰，因此它们就变得更加风格化了"。[38]维多利亚时期的人类学家爱德华·泰勒把这看成是一种"恶性循环"："做梦的人相信什么他就因此看到什么，看到什么也就因此相信什么。"[39]在多兹看来，这更应该算是所谓的"意义整体论"（沿用蒯因所提出的这一概念）的一种[40]：梦被编入一种事先由社会决定好的意义网中，在其中它的个体意义消失了，从此过上了一种社会生活。正是由于缺乏对梦境含义的共同理解，梦境在我们看来才会显得无比诡异，无比费解。

弗洛伊德本人也几乎没法提供一把解梦的钥匙，使它成为共享的社会空间的一部分，而不仅仅是留在我们的私人行囊中——我们要整天带着这个行囊，小心保护不让外人知晓。在1899年的《梦的解析》中，他旨在提出一个"释梦的心理技巧"，并进一步证实"通过运用这一方法，每个梦都会展现出一个有意识的心理结构，这一结构在清醒的状态下能在精神活动中找到指定的位置"。[41]他的释梦体系在很大程度上都基于如下理念，即我们或多或少地患有神经官能症，它们在我们睡着的时候以象征的方式表现出来。

例如，弗洛伊德的一位女病人梦到"一个长着浅色胡须、目光特别明亮的男人指着树上的一个指示牌，上面写着：
"uclamparia—wet"。[42]我们可以略过一些细节，以便聚焦于在弗洛
伊德的方法中很典型的一些元素上。他认定"wet（湿）"这个词
是与"dry（干）"相对的，而"Dry（德瑞）"是这位女士将嫁之
人的名字，如果他不是一个酒鬼的话；它在词源学上与"drei"，
即"三"，也有关，这揭示了她在无意识中想到了三泉修道院，在
那儿她曾喝过从桉树上提取的长生不老药，是一个修士给她的。
她向弗洛伊德咨询的神经官能症最初被诊断为疟疾，而她梦到的
那个荒谬的词实际上就是"eucalyptus（桉树）"和"malaria（疟
疾）"的混合词。"因此，'uclamparia—wet'这个浓缩的词，"弗
洛伊德解释道，"就是梦和神经官能症的结合点。"[43]

这可能是一个或多或少令人满意的解释，满意程度可能要视
每个人之前对弗洛伊德理论的相信程度而定。但值得注意的是，
它几乎没把病人置于如易洛魁社群那样对梦的含义达成了公开共
识的社群中。相反，病人只和专家分享了她的秘密，并得到了对
其真正意义的私人解释，然后，病人大概就会把这个解释严格地
保留给自己，而精神分析师则保留了她的钱。

弗拉基米尔·纳博科夫对精神分析表达出毫不掩饰的反感，
认为说来说去，它就是"释梦和制造神话"，还说弗洛伊德的世
界是"粗俗的、破败的，本质上是中世纪那一套"，它"非常怪
诞地寻求性的象征意义"。[44]他谴责弗洛伊德的病人，比如我们刚
刚分析过她的梦的那个人，说他们是"心怀怨恨的小胚胎，偷窥
着……他们父母的爱情生活"。[45]我们对于自己来说可能是个谜，
可能无法完全掌控自己的生活，而只能被奇怪的抽搐和困扰所驱
使，向别人，也就是所谓的专家求救，请他们查明真相，这种观

点是纳博科夫无法容忍的。在这里让我们觉得有意思的是，纳博
科夫指责弗洛伊德的工作甚至没比通常被认为发生在更愚昧的时
代的占卜算命强到哪儿去。然而重要的是，弗洛伊德并不像那些
预言家一样野心勃勃。他并不想让政治家根据析梦象征主义做决
定。他最多只想帮助政治家，或至少是维也纳的上流资产阶级们
获得足够的精神幸福，以便做出充分明智的决定。

无论怎样，弗洛伊德基本没有成功，在大多数情况下，梦仍
处于社会的边缘。如今在大多数国家，精神分析都不如心理疗法
成功，后者目标更为明确，试图教人克服令他们不开心的具体行
为，而不是试图用某种手段揭示造成这些行为的原因，以便让他
们更好地了解自己。目前在世界上大部分地方，心理治疗都不如
精神分析那么有哲学性，而更多具有实效性。

即使弗洛伊德主义已经被证明比起认知行为疗法和其他类似
的方法更经得起考验，梦也不会成为我们共享的公共生活的一部
分，而仅仅是我们在精神分析师那儿的一部分机密档案。我们没
有多兹所说的那种可以接纳这些梦的共享文化模式。从笛卡尔到
泰勒，思想家们都竭尽全力把梦排除在外。尽管弗洛伊德费了一
番心血，在大多数情况下，他们对梦的解析也不会被放在书店的
心理学区，而是被放在贴着"神秘学"标签的架子上（还有常被
当成和它是一回事的"形而上学"）。此时我们可能会想，这个方
法事实上是最理性的吗？还是说，像易洛魁人和希腊人那样，用
一套完善的程序把每个人的梦都纳入清醒时的共享经验中的社群，
才是更好地处理了这种在任何情况下都无法压抑或消除的人类体
验呢？

梦幻般的后记

　　黎明时分，那位受人尊敬的传教士醒了，看到营地的篝火中还有几缕未燃尽的火苗在熠熠发光。休伦人仍在他周围酣睡，有几个人抽动着，嘟囔着。就在刚才，他还在鲁昂（至少他是这么认为的），在一条小巷里抚摸着一只橘猫，小巷就夹在他的寄宿学校和一位目光游离的老太婆家之间。猫看着他，虽未开口，但不知怎的，向他传达出一个信息，那就是上帝并不存在。然后它突然跑了，好像吓着了似的。小巷里飘出了芦笋的味道。他醒了。他立刻意识到他周围的朋友一会儿就会问他有没有做什么有意义的梦，就像他们每次醒来时都会问的一样。他能告诉他们什么呢？谁知道在那个突如其来的疯狂幻觉中，什么意味着什么呢？如果它真的有什么意思的话，这个意义的产生也只是因为我们醒后要让梦归于有序。而它本身只是一片混乱。猫不会喋喋不休地谈论神学上的事。而且无论如何，上帝**就是**存在的，毫无争议的证据证明了这一点，任何能运用理智功能的人都可以研究这些证据，并说服自己相信它们是对的。再者，美洲也没有芦笋，这位耶稣教信徒这样想着。在大海的这边闻到芦笋完全是从个人欲望中产生的幻觉。疯狂的梦境中孕育着能量，他想。实在是太多的能量了。

第四章

艺术，梦想成真

万千世界

1648年5月15日，《威斯特伐利亚条约》签署，三十年战争结束了，据大部分数据统计，这场冲突夺走了全欧洲八百万军民的生命。在当时，残酷的暴行好像永无停休之日，备受折磨的人被吊在铁笼之中，砍下的头颅被插在长钉上悬在城门之外，以示警告和威慑。交战的双方就他们的基督教信仰而言，在根本上是同一阵营的，但这一点在那个时代毫无意义。从意识形态上最顽固的圣战分子或最仇视伊斯兰教的欧洲人的角度来看，天主教和新教似乎就像今天的伊斯兰教和基督教一样彼此疏远，不可调和。

1648年的和平条约种下了基于民族国家主权的现代世界秩序的种子。在它签署两年后，伟大的理性主义哲学家勒内·笛卡尔去世了。其哲学理论的核心，如我们在前一章就已经开始讨论的那样，是要确定他不是在做梦，也不是在幻想，他要证明他体验到的世界，甚至他自己的意识都是真实的。笛卡尔本人曾在巴伐利亚国王马克西米利安的军队里服役，1620年在布拉格附近参加过白山战役。我们至少可以想象，他目睹了大量的伤亡，见到许多士兵失去了胳膊和腿但仍然能感到那些地方在疼。几年后，他将写下有关幻肢的问题，以及幻肢对理解身心这对不同概念所带来的挑战。

　　笛卡尔理性主义传统的继承人莱布尼茨，出生于1646年，他的早年生活是在信仰新教的萨克森度过的，战后的新局势很脆弱，却也充满希望。莱布尼茨既是外交官，又是哲学家，他要努力使两个对立的阵营——新教徒和天主教徒，也是笛卡尔派和亚里士多德派——达成和解，任何一派都觉得彼此在根本上是势不两立的。正如我们已经大致了解的那样，对莱布尼茨而言，这样的想法只是出于一种错觉，因为事实上，人类所有的思想，作为同一个神创造的理性秩序的反映，在内心深处，相信都是在本质上一样的东西。因此，莱布尼茨认为哲学的任务就是澄清我们的主张，直到我们都能明白实际上我们的观点是一致的。当然了，莱布尼茨的理想在今天看来似乎太乐观了，因为我们习惯于认为政治家给出的开战理由不过是为豪取权力和领土寻找托词，在这样的措辞中考量**事实上**谁对谁错几乎就是犯了分类错误。但是莱布尼茨的理想可以说明，在现代之初人们对理智寄予了多么大的厚望。

　　另一位理性主义哲学家斯宾诺莎，对理智解决人类问题的力量寄予厚望，以至于他依据欧几里得几何学的样式，用一种严谨的推导方式写了一本关于伦理学的书。斯宾诺莎的结论确实是根据他的公理和命题得出的，然而他却拒绝承认伦理学与几何学的不同，就前者而言每个人认同的首要原则与人们的文化价值和偶性特质有很大关系，而并非不证自明的真理。和其他理性主义哲学家一样，斯宾诺莎也对想象力怀有近乎恐惧的心理，这在那个时代是很常见的，他对于想象力的理解正如这个词所暗示的，它部分等同于一种头脑产生幻象的能力。理智功能与纯粹的概念打交道，而当理智变得异常虚弱，没有拐杖就寸步难行的时候，想象力就会退回到各种图像、错觉和幻象上，这就像——让我们回到之前提过的比喻——亮丽的染料让不可见变得可见，即使它扭曲了生物的本质并威胁要彻底破坏它。斯宾诺莎认为，想象就是所有迷信的根源，因此也是所有痛苦的根源。

但是，当哲学家们忙于设计摆脱疯狂和幻想的方法，并压制作为通往这些的大门的想象力时，讲故事的人、小说家和艺术家们却在设计疯狂的新形式。和笛卡尔差不多同时代的人中，没有人能比西班牙的小说家米格尔·德·塞万提斯与他形成更鲜明的对比了。塞万提斯所创造的人物——堂吉诃德，似乎要使我们相信我们一生的追求可能就是一个梦，我们实际上可能永远都无法确定我们究竟疯没疯，并且人生说到底本就如此——这确实就是我们乐在其中的存在状态。在接下来的一个世纪中，虚幻小说和科幻小说开始繁荣，萨维尼安·德·西拉诺·德·贝热拉克（Savinien de Cyrano de Bergerac）和玛格丽特·卡文迪什（Margaret Cavendish）等作家任凭他们的想象朝着理性主义哲学家极力限制的方向尽情遨游。

梦、小说和普遍意义上的艺术创作是同一范畴中的不同类型，因为它们都要顺从头脑中某种自然而然的想象，而这正是理智一直迫使我们远离的。梦和小说都把我们带往另外的世界，体验不同的可能，但理智却告诉我们只有一个世界。遵循理性生活，就是生活在一个共享的、同一的世界中，而陷入非理智，无论醒着还是睡着了，就是慢慢地滑入一个私密的、不能与他人分享的世界。

渗透出来了

　　小说，而不仅是那些狭义上的"罗曼司"体裁的小说，能激发出读者的激情，这主要是由于它们发挥想象力的方式。"激情"较古的含义，也是如今差不多已经被完全遗忘了的含义，所要表达的仅仅是"行动"的反义词，在这一对相反的关系中，一方是"实施者"，做出了一个动作，一方是"受事者"，体验到了动作的结果。我们可以看到旧的意义是如何导致新的意义的：我们说"坠"入爱河的人是"被倾倒了"或者"被爱情击倒了"；法语表达一见钟情的常见说法是 un coup de foudre，意思是被电到了。坠入爱河，或被愤怒、嫉妒或喜悦所征服，就是失去了自我控制，受到外部力量的控制，这些外力通过身体作用于我们。同样，对于其他激情，如愤怒或喜悦，也是如此：在某种意义上，它们是我们无法控制的。

　　这种自我失控往往被认为是非理性的表现。然而我们就在自己的身体里——对此我们无能为力，至少只要我们活着就只能如此——所以我们必须在某种程度上接受这样一个事实，即在人类行事过程中我们或多或少都必然要受制于情感的波动。就连笛卡尔——即便他认为灵魂是个体人格的真正所在，是完全非物质的，只是偶然地包裹在了某个身体里——也在他1649年的著作《论灵魂的激情》中，用一整本书来阐述了我们身体里存在的这种激情是怎样定义我们是谁的。笛卡尔知道我们不能与激情做斗争，而是必须尽可能地调节它们，使它们按照理性的要求工作。一个世纪后，大卫·休谟反其道而行，主张"理智是，而且也应该仅仅是激情的奴仆"。[1]这位苏格兰经验主义哲学家的意思并不是我们应该完全把自己交付于非理智，而是认为身体有其先天的条件，也愿意用理性的方式行事，如果我们企图找到一个先验的行为准则，使思维在经验尚未发生之前，就高高在上地对身体发号施令，那么我们只是将事情复杂化了。

哲学的历史与其说是解决，莫若说是反映了人类社会生活中最常见的紧张关系：一个人是该听从"大脑还是内心"，一个人是该相信他的直觉还是相信他的理性分析。这些话题虽然是老生常谈，但恰恰是它们的存在以及存在之久，强有力地证明了我们深深眷恋着除了理智以外的某种事物，并把它当作人类生命的意义所在。

不仅是文学小说，就连视觉艺术也通过我们的身体发挥作用，至少在它向我们传送了视觉图像，或者说声波的程度上，它们穿过我们的眼睛或耳朵，最终对我们的思维和灵魂产生了或好或坏的影响。艺术体验的这一基本条件不光在哲学上，而且在整个西方思想史上都被看作既是威胁也是机会。在1794年的《审美教育书简》一书中，弗里德里希·席勒详细描写了艺术是如何被用来培养还在成长中的心灵，并最终塑造出既不会成为理智的奴隶，也不会被感性冲动所控制的成年人的。但是，在通常情况下，把希望寄托于某种艺术典范作品上或某种体裁上都是要以牺牲其他作品为代价的，宣传艺术的教化价值的历史与审查制度的历史和沙文主义等级化的历史是密不可分的。

在《理想国》中，柏拉图特别警惕音乐，把它当作直接作用于身体的艺术形式，而对理性灵魂起不到任何作用。那音乐是什么呢？不同于文学，也不同于其他大多数视觉艺术，音乐一般来说拒绝说话，只是用它超凡的呼唤来迷惑我们。这位希腊哲学家主要关注的是特定的和弦，而在20世纪，大多数要求审查音乐的呼声——至少是那些不关注歌词（音乐作品子集中的非音乐元素）的呼声——关注的都是某些类型的节奏，尤其是那些能让20世纪50年代的美国偏执狂想起"丛林"的类型。在17世纪，正是伴随着意大利南方音乐的跳舞引发了整个欧洲的恐慌，比如说塔朗泰拉舞，据说它起源于古老的酒神节仪式，并带有一旦开始跳舞就无法停止的危险，就像对摇滚乐的恐惧一样，这也是一种对不可挽回的损失的恐惧。一次又一次，我们看到这样的恐惧重现，害怕音乐的塞壬之声会把我们的所爱之人尤其是我们的孩子，从我们身边夺走，把他们引向非理智的国度，一个我们隐约觉得与我们的世界平行的地方，在那里身体说了算。

同时，审查制度的历史也让我们看到了在对付这一威胁时人们交替使用过的策略：这一次，我们是仅仅想办法把危险压下去呢，还是承认在某种程度上它是无法消除的，所以得想办法套牢它、驯服它，让它服务于社会所谓的理性目标呢？专制政权通常有意将他们控制的社会作为唯一可能的社会，作为必要和不可避免的社会。其结果是，对其他可能世界的想象，即使它们只是虚构的，也要加以严格的控制。即使是对**这个**世界的想象，但通过一个似乎是从另一个世界借来的镜头——一个通过官方不承认的风格或情绪来展示世界的镜头——也已经严重偏离了政权试图实施的现实了。

在苏联早期，伟大的伊萨克·巴别尔（Isaak Babel）记录了布尔什维克革命时期和随后几年居于敖德萨的贫困的犹太人、土匪、小农、愚蠢的拉比、爱上白痴男孩的胖女孩的生活。巴别尔笔下的世界就像一个舞池，在这个舞池里一切由身体说了算。

如巴别尔自己所言，他在社会主义现实主义笼罩下，已经尽其所能地以一种新的默不作声的文学体裁进行写作了。但是他在20世纪20年代早期写的故事太令人难忘了，以至于让人无法不回味。这些作品的罪行，如果一定要说的话，不过是展现了生活的快乐与混乱，描绘了那些有好有坏、有见识却不善言辞的人物，一般来说，他们无法通过阶级意识的视角来思考自己的苦难或一时的胜利。他们有时号召工人阶级团结起来，但是所用的方式常常表明他们没有把握这个概念的真正含义。他们往往闻起来很臭，那是巴别尔笔下的人物身上所特有的牛奶和肉的味道，简直是从页面上扑面而来。后来，在巴别尔身败名裂时，高尔基指责他的门徒"对腐肉有波德莱尔式的偏好"。[2]巴别尔的作品充满了生命力，尖锐刺耳，在政治上桀骜不驯，而且令人捧腹大笑。

正如玛丽·道格拉斯提醒我们的那样，幽默的本质是把我们一下子推回到我们的身体里，而在这种社会环境中，我们的身体应该被屏蔽掉，我们应该把自己当作纯粹的非实体的智力来处理。我们的身体之所以如此令人反感，是因为它们总是在腐烂，或者有可能腐烂，而且我们必须进行大量的维护以确保这种情况不会发生。换句话说，我们是必死的和易腐的。在巴别尔写作时，官方哲学是辩证唯物主义，它的主张之一就是一切存在的东西都是可腐烂的身体。但是这样的哲学信仰并不阻止对活生生的肉体采取毫无幽默感的、极其压抑的鄙视态度，并让这种态度想方设法渗入艺术和文化。

1947年，巴别尔死后，斯大林时期主管审查制度的安德烈·日丹诺夫（Andrei Zhdanov）做了一次批评文学杂志《星火》（*Zvezda*）的演讲[3]，因为它刊登了米哈伊尔·左琴科写的文章，名为《猴子奇遇记》（"The Adventures of a Monkey"）。[4]审查官批评这个作者把苏联人民"描绘成懒惰的、毫无吸引力的、愚蠢的和残忍的。他毫不在意他们是多么勤劳，多么努力，多么英勇，也不在意他们高尚的社会道德品质"。[5]日丹诺夫认为"庸俗"作家的特点就是突出人的"卑贱和小气"，他还引用了高尔基的话，把高尔基当作支持这个观点的权威。但是高尔基自己的门徒早在三十年前就表明我们必须无所畏惧地参与到人们的卑贱和小气里；我们一定要参与敖德萨婚宴上的小谈话，听听敲诈勒索的勾当以及在墓地找到最佳埋葬地点的小算计。唯有如此，我们才能通过文学去体验接近人性之爱：爱残缺的、堕落的、绝望的灵魂，这样的情感是日丹诺夫狭隘的艺术感受难以企及的，他是靠着团结的美德和模范的英雄主义来提升道德的。

　　然而，在一些最重要的方面，巴别尔的命运又让我们的耳边回响起了希帕索斯的故事，后者因公开谈论无理数而被数学学团的教友淹死。表面上，这两个人确实不一样：那位毕达哥拉斯学派的信徒泄露了一个新发现，一个应该严守的秘密，而这位俄罗斯作家描写的则是人们自有家庭和社会以来就早已知道的事情——人是下流的、卑鄙的、自负的、自私的和富有爱心的。但是巴别尔也泄露了某种新的发现，即一种文学创新，他认识到了如何像之前的少数人一样，以清晰、诚实和逼真的方式捕捉真实人物的这些真实的特征。他的人物没有被美化；他们不属于理智和美德的理想国度，却体现了只要有真实的人类存在的地方就会有的复杂和矛盾。与谋杀希帕索斯不同的是，我们知道巴别尔之死确有其事，我们也非常清楚为什么会发生这样的事。我们知道打着理性的名义，把知道非理性存在的人抹杀掉不是传说，而是人类事务常规进程中的一部分。

虽然我们不希望给予他们哪怕是一丝一毫的支持，但历史上由各种不同的政权所雇佣的审查官们并没有完全说错，虚构的世界无法被彻底遏制，只是对这些世界进行简单的虚构或描写，它们就可能渗透到现实中并改变现实：对世界的描写同时就是对世界的创造。"诗歌"（poetry）这个词，在广义上就是创造性地编织出各种可能的现实，它源于"poiesis"，原本指的就是"创造"。如今这层意思还残存在一些奇怪的英语词汇中，如"剧作家"（playwright）这个词，它不仅仅让人想到作家，更会让人想到制轮匠（wheelwright）或是造船匠（shipwright），这些手艺人用他们的劳动创造了新的实体。作家是否也为世界带来了某种事物，某种从未存在过的事物？我有时会对强大的文学作品产生这样的反应：这真的不应该被允许；应该有人对其进行审查（菲利普·罗斯的小说《萨巴斯剧院》中那个有名无实的人物，以及路易-费迪南·塞利纳写的几乎每一句话尤其引发了我的这种想法）。博尔赫斯写的著名故事《特隆》里的字母，同样让我时不时感到在阅读中我正看着"虚构的世界第一次入侵现实世界"，[6] 而且它看上去真的很危险。

一些被说出来的事情有着奇怪的特性，它们可以从引号中渗透出来，虽然我们徒劳地想要用引号把它们限制住。[7] 一般情况下，哲学家会区分使用一个词和提及一个词：如果我说我今天在地铁上听到某人说了"chien"（法语"狗"）这个词，这并不意味着我刚刚谈论过关于"家犬"的事。当我对你讲这件事时，我可能都不知道"chien"是什么意思。但当你的孩子和你讲学校里有人说"fuck"时，那他就不能为自己开脱，说自己刚才没使用过这个脏字了。它会从引号里渗透出来；它的能量之大足以践踏使用／提及之间的界限。这就像我曾试图描述的令人震撼的文学作品带给我们的体验一样：好像菲利普·罗斯在现实中插入了一个像米奇·萨巴斯那样道德败坏的人物，而且抗议者们不会完全满足于这样的辩解，即这个人物的全部生活只限于引号之间，或在宣称自己是小说的书的封面和封底之间。虚构的世界并不仅仅在非实存的意义上是有可能存在的世界；当我们用书写编织它们时，它们看起来也越来越——如果我可以使用一种近乎矛盾修辞法的表达——具有成真的可能性了。

巴别尔编织虚构的世界（虽然它实际上只是对我们现实世界的一个片断的描述，透过某种情绪和风格），却给他自己带来了一个真实的悲惨结局。最终他被杀害了，因为当局不希望他引发的情绪和风格成为他们控制的现实的一部分。他们喜欢的风格是所谓的现实主义，所描写的世界在任何地方都不存在，里面充满了在道德上透明的英雄和恶棍，对与错的对立就是那样简单直白。

杀死或囚禁那些根据自己未经批准的人生观来创造世界的人当然是滔天罪行。然而它至少意识到了在完美世界与真实世界，故事与历史这样的二分法中存在着某种在自由派反对审查制度时往往忽略了的东西。现代早期目睹了对于可能的世界的想象的层出不穷的扩散，目睹了虚构和哲学杂交出的累累硕果，这在很大程度上是因为正是在那个时期，人们努力对现实世界和我们在其中所处的位置进行了深刻且持续的反思。这一反思的长期结果包括了政治和科学领域中的剧变和革命，但若是没有想象的艺术，它们就不可能实现，甚至不可能开始实现，而这种艺术正是严格践行理智的人反复警告和想尽办法控制或压制的。

精灵、天才、知性

正如我们已经看到的那样，早期现代哲学家认为想象的心智机能应被看作一种醒着的梦，因为它创造的事物形象，严格来说，是不存在的。在对它的评价上，哲学家们产生了分歧：它是一种令人遗憾的人类思想倾向呢，还是可以用创造性的理性方法掌控和调节的东西呢？几乎没有人认为，只要让想象自由驰骋就好了。普遍的观点是——若引用巴鲁赫·斯宾诺莎于1662年发表的著作的部分标题[8]——"知性改进"工作的主要任务就是要掌控它。

因为想象涉及创造形象，所以一般来说，它被看作本质上是发生在身体里的过程，或至少是发生在身心交集之处。通常的看法是，头脑的一些功能，如知性或理解，即使与思维相连的身体行将消失了，也还能正常运行。但是想象需要身体的感受，因此在运用这个能力时，身体不能被移除，而且适当的对想象力的训练就是去了解什么时候依赖身体是有用的，什么时候身体又反而是一种干扰。因此，在《第一哲学沉思集》的第六个沉思中，笛卡尔提出：在几何学中，我们在头脑中或纸上呈现出一个多边形的图像，但这只是一种表象，一种让想象力愉悦的表象，而对于一个强大到足以掌握多边形的各种属性而无须想象它的理性思维而言，根本没这个必要。[9]伟大的理性思维能够解析所有的几何，甚至是涉及千边形的几何证明，而从来就不必在纸上画出要研究的平面图形或在头脑中想象它的样子。想象是人类的弱点，有时它也许是个必要的拐杖，但却需要时刻处于理智或理解力的控制之中，因为它总是反过来对它们造成威胁。即使在最好的情况下，想象也很容易退化成"胡思乱想"的更加委婉的表达，成了朝着头部向上升起的水蒸气，让我们看到了不存在的事物。而在最坏的情况下，想象之于理智就好比盲目崇拜之于宗教信仰：把感官上的再现误当成了事物本身。

凭借想象在头脑中产生的图像或许有用，但它或多或少一直是邪恶的孪生兄弟，可以说，就是凭借幻想在头脑中产生的幻象。布莱士·帕斯卡尔在1670年的《思想录》中，把幻想，还有意见，称为"错误的情妇"和代表"理性敌人"的"超级力量"（superbe puisance）。[10]对他而言，幻象就是一种反理智，要在类似摩尼教的永恒斗争中同与它对立的正面力量一决雌雄。帕斯卡尔认为，幻想服务于恶，而非善，因为它不辨是非，只是同样忠实地再现了存在之物和不实之物。幻想可以算作是人的第二本性，它一直想要掌控我们的理智。它也经常得逞，因为它能使我们更快乐，尤其在我们生性并不明智的情况下。幻想不能使"疯子明智，但能令他们快乐，让理智感到嫉妒的是，与理智为友的人只会感到痛苦"。[11]与笛卡尔、斯宾诺莎、莱布尼茨相比，帕斯卡尔当然不是严格意义上的理性主义者，因为他认为信念引导我们兑现终极承诺，而理智在人类的生活中却捉襟见肘。然而，和那些典型的理性主义者一样，当与理智对立的不是信仰，而是想象或幻想时，帕斯卡尔则认为后两种能力与其说能让我们成为与众不同的杰出之人，不如说更值得我们怀疑。

在最近这个时代，我们已经大大地丧失了对想象和幻想的警惕。我们不再把它们和非理智联系在一起，更别提疯狂了。相反，运用想象现在几乎成了所有教育理念的主要组成部分，除了最保守、最落后的教育理念以外。培养孩子的想象力可以让他们变聪明，而且必须培养想象力，要允许想象力自由发挥（即使是通过使用益智的木质玩具而不是暴力的视频游戏，将想象力导向更光明的方向，而非更暗淡的方向），而非压抑、驯化或控制它。我们知道有些人完全迷失在想象中，以至于和现实彻底脱节了——比如，可能迷失在幻想小说中以至于欠债和忘了赴约——而且我们认为这很成问题。但大多数人并不认为问题的起因是沉溺于任何想象。大多数人认为这样的脱节对想象造成的破坏无非就是像烧坏了一顿饭对烹饪造成的影响那样。

　　但究竟是什么变了呢？20世纪的约翰·杜威、玛利亚·蒙台梭利和其他开明的、支持想象教学法的人，如果不是继承了笛卡尔、斯宾诺莎、莱布尼茨和帕斯卡尔的思想，那么他们的先辈又是何许人呢？简单来说，我们今天活在理性主义和浪漫主义的双重遗产中，而且已经这样很久了。当我们梳理一下自17世纪以来"天才"这一概念的发展脉络时，这个状况就会变得非常清晰了。

　　现代早期哲学文本中出现的拉丁语"ingenium"有时被我们译成"天才"，这样的做法不是很恰当。这样的选择掩盖了这个拉丁词汇极其复杂的历史。我们已经在斯宾诺莎的《知性改进论》中见过这个词。尽管它可以被译为"知性"，但更恰当的翻译可能是采取多词注释的形式："知性"是性喜学习、擅长发现，或任何其他类似的、终究不充分的定义。西塞罗认为"知性"的使命是担任"内在的道德种子，如果它们能成长起来，自然就会引导我们过上幸福的生活"。[12] 1637年在用法语写《谈谈方法》一书时，笛卡尔使用了"良知"（bon sens）一词——与他用拉丁文"ingenium"要表达的意思不太一样，但也不属于完全不同的语义丛——他的目的是暗自嘲笑人们误以为他们掌握了他们所需的全部良知，真的以为自己拥有了他们所希望拥有的全部，"好理智在全世界分配得最好，"他写道，"因为对于自己得到的，每个人都感到非常满足，甚至那些在任何事情上都最难取悦的人，都不再希求拥有比他们所得的更多的好理智了。在这一点上，不可能每个人都想错了。"[13]不可能**每个人**都想错了，但可能的是，笛卡尔暗指，**大多数人**都想错了。

　　笛卡尔和他之前的西塞罗都认为，尽管所有人都有知性，但是相较于其他人，知性在某些人身上发展得更为突出。再者，知性的敏锐程度不是教育能灌输的，它更像是一种天生的资质：虽然一本写满了各种公式的教科书，例如笛卡尔在1628年写的《指导知性的规则》（也被翻译成《指导心灵的规则》，或是更啰唆的《指导自然智能的规则》），可以帮助指导人的知性，但某个人一生所拥有的我们目前讨论的这种知性的敏锐度和强度则很可能是一种固定的资质。因此，知性不完全依靠传授来获得这一事实，说明了拥有"更了不起的知性"的人只要专注天赋就可以培养知性。因此笛卡尔在《规则》中描写自己推荐的学习方法时写道："运用这个方法非常重要，如若不然，探索知识就会弊大于利，我很容易相信那些拥有了不起的知性的人以某种方式已经领会到了这一点——甚至只需天赋的指引。"[14]

　　那些虽存在于民间传说中，但也非常深入人心的天才人物，作为一种超自然的精神，与个体的人有联系，但不完全等同于个体，18世纪的思想家们普遍用这种固定的方式来理解这种从西塞罗的时代到笛卡尔的时代一直被叫作知性的能力。因此，康德在1790年的《判断力批判》中写道："天才（Genie）这个词可能来自拉丁词genius，即一个人在出生时得到的那个特别的指引和守护精灵，他的创造性思想就是根据它的建议得来的。"[15]在康德的世纪之初，《一千零一夜》的第一个法译本在1704年到1717年之间面世，阿拉伯语al-jinnī（精灵）被安托万·加朗译成了le génie。[16] 它很快就成了人们熟悉的"精灵"——这也是一个文化挪用的早期例子——它是从灯里冒出的一股烟，能满足我们的愿望。但康德关于共同词源的说法其实是错的：伊斯兰民间传说中的精灵和天才不是来自同一个词，天才这个称呼究其来源是与基因（gene）、种类（genera）和一代人（generation）这些词共用一个词根的。但是在18世纪早期，"genius"和"génie"这两个词的意思并不固定，一直在两个意思之间摇摆，一个意指个体的人具有的特殊智力水平，另一个意指一种超自然的生命，它以类似阿拉伯的精灵一样的方式指导或干涉一个人的生活。因此莱布尼茨在1709年的《神正论》中坚持认为居于天穹的"精灵数量难以想象"，其数量之大超乎我们的理解范围。

在《判断力批判》中，康德把"天才"定义为"天生的思维禀赋（ingenium），自然利用它给艺术立法"。[17] 括号里的拉丁文是康德自己加的：在他看来，ingenium就是天生的思维禀赋，但当它被提升到天才的高度时，严格地讲是因为它具有罕见的天赋才能，能够"给艺术立法"。也就是说，对康德而言，天才的艺术家天生就得到了一个礼物，并通过艺术家的创造呈现出来。对康德而言，这就建立起了一套区分等级：一方面是属于科学家的价值或才能，另一方面是属于艺术家的。"在科学中，"他写道，"伟大的发现者与他勤奋的模仿者和学生仅在程度上有所差异；但他与被赋予了美丽的艺术天赋的人截然不同。"[18]

反过来，这一区分以一种前所未有的新含义开启了对"天才"的颂扬赞美，它将在德国浪漫主义中被诠释：某个个体的杰出天赋让他有了创造性的突破，能够进行艺术性的创新，用崭新的方式看待世界，并且根据这种崭新的方式创造出新的艺术作品。对于理性主义者而言，理智曾是人类思维的最高能力，且仅仅因为我们都是人，所以理智水平就人人均等——尽管许多人确实没能用正确的方法训练自己的理智，而且在某种意义上也从未达到他们被创造出的高度。与之相比，天才，照早期浪漫主义的理解，是稀有资源，而且不见得会有任何可靠的办法可以从某个个别的人那里获得。你要么有，要么没有，没有人能写出一本指导手册向你解释如何得到它。就像路易斯·阿姆斯特朗在谈论"摇摆乐"的含义时所说的一样："如果你需要问，那么你就永远不会知道。"

笛卡尔想要为尽可能多的人提供一种方法，让他们无论生来具有怎样的良知都能掌握知识体系，以及与这些知识体系相关的正确的推理规则。艺术作为人类存在中的一个自主领域，虽能体现人类的优秀品质，但不是他所关心的。因为康德，更因为在康德的著作发表之后发展了半个世纪左右的德国浪漫主义运动（而且这一运动常常有意识地与他书中的重要内容唱反调），艺术反而被推到了备受瞩目的中心位置。不仅如此，艺术与手艺或技艺被严格地区分开来：后两种技能只要有基本的潜质，一般情况下经过训练就能培养出来。而艺术，与此相反，只将它创造的"纯艺术"作为它的典范，甚至是它唯一合法的例证：可能只有天才希望制作出这样的作品，它靠的不是学习规则和遵守规则，而是学习了规则，并且最终以只有天才才能做到的方式打破它们。正是在这点上，天才，原本被看作有能力学习任何受规则规定的技能或科学（包括逻辑在内）的自然倾向，现在则与逻辑截然对立了，而只与深层的、无法言说的内在感觉联系在了一起。因此，1901

年，在蒙大拿，十九岁的天才玛丽·麦克林（Mary Maclane）写道："如果我不是一直倍感难过和孤独，我的思维也许会产生美妙的、神奇的逻辑。我是天才——天才——天才。即使这样说，你可能也没意识到我是天才。难以示人。但是，我自己能感觉到它。"[19]

掌握科学，学习规则——正如笛卡尔希望帮助有理智的人们去做的——就是指正直做人，在适当的条件下做适当的事情，包括从正确的知识推导出正确的结论，用正确的方法制造机器，等等。但这样定义人的卓越品质和高尚情操与像笛卡尔那样的理性主义者所强调的人类特殊性相互抵牾，它使得训练有素的人，也就是掌握了规则的人，与白鹭或蜥蜴之间没有什么差别，因为这些动物之所以这样或那样移动，完全取决于它周围出现的情况，它身体的需要，等等。笛卡尔在许多场合都表达了一种关于动物的普遍观点，即"动物的行为展现出的完美程度之高让我们怀疑它们可能没有自由意志"。[20]在笛卡尔看来，动物是诚实的，但没有个性；它之所以能完美展现自身所具有的品质，只是因为它一直符合我们对它的预判。如果它做了什么我们意想不到的事，那或许是因为它暴怒了，或要死了，我们甚至可以料到它就连经历这些变化的时候也是遵循固定的、它的种群所特有的方式。但还有一些肯定是超越了人类的希望的，那就是我们和它们的区别吧？那就是：个性，即之所以这样做或那样做，只是因为这符合我们独特的个体本性。而那些为数不多的特殊的人，他们这样做或那样做的原因不被我们所理解，但我们又不得不承认其行为结果是有价值的，他们的个性就是天才吧。

哲学的兴趣从知性转移到如刚才描述的那种天才上，从可以教授的和集体的科学转移到个体的艺术成就上，从理智转移到神秘莫测的灵感上，这一转变付出了巨大的代价：它无法佯装能为人何以为人以及人类有怎样的潜能提供一个综合性的说明。它不可避免地只能专注于人类中的稀有品种。不仅如此，它不再希求为伟大艺术之所以伟大，或是杰出的艺术家之所以杰出做出明确的解释，不再认为伟大艺术的法则可以被明确、被制定、被他人效仿，转而承认人类生活中最重要的事情是理智无法给予的。艺术，在达到这种程度时就是非理性的，正如把艺术奉为至善，却根本不想弄明白为何如此的社会也是非理性的一样——比如这样一个社会，在这个社会里，某地的博物馆挖空心思求得了一件杰夫·昆斯的雕塑作品，虽然它不是昆斯亲手做的，但经过一系列可证明的传输，人们相信昆斯神秘莫测的天才在上面留下了真实的印记。

何为艺术

　　大多数西方"纯艺术（fine art）"——无论是浪漫主义之前的，还是与浪漫主义同时出现的，以及诸如表现主义和超现实主义等之后的运动——的传统，都一直在努力调和和控制非理性，把狂乱的梦境转化为物质，转化为实体和商品。即使无法提供制造这些物品的法则，它们仍然能被理性化，成为某种意义上的商品，具有一定的货币价值，也具有被批评家和观赏者探讨的其他价值，虽然或多或少徒劳无功。

　　我们之前提到过 E. R. 多兹的《希腊人与非理性》，他在书的开篇提到了与一个人在博物馆的偶遇，时间是在 1951 年这本书出版前不久。[21] 他碰到的这个年轻人告诉他，自己对希腊艺术和文化都不感兴趣，因为希腊人太重视理智了。在多兹写作的年代，博物馆力争表现出严肃性，所以里面到处都是色彩单调的、画在帆布上的画和现成的工业制品（严格来说，这些作品并不是由它们所归属的艺术家创造的，而是，用阿瑟·丹托的话说，由艺术家"改造"的）。[22] 博物馆也很青睐"原始"雕塑，它们的灵感来源于非欧洲文化的艺术传统——康德会坚持认为他们的传统没有达到真正的艺术水准，即"纯艺术"的水平，但可以用警戒线圈起来作为次一级的装饰品或手工艺品。这位年轻人大概觉得，时代的气息，对于20世纪中叶的西方城市人而言，就是醉心于被压抑者的回归，醉心于所有不能被整洁的理性秩序限制的事物。

多兹认为这次偶遇开启了他对希腊文化进行的开创性研究。**真的**可以那么轻而易举地把全部的希腊生活归结为所谓的"理性"吗？而且是否真的有过一种文化可以毫不含糊地、完全地配得上这个称呼？或者它的功用是否仅仅像是一种刻板印象，我们用它来把握无论在时间上还是空间上都与我们相隔遥远的事物，或者像是一种自负，人们用它来排除与既定文化不一致的所有事物呢？"对于那些在情感上受过非洲或阿兹特克艺术，受过莫蒂里阿尼（Modigliani）和亨利·摩尔等人的作品熏陶的一代人而言，希腊人的艺术和希腊文化，从整体上看，显得缺乏神秘意识，也没有能力可以深入人类经验中更深的、更为潜在的意识状态。"[23]

对这些更深层次的状态起主导作用的是重复。之前提过的诗人莱斯·穆瑞把宗教大力渲染成诗歌，因为举行宗教仪式就是"怀着爱不断地重复"。或者像是德国编舞家皮娜·鲍什说的，重复是她艺术创作的媒介："重复并不是重复。同样的动作让你最终体会到完全不同的感受。"[24]在这我们会想到第一章讨论过的普罗提诺体验到的数次神秘幻觉。难道这些重复没能为他所谓的不可言喻的经历提供框架，像编排的舞蹈那样赋予它们意义和形式吗？在重复的概念中会不会存在着某种事物，可以为我们搭建起一座桥梁，一端是看似独立的艺术王国，另一端是宗教和仪式呢？

十三岁时我在一个天主教堂受洗。我曾经是天主教小学中唯一没有受洗的学生，后来在某个时候，有人认为我如果成为羊群中的一员也许会更合群。我欣然同意了，而且有一年的时间，我一直在心里虔诚地诵读《玫瑰经》，怀着爱不断地重复。记忆中，这种体验与我在青春期狂热地、不可理喻地迷恋披头士重叠在一起。我知道所有乐队成员的生日，他们父母的生日，利物浦以及汉堡所有街道的精准格局。最主要的是，我精确地知道每一首披头士歌曲的每一版可用录音的旋律，无论是正版的还是盗版的。我不记得披头士和天主教哪个在先了。我记得的是它们在我幻想的生活中完美地融合在一起。

现在，尽管我满怀爱意地重复播放这些唱片，但在严格意义上讲它们并非重复。在20世纪60年代的某个时间点，在我出生以前，它们在录音棚里只被分别演奏过一次。或许每一次表演因为音轨的原因，需要对许多不同的片段多次录制，但是无论怎样，正式版本的整个制作包含的也就是一系列有限的、毫无疑问也是非常少的几个步骤。真正被制造出来的是纳尔逊·古德曼所谓的"异体"的艺术品：即使一个艺术品可以被充分体验，这个作品本身却遥不可及，它在本质上无法定位。[25]我那张《白色唱片》是1985年左右在旧金山的车库旧货甩卖上淘来的，卖主是位友善的嬉皮士，当时在修理他的大众公车。这张唱片本身，无论如何都算不上**那种**艺术作品，但是我对它的体验和其他人一样充分，只需把它带回家，放在电唱机上聆听，怀着爱不断地重复。那张唱片的灌制凝固了许多偶然事件，许多可能不会发生的事情，一些喃喃自语，乔治·哈里森放在琴弦上的手指——它在琴弦上足足停留了一微秒，制造了那个不必要但也不难听的噪音，对此肯定有个专业术语。这些偶然成了经典。它们满怀爱意地等待着它们的知音。他们如期而至，再次确认了世界的审美秩序。

我们知道世界上大量灿烂的史诗巨作（包括荷马史诗），最开始就是口头传颂的传统艺术，大概在某种程度上读起来朗朗上口，也许在音调和音色上也有抑扬顿挫。在这方面，文学和音乐实际上只是相同的深层审美行为的不同轨迹：一种再次确认，再次建立，或是再次创造世界秩序的重复。按照穆瑞的说法，对这种重复的美学的投入，不是别的，正是爱本身。雅库特人的英雄史诗《欧隆克》被认为是前伊斯兰时期突厥神话的原始文本，在西伯利亚东北部作为口头艺术被保存了几个世纪。它讲述了雪、驯鹿和人类，还有他们的祖先，以及这一切之所以存在的超验性缘由。阅读它时，我的眼前仿佛出现了一位擅长吟诵的行家里手，他讲述《欧隆克》的水平完全可以媲美我们在《尼伯龙根的指环》的指挥和《奥赛罗》的表演中见识到的高超水平。不难想象亲身经历和近距离聆听时，让人格外享受的是各种各样的变体，以及为了达到这样的或那样的意想效果，吟诵者控制变体时所运用的方法。"在这儿他会像熊一样低吼！"雅库特的年轻人可能暗自思忖。然后这个声音出现了，与上一次略有不同，但美妙至极，带来了不一样的满足。这些重复具有不可减省的社会性，既有差异又恒定不变（与乔治的手指放在琴弦上的录音不一样，它们每次都有些许不同，但又是同样的事物），它们通过一个人从中协调，而这个人又在人类的生存空间和超越人类的存在空间之间进行调和。

当我感受披头士的音乐时，这是一种不同寻常的重复，既是因为我不与他人直接接触，待在家里戴上耳机，面前有个电唱机，还因为一次"演唱"总是必然地进入下一次"演唱"。我信仰天主教的体验在某种程度上看也是不同寻常的：差不多只是私下里低声背诵祷文，几乎全然无视教堂的存在，也没有两个人或更多的人聚在一起轮流呼唤上帝现身。但这些强迫症，就像是以社会为媒介的史诗吟诵，或是像以科技为媒介，与神一样的流行巨星通过灌制了他们经典作品的唱片进行的交融，如之前提到的那样，全都是爱的作用，或至少是一些在经历时感觉很像爱的激情。就让我们称它为爱吧。这种爱让人一下子出离了自我。但由于这不可能实际发生，由于我们只能待在原地，所以这样甜美的非理性惊喜只能以次好的方式降临：通过循环反复，一遍又一遍，重复那些让世界有序的音节和声音，这些音节和声音也许还会让我们领会到世界真正的缘由和本质。

大多数艺术的精髓就在我刚才描述的那种重复里，因此它至少成了仪式的近亲。然而一个多世纪以来，现在的艺术主要倾心的不再是无休止地重复相同的事物，而是勇往直前、不断创新。现代艺术中的那种非理性不仅与神秘和无意识有关，而且与犯禁有关，其尺度如此之大，以至于评论家在评论时经常像是把犯禁当作了现代艺术的主要特征。基伦·卡谢尔（Kieran Cashell）在描述评论家因屈从这样的观点而承受的压力时说道："要么无条件支持犯禁，要么冒着被批评界的保守主义怀疑为过时了的危险，谴责这种倾向。"[26]在过去的几十年里，一部分数量很少但很有影响的犯禁艺术品已经与暴力结合了，它们不是探索暴力主题，而是成了真正的暴力，艺术家用它们来攻击他或是她自己，或是攻击动物，或是在极少数的情况下攻击不知情的旁观者。或许没有什么能比泼溅鲜血更容易表现艺术的犯禁了，然而那些采纳过这种方式的艺术家，比如维也纳的行动主义艺术家赫尔曼·尼奇（Hermann Nitsch），坚信他们是努力回归到仪式化和远古的状态，而不是想要标新立异，引导潮流。[27]

那么这样仪式化的犯禁艺术表现究竟是为了什么呢？除了对披头士的狂热让我缓解了几年之外，我的青春时光大部分花在了去听比披头士最疯狂的时候还要疯狂的乐队音乐会上，他们的音乐让披头士的《螺旋滑梯》（*Helter Skelter*）听起来像摇篮曲。随着这样的音乐魔咒公然无畏地摇摆享乐，照我们通常的看法，而且我当然也是这样认为的，与服从权威，服从国家、教会、军队或家庭关于我们应该如何行事的自上而下的指令恰恰相反。不破不立，但立的是什么并不清晰：这些无政府主义的狂欢者出现在乐队面前，往往像是用乐队做幌子。狂欢者并非在跪拜乐队，也不是崇拜他们，但他们的所作所为与教堂礼拜或群众聚会也非天壤之别。

一种社会现象的形态究竟怎样演变成另一种，个人怎样在一个群情激昂的集体中从热情洋溢的个体表达进入超越自我的狂喜之中，这既是复杂的，也对我们理解非理性的社会表现至关重要。我们知道许多喜欢在致幻剂和音乐的作用下独自跳舞，体验极度兴奋的年轻人，不久就会受到神秘的、精神变态的邪教头子的蛊惑。我在年少时认识的大约一半的无政府主义朋克，他们都听叫

"社会扭曲"和"死亡的肯尼迪"这类名字的乐队——还有一个极富讽刺意味的叫"里根青年"的乐队——现在都成了真诚而不带丝毫讽刺意味的特朗普的支持者。从自由的无政府主义到国家主义-民族主义的个人崇拜不过是一步之遥。过去的几个世纪表明，个体超越存在不了多久，就会重新被纳入集体主义，这两者相互暗指。好像尤其在20世纪中期，我们更加频繁地看到两者交替出现。在德国魏玛时期和苏联早期，前卫艺术最无政府主义和极端个人主义的表现很快就让位给了保守主义思潮，后者的艺术目的要服从大众政治目的。许多前卫艺术家本人，比如意大利的未来派，渴望参与的大众运动就是淹没他们个性的运动，是让他们自己服从铁腕统治者的运动。

17世纪，笛卡尔试图驱逐梦境，让自己相信睡觉时出现的幻觉与他实际上是谁没有关系，他认为这些梦是不可避免的，但也必须加以限制，而且如果可能的话，应该被忘掉。与他相反，弗洛伊德认为我们的逻辑推理和清晰的、明确的认知只是脆弱的包装纸，包裹着真实的自我——它在包装纸下面不停地冒泡、发酵，而它正是由梦、大部分被遗忘的记忆和激情构成的。我们还可以回忆一下在新法兰西的耶稣会传教士，他曾担心易洛魁的族长对他自己的潜意识的了解，以及族长习惯根据梦境的指示行动的倾向，可能导致族长对这位传教士客人采取暴力，兴许还会杀了他。潜意识不会顺从那种掌控着我们有意识的生活的道德规范。在我们的社会中，我们总以为道德恰恰蕴于那些阻止犯禁的形式之中，而我们的潜意识却让我们，也促使我们对它们展开想象。在这方面，人们好像自然会认为，一个基于把对梦的解释变成现实而采取行动的社会不可能是理性的或是道德的：它总是会出现混乱的犯禁现象。在像20世纪西方那样的社会中，神秘的和深层次的人类经验被允许以雕塑、绘画和音乐的形式渗入公共生活，但采取的形式通常不是明文规定艺术可以刻画或描写哪种道德上的犯禁。这可能看起来像是一个良性的妥协，如果还用那个常见的比方，这就好像是找到了一个有效的方法来安置了一个释放无意识的阀门，而不至于引发巨大的混乱。

但这几乎肯定等同于一种草率的沾沾自喜。在我们社会的公众生活中暴力是被绝对禁止的——它受国家统一管理并被贬至国民的幻想生活中——可这看起来并不意味着我们社会中真正的暴力在整体上比易洛魁部族那样的社会更少，在那样的社会里，暴力与仪式水乳交融，并在仪式中被实施。随着时间的推移，打仗的事逐渐被移交给了一小拨人，由他们负责有史以来最强大的战争机器。正是科学吻醒了这些机器的新能力，在同样的历史进程中，我们一直幻想着的暴力已经以前所未有的有效方式被隔离在了实际行动的范围之外：被限制在博物馆的安全空间里，或被制作成肤浅的模型，或被包装成银幕上和电视上的无害的娱乐节目，最近常听说这些节目是"梦工厂"打造的。暴力有时会跳出银屏——它就像引号中的脏话一样，渗入现实世界中——但大体上我们觉得这样的安排非常适合：科学和技术垄断了真正的暴力，凝结成导弹和无人机，它们越少被使用，就被认为越有效；而艺术可以无拘无束地幻想着暴力，想怎样就怎样，只要没有产生（或者说没有给人类带来）任何伤害。

在可能的范围内，我们也试图把它俩看作不会有交集的两个领域。我们努力完全不去想一直悬于我们头顶的无法想象的暴力，我们努力把在荧屏上和艺术博物馆里的富于想象力的暴力视为属于完全不同的形而上学的和道德秩序：这种暴力是可能的，但它不是真实的，不过是为了消遣而已。此乃非理智的安全地带。

两个领域

1759年，克里斯托弗·斯马特（Christopher Smart）写了一首名为《羔羊颂》（"Jubilate Agno"）的诗，当时他和他的猫杰弗瑞被关在精神病院，他在诗中提到了这个忠诚的伙伴：

> 因为抚摸它时我感受到了电。
> 因为我看到上帝的光笼罩着它，是蜡又是火。
> 因为电火是精神物质，上帝将它从
> 天堂送来，维持人和兽的身体。[28]

什么是电？当电尚未被利用，还没成为我们日常生活的中心时，许多人认为它是一种有灵性的物质，也是上帝力量的显现。在斯马特之后又过了一个多世纪，1885年，加拿大梅蒂人的反抗斗士和神秘主义者路易·里埃尔（Louis Riel）发表《关于单子的论文》（"Dissertation on Monads"）——该作表明他显然记得他曾上过有关莱布尼茨的哲学课，时间应该是几十年前他在蒙特利尔的稣尔比斯学院（Sulpician College of Montreal）的时候，而此时他正在萨斯喀彻温省的监狱牢房里等待被处决——他写道："单子是电（原文如此）。"[29] 而在整个20世纪，电将从这些神经错乱的看法中被剥离出来，并且能为我们所用，为此每个月我们都会收到烦人的账单。它将被正常化，将会失去所谓奇异的力量，失去那些身处主流之外的人曾对它有过的全部兴趣。

通常，我们只有回过头来才能看清科学和它的令人尴尬的表兄伪科学之间的界限在哪。20世纪中期，卡尔·波普尔认为可以将可证伪性作为标准来严格区分两者之间的界限：如果一个命题在原则上无法被证伪，它就不是科学命题。[30]但我们常常不能事先知道如何根据这个标准区分不同的命题，为此，其他杰出的科学哲学家，尤其是拉里·劳丹（Larry Laudan）质疑，认为划界问题"既让人觉得无趣，又因为它在以往产生的变数而让人感到头疼"。[31]最近，马西莫·匹格里奇（Massimo Pigliucci）则竭力证明劳丹悼词般的悲观结论下得为时过早。正如匹格里奇所注意到的，我们中的大多数人认为我们只要见到伪科学就能认出它。也许不可避免的是为了给伪科学找到一个严格的定义，我们只能继续努力，虽然我们一时还拿不出一个定义来。[32]在下一章我们会更加详细地探讨伪科学。现在我们感兴趣的是自然的力量，比如电，在历史上是如何随着时间的推移，跨越了超自然和自然之间的界限的。这种跨越常常勾勒出，或至少是部分地勾勒出从创造性和想象的艺术王国向清醒的科学王国过渡的路线图。

17世纪许多否认超距作用或其他各种共振力量的真实性的人，都一直试图建立一种类似钟表装置的自然模式，一个物体的每个动作都可以被解释成是接受了另一个物体的直接授意而为之的，就像时钟里一个齿轮的运动完全是由另一个齿轮的推动所致。根据这样的模式，作为上帝给出的神迹或礼物的任何奇迹和惊喜，自然也就无处安放了。但许多否认奇迹的人并不像几个世纪前的中世纪神学家那样，是要否定上帝的全能，相反，他们之所以否认奇迹，恰恰是因为他们认为如果上帝建立的自然秩序需要定期被打破的话，这实际上是在贬低上帝的力量。认为上帝一开始就把自然的秩序打造得如此完美，以至于以后任何干扰都是在质疑自然作为体现上帝之完美的丰碑的地位，还有什么比这样的说法更配得上对上帝的赞美吗？但无论这个不干扰主义的新神学背后有着多么真诚的神学动机，它都会带来来自隐之神的隐患：上帝不再被需要了，所有的责任在创世时已统统完成，而且一旦他确立了事物最初的条件，外加不可改变的自然之法，他就可以溜之大吉了。

在某种程度上，这个问题可以追溯到古代：为了恰当地礼赞上帝，许多以神学为导向的哲学家认为把上帝推出世界的日常事物之外更为得体。一些古代的思想家，包括亚里士多德，认为神的伟大之处就在于他根本不依赖世界的存在，还认为如果他甚至对世界进行思考，那么这就已经相当于一种依赖性了。但是到了现代，基督教的传统已经如此悠久，以至于人们很难像亚里士多德和其他希腊哲学家那样轻易地把神想成对人类世界漠不关心：毕竟，为人类创造这个世界的应该是基督教的上帝，而且无论关系多么复杂，他还是爱他们的。现代的基督教哲学家，不论多么激进，都不会轻易地从根本上否认上帝和世界有任何关系。由于这个原因，事实证明，与古希腊相比，要在崇拜上帝和消除上帝之间达到微妙平衡变得困难多了。

人们的虔诚信仰也不一定足以避免世界的自然主义模式的出现，上帝在这个模型中最终将被证明是无用的和多余的。没有人比罗伯特·波义耳，这位17世纪晚期的英国实验哲学家，更为坚定地认为自然可以像钟表装置那样被彻底地解释清楚。波义耳还坚持认为，最符合基督教虔诚的生活形式莫过于全身心地投入实验中去，那种实验揭示了自然中看似神奇的事物事实上都可以用以前没注意到的规则和没发现的自然法则加以解释。波义耳在这方面与像皮埃尔·伽桑狄那样放荡不羁的思想家有着天壤之别，后者希望利用普通的和可预测的天体运行轨迹来解释日食之类的现象，并将自然主义的解释作为一种可能性，来证明宗教信仰在大体上带有迷信的色彩。对伽桑狄而言，自然主义是对抗信仰的武器，而在波义耳看来，自然主义可以让信仰变得更可信。

根据我们在前言中介绍过的法国历史学家保罗·哈泽德所言，在1680年到1715年期间，我们所谓的"波义耳计划"——尝试利用对自然规律的理性解释为宗教信仰服务——将被证明是不可能持续的。[33]在接下来的几个世纪，这种理性的解释将越来越多地被其捍卫者和诋毁者视为对信仰的公开敌对，而且信仰也就此节节败退，常常退入非理性主义之中，要么否认科学的合理性，要么在自己设计的游戏中，虽然想要打败科学，但却无法令人心服口服。到了19世纪晚期，在欧洲这一分歧变得如此之大，以至于遮蔽了早期将这些领域联系在一起的尝试。在这个时代，由科学家形象所体现的科学将成为文化的自主和权威领域，直到今天我们差不多也是这样认为的。胡威立（William Whewell）仿照"艺术家"（artist）制造了"科学家"（scientist）这个词，时间是至今并不太远的1834年，[34]在此之前，一个人若做科学家从事的事会被称为"哲学家""自然哲学家"或"自然学家"。直至19世纪60年代中期，科学家这个术语才开始广泛流行起来。

19世纪80年代，埃菲尔铁塔在巴黎建成，它并非像许多人如今毫无根据地想象的那样，是为所有感性和诱人的东西而建立的纪念碑，而是工程学上的一个壮举，彰显了法国的科学人士为第三帝国的荣耀所做的贡献，他们的名字被用很大的字体刻在了铁塔的基座周围。[35]在同一时期，世界上许多首都都在树立这样的胜利者丰碑，它们绝不是在颂扬浪漫。相反，在工程师和建筑师追求的坚固的钢架未来中，浪漫的世界观已经被明确地排除在外，不在考虑范围内了。此时，就之前提过的"poiesis"（创造）的含义而言，这些工程毫无"poetic"（诗意）而言。如今"创造"已被贬低到了仅属于作家那样的二等地位，作家仅仅是可能世界的创造者；而制作者，也就是所谓的建造者或生产者，从事的工作才是在真实的世界里创造新现实。在埃菲尔塔顶部，古斯塔夫·埃菲尔安置了一个气象观测站和一个研究无线电以及其他物理现象的实验室。这个高空中的工作站也是他的公寓，当托马斯·爱迪生在巴黎参观时，埃菲尔还在此接待了这位美国发明家。在这不久前，儒勒·凡尔纳正在创作一种新型的科幻小说，包括1865年的小说《从地球到月球》，[36]在书中他不仅想象出了探月之旅这种自琉善在1世纪写下《真实的历史》（*True History*）以来文学作品中常见的情节，而且还试着合情合理地解释在不久的将来这样的天际旅行有可能真的实现。凡尔纳用他的方式，把星星带到了人间，声称虚构——那种以前处于想象力混乱统治下的虚构——可以成为现实靠的是理智功能。

在凡尔纳和埃菲尔生活的年代，科学家的完美形象开始初见雏形，而正是在那个时候，哲学被迫分成了两个阵营。有些人发现科学家的新形象很有吸引力，也想拥有这个新的文化标签。还有些人，正相反，发现他们的领域——建造、改善、调拨自然界的能源，在自然中披荆斩棘，如詹姆斯·梅里尔所说的那样，吻醒新能源——不足以完成杰出的思想家自古代起就一脉相承地确立起来的哲学的核心任务：认识我们自己、我们的内心以及我们内在生命的体验与自然界可实现或可知晓的内容之间存在的分歧。

这不是严格的派系划分，不是每个哲学家都觉得必须要表明立场，而且在回顾某个思想家到底属于哪一方时，往往也很难说清楚。然而对有些人的判断是不成问题的，比如尼采，他在1882年出版的《快乐的科学》中快乐地写道："诗歌狂野的非理性之美驳倒了你，你这个功利主义者！"[37]这位德国思想家绝不承认哲学家和科学家承担着共同的事业，而在尼采写作之时，科学家以其目前的身份出现也只有几十年时间。而此时，尼采所表扬的那些拥有狂野的非理性之美的当代诗人正越来越大肆宣扬疯狂、孩子气和梦境在他们的艺术创作中所体现出的力量和作用。夏尔·波德莱尔清楚地表明诗歌是一种思想形式，它的产生"伴随着音乐和图像，没有诡辩，没有三段论，没有推论"。[38]因此，对他而言，诗歌拒绝传统意义上的哲学，而且如果哲学家也想要得到诗人非理智的创造力，他必须用同样的方式摒弃他自身领域内那些公认的工具。

然而，这些区分并非总是一清二楚的，与这些区分相关的人也不一定认为这些区分切合他们自己。一个特别重要的运动在18世纪达到了顶峰，同时也以一种难解的方式与19世纪一些人的作品交织在一起，包括尼采的作品，这就是希腊主义运动：一种新古典主义，它拒绝被定义，但据说它至少没使诗歌和理智截然对立。希腊主义运动，如英国诗人和批评家马修·阿诺德所理解的那样，[39]反对个体严格服从那些束缚和限制了自由表达精神的规则。正因如此，这是一场基于自发性的运动，但人们认为它完全不同于无政府主义或任何无序行为的运动。确切地说，自发行为的产物，如果是真正的艺术天赋的精神流露，是完全符合自然和超验的秩序的。它既不混乱，也不邪恶，而更接近于波德莱尔所渴望的东西，但同时它又不受规则束缚，也与虔诚无关。

尼采发表作品时已接近现代希腊主义运动这段历史的尾声，因此可以说既是希腊主义运动危机的标志，也是它的天鹅之歌。他本来是要被培养成一个文献工作者，在昏暗的图书馆里与世隔绝，成为一位面色憔悴的学者，为重建我们的文化起源，在那些过往时代留下的文献记录里皓首穷经。这在19世纪是学者们的理想，是一个人要接受人文教育的原因，而且与今天截然不同，这也是当时大学的主要内容。但是尼采从他所阅读的关于希腊人的文献中发现文明不是连续的，历史甚至不是持续衰退的。确切地说，几乎是完全断裂的。正因如此，大部分希腊人珍视的事物，到如今我们再也不能感知了——即使我们学习他们的语言，而且自认为我们对他们的世界了如指掌——因为这一切都太陌生了，太遥远了。而这些事物不是像更为保守的希腊主义者所认为的那样，是理智、秩序、几何学和其他留给我们的遗产；它们是极度非理性的表现，是那种在下一个世纪里由 E. R. 多兹更彻底地挖掘出来的表达：酒神主义、狂喜、毫无负罪感的犯禁。尼采一直扎根在古希腊世界里，但根本不认为这个世界传给我们一支火把，照亮了我们共同追求的秩序、完美和创造的探索之路。

在尼采之前的半个世纪，约翰·沃尔夫冈·冯·歌德正忙于打造现代德国的文学精神，从他生活的年代中正处于巅峰的新古典主义中吸取养分，同时还在树立现代知识分子的形象，这些人可以在感官王国里安然自在，而且他们也不会把感性和理性、想象和认知、浪漫和科学看成是截然对立的。然而，在歌德看来，承认感性是不可抹杀的，甚至在被认为以认知为主的人类经验范畴中，根本算不上是对浪漫主义的妥协。事实上他认为只有在现代，感性和理性才被人为地分开，而古典主义给予了我们弥合二者所需要的一切。因此，他对他所处时代流行的两个知识潮流的判断清晰且果断——"古典的就是健康的，"他写道，"浪漫的就是病态的。"[40]

歌德本人在科学上的贡献，尤其是对植物学和色觉的研究上的贡献，展示了一条没有人走过的路，它出现的时间是在19世纪的头几十年，刚好早于胡威立提出的"科学家"，而且在这个世纪后来的岁月里，科学实践者固化成了理想类型：一个冰冷的、漠然的，以及没有感情的实验者，一个最高权威，一个在那些太过感情用事的普通人无法靠自己找到问题的答案时必须求助的人。这一形象一直盛行到20世纪晚期，直到最近才被科学家的模拟类型所替代：不怎么思考的技术员，能胜任他或她的工作，对任何抽象的概念毫无兴趣，主要是特别擅长为他或她所属的机构申请基金。

歌德所设想的科学工作，没有把情感的作用排除在体察物质世界的基本真理之外。在他最感兴趣的植物学和光学的自然科学领域中，定性描写是必不可少的。歌德里程碑式的史诗《浮士德》构思于18世纪末的最后几年，在这部作品中，他也一直觉得在科学发现与自然魔力之间有着深刻的、神秘的关系：这与即使有悖我们的善意、有悖我们的虔诚，也要探索我们极力忽视的力量，把这些力量释放到世界中去的意志有关。歌德本人并不是这样看待科学发现的，他没有把它视为与魔鬼的契约，但他认为这种对它根深蒂固的理解很重要，应该得到足够的重视，应该加以反思。而且他认为替代科学探索的最佳选择不是简单地对古老的墨菲斯托契约式的观点置之不理，而是通过培养一种富有人性的、感性的科学生命来调和它，使其成为一种新的美德所在。

当然了，歌德的科学观没有实现，所以两百年之后，对大多数人来说，歌德关于什么是科学，什么应该是科学的看法几乎无从辨认。19世纪后期激剧的决裂出现在浪漫主义和科学家之间——或许打个过分的比方，这是苦艾酒和埃菲尔铁塔之间的决裂——原因与歌德的失败不无关系，还因为人们突然觉得必须要表明立场：这一立场是科学与感觉或感性无关，诗歌则是与理解外在世界的和谐或理性秩序无关，只与暴露个人内心世界深处的黑暗和无序有关。这次决裂产生的后果之一是彻底激化了科学和诗歌的各自倾向性，这在19世纪中叶虽然不是新鲜事，但只是到了这个时候，这种倾向性才作为两种不同的精神主导了两种人类基本行为。科学现在是理智之家；诗歌和艺术以及发挥想象力，多数情况下被认为是非理智之家。人类生活的这两个领域仍在磕磕绊绊中发展，但是硬生生地把它们分离使它们很受伤。

第五章

伪科学，"唯其荒谬，我才信仰"

坠地之星

　　1714年，莱布尼茨在给路易斯·布尔盖（Louis Bourguet）的信中写了一句有名的话："我几乎不鄙视任何东西，除了军国占星学（judiciary astrology）。"[1]对他而言，任何科学或学科的进步不仅与发现和理论直接相关，也和创建合适的制度结构以促进发现和理论的产生直接相关。从莱布尼茨于17世纪90年代开始创作的关于医学和流行病的著作中可以看出，他认为与传统的算命方法相比，处理以往流行病的数据对于预测未来疫情要有效得多：因此，实际上，如果辅以对统计数据做的测评，**回溯**能够成为**预测**未来的有力工具。不仅如此，他还发现这可以在机器的帮助下完成，另外还需要国家赞助的机构雇人来一起做。

　　尽管莱布尼茨的话中带有鄙夷之情，但实际上，他的设想更接近于一种对传统算命方法的改进，即通过改变其基本技术，来提高包括军国占星学在内的算命技艺，而不是彻底放弃它，而完全投入一种更成熟的智力活动中。各种各样的占卜术，无论是占星，占茶叶（用茶的叶子），还是占骰子（用骰子或指关节），从科学的角度看都是极其非理性的。然而事实上，在现代早期发展起来的占卜术与科学实验有着谱系上的和概念上的重要关系，也和演算和计算的历史有着重要联系。

我们可以把占卜行为，比如利用章鱼保罗的进食时间进行占卜，或是最一般意义上的占卜，当作在受控制的条件下，运用实验技术来预测未来或决定采取某个特定的行动路线。今天有各种各样的机器，真真假假地宣称可以告诉我们未来会怎样。所有这些机器，或多或少都是基于与布莱士·帕斯卡尔同名的"帕斯卡利娜"（滚轮式加法器）或莱布尼茨的步进计算器相同的机械原理制造而成的。它们中的有些，如"爱情测量表"或者是线上性格测试，明显是骗人的，但是其他的，如线上信用等级评估，说它们可以决定我们未来的命运，多少还是有些道理的，因为它们是根据我们过去行为的累积来判断我们现在的状况。尽管如此，我们可能会问，一位不了解我们文化的人类学家，在研究我们时，是否能清楚地区分占星术、性格测试和信用等级之间的不同？或者我们自己是否确实清楚地知道它们的不同？在东欧一些城市的公园里，你仍然可以找到一些立式体重秤，用来获得一份有关身体健康特定信息的报告，而在它的旁边，就立着一台自动算命机。并排站着的科学仪器和算命装置，不禁让我们清楚地看出它们系出同宗。

事实上，我们也许从来就不是百分百地清楚演算和占卜之间的界限。当莱布尼茨恳请他同时代的人"算算吧！"或"演算吧！"时，这表明，他已经，或者正在制造一个有可能向他们展示未来该走的正确道路的工具，如果真是这样的话，那么我们认为它至少与让人看水晶球和看手相差不多是一回事，也并不算太过分。我们求助于机器告诉我们该做什么，以及事情会如何发展。我们想要它们给我们站得住脚的指示，但我们也希望它们向我们揭示命运，在我们和开放的未来之间进行调和。

占卜，简单讲，就是演算的元祖。两者都是对未来的推测。后一种推测基于严谨的数据分析，充分考虑了世界迄今为止的状况。前一种也关注世界当前的状态，关注事物是怎样变成现在这样的——茶叶的位置怎么就摆成了这样，天空是怎样变换的，鸟儿是突然飞了还是就待在田野里不动。一般情况下，占卜只读取片面信息，根据印象判断，将过去和现在的迹象从一个自然领域解读到另一个领域，或把自然解读到人类事物中，这种方法在我们今天看来是没有道理可言的。但这两种预测方式系出同源是毫无疑问的。

然而到了19世纪晚期，波义耳或歌德等学识渊博的思想家曾提出过的科学和信仰相统一的观点基本上被遗忘了，同样地，大概在同一时间，占卜和演算是一脉相承的这件事或多或少也被排除在了记忆之外。到了20世纪，科学是严肃的人从事的事业，占星术是骗子的勾当。或者更糟，占星术还对信奉法西斯主义的傻瓜们有用。战后早期，仍在洛杉矶流亡的西奥多·阿多诺注意到美国报纸有为读者刊登星座运程的独特传统，从表面上看，读者们根据主宰他们出生日期的星座来了解他们近期的运气。阿多诺对此饶有兴趣，而这个兴趣的结果就是《坠地之星》(*The Stars Down to Earth*) 这本书，它是阿多诺在20世纪50年代对刊登在《洛杉矶时报》上的星座运程专栏进行的为期好几年的研究成果。[2]他的看法非常正确，认为在那个占星术仍然意义广泛、色彩丰富、包罗万象的历史时代，从事占星术的人本可以从这片探索和诠释的领域中获益无穷，而这些星座运程只体现了占星术极其苍白的一面。批评《洛杉矶时报》的星座运程是一回事；而批判约翰·迪伊或其他文艺复兴时期占星家的占星术，或者实际上就是批评伽利略本人——他一边靠占星术赚取了数量可观的收入，一边从事更为得体的天体研究工作——则是另外一回事。掩盖上述差异，把研究星座运程这种行为看作脱离时代和环境限制的非理性行为，就是忽略了不同价值在不同时间和地点与同一行为相联系的方式。

对阿多诺而言，20世纪中期在美国出现的星座运程，以及它所预示的更广泛的新世纪文化雏形，都表现出一种不易被觉察的法西斯主义倾向，因为在试图回答生命的深层问题时，这种文化采取的是服从抽象的权威，而不是尽力用批判的方式理性地生活和进行选择。在阿多诺看来，星座运程并非它的爱好者现在常说的"无伤大雅的玩笑"。星座运程的读者在为这样的说法辩解时总是说他们不一定相信星座运程上的说法；人们并不一定非得要相信星座运程，才能保住它的娱乐和解闷功能。这种辩白通常是为了使那些持疑惑态度的朋友们相信，关注自己的星座运程并不是非理性之举，一个人即使这样做了，也同样可以具有强烈的批判精神。但是阿多诺认为这更糟糕，因为这是明知道抽象的权威不存在，还要听信它。毕竟，如果我们真心相信占星术以最好的、最有技术含量的方式解释了宇宙天体和地表万物之间的因果关系，那么我们对待它的恰当做法就不应该只是"为了好玩"而读它，而是应该认真研读它，并围绕着它构建自己的生活。这样做至少是一种美德，说明你有信仰。

阿多诺注意到，《洛杉矶时报》刊载的星座运程的主要特征之一，就是它们事实上没有对这些所谓的因果关系做过任何解释。它们只是在没有任何背景、没有任何细节、没有对最开始提出占星学的人的宇宙观做过任何深入考察的情况下，提出如果你在某月某日出生，这样那样模模糊糊的事情就会如期所料地落在你的头上——Astra inclinant sed non necessitant，正如这句老话所言，星星指引我们，但不束缚我们，所以任何没有兑现的星座运程都不必遭受失验的指责。因此，对于《洛杉矶时报》星座运程版块的读者来说，一句"我只是读着玩！"是不足以成为求得谅解的借口的。因为当这些读者缺乏必要的历史好奇心和想象力时，他是不能**真正**读着玩的；他也不能让自己处于这样一种位置，使个体命运与行星、恒星的排列关系真的具有某种意义，促进某种自我价值的实现，或培养一种生命的实践，他能做的只不过是屈服于主流报纸上匿名权威的意见而已。

然而，自20世纪50年代起直至如今，美国已有了很大变化。首先，美国媒体消费者没法再选择服从抽象权威，没法再听到来自主流媒体的声音了，因为没有这样的源头了，现在的媒体形象只有是否符合我们的偏好之分，以及是否符合我们在社交媒体和有线电视或卫星电视提供的大量选择的帮助下为自己创造出的人设之分。《洛杉矶时报》的规模在迅速地缩小，核心雇员被裁掉了，他们只能绝望地挣扎着，试图通过推特让自己跟上潮流。同时，现在的占星师有的是在为自以为思想深邃的、有独立精神的、持怀疑态度的读者写作［比如同时在多家媒体上发表文章的罗伯·布雷兹尼（Rob Brezsny）］，有的则是精准聚焦在特定的人群上。最近——经过漫长的过程，占卜和演算这两大宗系似乎终于明确地重聚了，它们共同的起源我们在本章开始时已经追溯过——互联网用户终于能够咨询"星座运程大数据"了。阿曼达·赫斯（Amanda Hess）已经注意到，"人工智能和机器学习能够进行大量的预测，其速度是血肉之躯的占星师无法企及的"。[3]

有趣的是，尽管一般来说，共和党比大多数美国人的科学素养都低，但根据2012年的一项调查，他们不像其他团体，尤其不像自由民主党人那样，相信占星术"或多或少是科学的"。[4]美国最有名的保守派媒体，如福克斯新闻和布赖特巴特，都不报道占星术。与政治界划清的这一界线或许与占星术被视为一种异教传统有关（当然，即使是在教会中有人进行占星实践和倡导占星长达几个世纪的情况下）。但也有占星师想要迎合消费者的"家庭价值"情怀或对自由市场的热爱。然而，再一次强调，这些区别是极其不稳定的。最近几年，我们看到茶党示威者们鼓吹整体医学，包括中国传统医学和其他跨文化的舶来品，认为对于没有保险的人来说，它们可以作为便宜的选择替代现代治疗。[5]那么在未来，那些自以为是的保守主义者们也就没有理由不转向，或者说不重拾占星术。

不管阿多诺对美国20世纪50年代的星座运程的分析有多准确，如今在占星术这一"无伤大雅的玩笑"中，似乎没有任何对抽象权威的简单服从。相反，有的只是有意识的和煞费苦心的身份建构，阅读星座运程只是建构身份的一系列选择中的一部分，它还包括一个人穿的衣服和他听的音乐，所有这一切共同标志着他究竟是怎样一个人。在当今美国，这样的标志通常与一个人在部落主义的文化战争中的站队密不可分。请阿多诺原谅！看起来，似乎是这种分裂本身，而不是星座运程在其中起的作用，更加令人不安地预示着法西斯主义的萌芽。

与20世纪50年代的《洛杉矶时报》相比，我们离约翰·迪伊和伽利略的年代更远了，在那时，人们真的认为占星术的存在能够帮助我们理解世界，理解我们在其中所处的位置，而不是反而让它们更难理解。然而，即使在现在，在人类内心深处，甚至在人类以外的动物中，也依然存在着一种非常微弱但无法否认的努力，想要参考天球的固定点在世界中定位（发现表明，就连屎壳郎也是靠银河导航的）。[6]我们敬仰天体的恒定性和有序性，总觉得我们混乱的、尘世的、凡人的生活中无论有几分恒定和有序，都是用某种方法从它们那里借来的。也是出于同样的原因，我们仍然认为异常的天文事件意义重大、至关重要，是我们用观测到的结果不能完全解释清楚的。

1997年，邪教"天堂之门"的39名信徒在海尔-波普彗星接近地球时集体自杀了，他们的领导人声称，海尔-波普彗星实际上是外星人的宇宙飞船。艾伦·海尔，该彗星的两位发现者之一，于第二年公开表态："令人悲伤的是我对此并不真的感到惊讶。彗星是可爱的物体，但它们不是世界末日的征兆。我们一定得运用我们的思想，我们的理智。"[7]二十年之后，2017年8月，日全食从东到西横扫美国。它的路径与我们很容易想到的从朝鲜发射的洲际导弹的轨迹相吻合：从太平洋西北部进入美国领空，然后向南，再向东，穿过整个腹地。日食发生之际，唐纳德·特朗普和朝鲜领袖金正恩刚刚进行了口水战，双方关系极度紧张，事情的起因是后者最近成功试射了远程导弹，且越来越多的证据表明金的政权有能力把弹头打到美国本土。许多人都说这是自古巴导弹危机之后世界距离核对抗最近的一次。与此同时，在国内，弗吉尼亚发生了一场新纳粹集会，而总统完全没有与示威者的意识形态保持距离。结果是，那些原本想要容忍和包容他的各种缺点的商业领袖们纷纷抛弃了他。在他自己的党派内部，他也再一次受到了批评，关于他的统治正在触底的猜测发生过无数次，而这次似乎发展到了一个空前白热化的紧张状态（虽然事实上，它并没有触底）。

　　总有人会不可避免地把天上和地上这两个范围内发生的事联系起来。社交媒体上有各种各样的玩笑，说日食一定是特朗普政权倒台的某种征兆。稍稍正经点的谣传说它是一场阴谋，或它会引发地球上的一系列事件，最终导致电网瘫痪，或是其他世界末日的景象。然而，专家们明白不能煽动恐慌情绪，于是他们警告说，由于数百万人离开住所去观看日食，他们的行为会对环境和社会安定造成重大影响。不管是开玩笑的、小心谨慎的还是荒唐可笑的，2017年美国人期待日食时的表现与1654年几乎没什么两样，那年也发生了一场大日食，当时的唯物主义者和无神论者皮埃尔·伽桑狄对于所有末日论者以及他们饱读诗书的倡导者如罗伯特·弗拉德（Robert Fludd，他早在1637年，日食发生之前就已经去世了）竟能如此无知深感叹息。

　　这并不是说世界没有进步，或是我们在正确解释世界运行方式这方面毫无长进。但我们在玻璃天桥上仍会头晕目眩，我们更害怕陌生人而不是朋友，若是天空在正午时变黑了，我们当然也仍会惶恐不安。进一步说，所有这些非理性的表现之所以是非理性的，是因为在狭义上我们没能从已知的事实推导出正确的结论。然而围绕着这些令我们胆战心惊的事产生的闲聊聒噪、笑话戏言和被误导的猜测，这些从悠久的占星传统得到的毫无新意的借鉴，也并不一定只是一片噪音。这些都是非理性的表现，但与阿多诺关于占星术的看法不同，它们并非渴望服从抽象权威的直接体现。它们是主动探求的产物，而非被动地默默服从。

百花齐放

上一章讨论过的艺术与科学的分离造成的后果之一就是科学始终保持着受到侵蚀和发生突变的倾向，它的工作总是受到一些不知自己所谈为何物的人的干扰——这些人在道德信条的驱使下，认为人类生活的这个领域也是他们可以参与的，科学的绿草坪不应该被圈起来，变成只允许趾高气扬的大学教师穿过的空地。

基因学家凯西·尼娅坎（Kathy Niakan）是有史以来第一位获得伦理委员会批准利用CRISPR基因编辑技术对人类胚胎干细胞进行研究的科研人员，她明确指出这一研究结果产生的创新堪比火和互联网带来的创新。[8]虽然我们无法预知今天的创造发明在未来的所有应用，但事实上我们别无选择，只能继续。就目前而言，主流研究界一致认为用于医疗的研究，如辅助生育治疗的改进是有益的，也是应该继续的；然而，任何与创造永生的新种系有关的研究——也就是说，这种细胞繁衍出的后代可能成为人类共同基因谱系的一部分——就等同于怀着普罗米修斯式的野心，定会遭到所有道德委员会的坚决抵制。[9]尼娅坎声称公众常把这两类研究弄混，并指出正是这种混淆造成了公众对干细胞研究的普遍反感。事实上，如果由公众来决定——也就是说，如果这是一个应该经由民主表决的议题——那么尼娅坎研究人类胚胎的工作就不会得到批准。她的工作有赖于专家委员会的批准，而非她的公民同胞们，她也为她工作的地方（英国）目前是这样的制度安排而心怀感激。

当然了，简单的二分法，即一方是专家治国论，另一方是让无知的公众投票决定，并不能穷尽所有可能性。另一个可能性是向公众普及知识，让他们不再无知，然后再将决定权交给他们。但是随着互联网的崛起，公众无知的危机不断加深，同时公众中不同阵营之间的观点对立也变得越来越尖锐了，因此这一选择不太可能实现，所以像尼娅坎这样的科学家认为他们的工作应该免受公众监督，这是绝对理性的。尼娅坎在自然中披荆斩棘，而且像她之前的奥本海默一样，她似乎清楚地认识到她的工作正在吻醒沉睡的新能量。她所采取的道德立场似乎理所应当地认为人类可以做他们认为自己能做的任何事，因此新的技术是不可阻挡的。作为站在这些科技前沿的先锋，一个人所能做的最好的事就是负责任地使用它们，让精心组建的伦理委员会成员们感到满意——这些成员之所以有资格任职主要不在于他们是伦理学家，而在于他们是相关科学知识的知情者。

有许多问题当然不应该通过投票表决，因为期待公众能够具有相关的专业知识往往是非理智的。但是只要科学进步仰仗于反民主的体制，科学的殿堂就总是会受到不请自来者的侵犯：他们是专家鄙视的业余人士，用热情弥补了专业知识的匮乏；他们是我们这个时代最接近歌德式梦想的人——在歌德的梦想中，科学仍然可以为感性留有空间。但如果他们没能实现这个理想，部分原因在于我们的时代不再为培养这种感性留有空间，虽然这种感性并未沉沦于非理智之中。

自19世纪起，如我们在前一章所见，人们就一直希望科学作为理智的领域自立门户，而非理智的自由嬉戏则被限制在艺术、诗歌和个人信仰的表达之内。既然它们两个已经被强行分开了这么久，那么普遍的看法是它们就是两个分开的领域，虽然它们天然应该，并且历史上也确实统一过，但双方现在都必须保护好自己，以防另一方的入侵。

当然了，自这两个领域分离之初，低端的入侵就几乎一直在发生。想想那个在美国政治中持续了一个多世纪的极其自相矛盾的楔子议题：神创论，或是按照它美化自己的说法，"神创论科学"。目前没有既定的、脱离语境的理由可以解释为什么在人类的历史中，对恐龙灭绝问题的研究竟会成为政治保守主义者政治议题的一部分。对于这种特定的信仰来说，其特殊的政治意义总在不断发生变化。在17世纪早期，"保守派"对伽利略发现太阳黑子一事反应激烈。太阳乃是位于月亮之上的天体，因此构成它的不是多种元素，而是单一的元素，若非如此它就会像其他位于月亮之下的天体一样可以分解、灭亡和堕落了。但如果它有黑子，这就意味着它的构成成分至少有两个。因此，太阳黑子的观点成了异端邪说，必须加以谴责。但是这个问题不知怎的很快就解决了，如今美国共和党的政客们不必迎合反太阳黑子的选民，尽管与此同时有些立法者一直在假装，甚至可能是装给自己看的，最有说服力的证据并不能证明我们和大猩猩来自同一祖先。事情本来可能不是这样的。事情很快就变成另外一种情况。很快，公众人物就会假装相信一些完全不合理，且他们根本不可能发自内心相信的事情，至于这些事情是什么，我们现在无法预料。

根据无政府主义科学哲学家保罗·费耶阿本德的观点，思想扮演的社会角色具有很大的流动性，会波及科学理性本身。对他而言，科学理性是一种意识形态，并且在17、18世纪是一种特别强大、可以用来改善生活的意识形态。但即使是在那个时代，科学理性的重大突破仰仗的也是远在科学领域之外的传统，不仅按照我们现在的标准，也按照当时的标准。因此，援引一个费耶阿本德喜欢的例子，在转向日心说时，哥白尼确实从他的前辈那里汲取了养分，但这些人是神经错乱的数字命理学家和占星师，比如公元前4世纪毕达哥拉斯学派的哲学家菲洛劳斯，而不是16世纪晚期那些捍卫着可靠或可敬观点的人。[10] 20世纪晚期，费耶阿本德在著作中总结道，科学理性最初的目的基本上已经消失了，而当它与相互竞争的意识形态共存时，它反而表现得更好。他公开表态说他希望看到更多的李森科——也就是说更多像特罗菲姆·李森科那样的人，他是苏联的基因学家，曾一度受到斯大林的青睐，因为他在毫无经验性根据的情况下声称一种新的"无产阶级科学"能够改良谷物，让它们在寒冷的地方生长，而这种情况是严格的达尔文适应理论不能承认的。让李森科活下去吧，费耶阿本德是这样想的。让占星术、整体医学和神创论也活下去吧！

正如之前提到的，近年来，为了废除奥巴马的平价医疗法案，美国共和党人一直在为整体医学辩护，认为它是国家医疗保健系统的权宜的替代品。原则上，这帮人没有理由不从事李森科主义或占星学的工作，甚至他们都不该只是出于附带的利益，而应把这些事当作他们政治活动的核心内容去做。更奇怪的事情已经发生了。事实上，人们很容易得出这样的结论：仅仅通过研究某一科学理论本身的内容，我们永远也不可能推算或预测出该科学理论会被用于何种政治用途，以及它会在政治上受到怎样的抵制。

让我们来特别考察一下2007年在肯塔基州的彼得斯堡开放的创造与地球历史博物馆（Museum of Creation and Earth History）吧。[12]它的展品主要受传统自然历史博物馆的启发，但是带有一丝歪曲的意味：它的目的是要巩固，或是重拾对世界万物（包括恐龙在内）起源的另一种解释，其表现方式多少与《创世记》的字面含义是一致的。它实际上是一个博物馆的仿制品，一个只是再现了博物馆的外观和感觉的机构，但对其展品的解释却没有真正的权威性。

博物馆的创始人肯·哈姆（Ken Ham）为"年轻地球创造论"辩护——这是一个严格版本的神创论学说，根据这一学说，《圣经》对创世的解释不只是寓言，而是确有其事，同时古生物学、宇宙学以及其他相关的科学在数百万年或数十亿年的范围内所解释的一切，不知为什么都必须被说成只存在了大约不超过六千年。[13]例如，神创论科学家们抓住了快速或"瞬间"石化这一现象，这种情况确实偶有发生，它让我们看到了史前生命形态的遗骸，这些生命石化得如此之快，以至于它们的皮肤、内脏得以被保存下来，与那些更常见的遗留物如骨骼或外壳一起。[14]除了上述可能性，还有在地层中偶然发现的化石，进化论者认为它们存在的时间比该物种的假定存在时间要早得多，所有这些使得悟性甚高的神创论科学家们发展出了另一套解释地球生命历史的说法，根据他们的说法，所有主流科学按照地质学的时间尺度解释的事情，实际上都能用更短暂的人类历史的尺度加以解释。

这里需要注意的是，他们的做法默认了这样一个前提，即统领科学研究长达几个世纪之久的那种推理和举证的方式不应被抛弃，科学的方法是值得尊重的。他们实际上承认了，如果你想让你的观点被当成是真的，你就必须把实证数据和有效推理结合起来，这样才能证明它们是真的。这些神创论科学家已经接受了由进化论者制定的游戏规则。他们已经同意在科学的主场玩游戏，所以发现他们的致命弱点也就没什么可大惊小怪的了。

神创论不仅在美国，而且在全世界许多其他国家也得到了越来越多的支持，这些国家与美国类似，在其公民生活中有着强烈的反自由主义和非理性主义倾向。东亚是个有趣的例外，在那里反感和大猩猩共有一个祖先的总人数比全世界任何地方都少。与此相比，土耳其是比美国还怀疑进化论的国家之一。几年前，一位极具魅力的邪教领袖——阿德南·奥克塔尔（Adnan Oktar），也叫哈伦·叶海雅（Harun Yahya），决定向达尔文发起挑战，并针对穆斯林听众有意识地改编了许多美国基督教福音派的观点和文本。这项工作比人们想象的容易得多，而且让人惊诧的是他的宣传册——上面带有挪亚方舟和其他标志性元素的俗气和幼稚的插图——与我们在肯塔基州的彼得斯堡可能看到的如出一辙。哈伦·叶海雅的杰作《创世论图谱》（*Atlas of Creation*）的第一卷出版于2006年（那一年我自己也莫名其妙收到了一本土耳其原版的赠阅本，寄到了我位于蒙特利尔的办公室）。[15] 理查德·道金斯在书评中饶有兴趣地指出，里面有一张据说是毛翅蝇的图片，它本来是用来证明进化论者把其实就生活在当下的物种误以为生活在远古时代的证据，但实际上它只是一张鱼饵的照片，是从网上的一些户外运动装备栏目中复制粘贴而来的，连鱼饵中露出的金属鱼钩都清晰可见。[16] 这张图片或许正是神创论运动的写照：低劣、仓促，依赖于其追随者对深入研究并不真正感兴趣的假设。

但人们自然会问，他们为什么要不辞辛劳地模拟学术文本和严肃的研究所，制作"地图"和"博物馆"呢？自现代科学时代开启以来，人们不是没有捍卫过其他的宗教信仰模式。早在17世纪，帕斯卡尔就已经对宗教信仰做过这样一种解释：正因为宗教信仰，借用理智的术语来说，是不合理的，才值得人们毫不保留地为之献身。更早地，在 3 世纪，基督教的护教论者德尔图良曾表示他之所以忠诚于他的宗教信仰，正是因为他认为宗教是荒谬的。他给我们留下了一句令人深感震撼的箴言："唯其荒谬，我才信仰（Credo quia absurdum）。"[17]到了 19 世纪，又有丹麦哲学家索伦·克尔凯郭尔提出了他对基督教信仰的看法，他认为这种信仰是毫无根据的，它的独特之处在于我们达成信仰靠的不是理智对知性的劝说，而是个人的意愿。对于这些思想家而言，拥护宗教，抵抗科学理智，靠的不是证明宗教并不荒谬，或宗教所捍卫的事实要比科学所捍卫的事实更站得住脚，而是通过拥抱宗教的荒谬性，以此证明它的深刻含义远非人类理智所能理解。对他们来说，证明信仰是理性的做法是弄巧成拙的，且不说这种论证本身是否有说服力。

我们不难看出，德尔图良和克尔凯郭尔对宗教信仰本质的反思远比肯·哈姆深刻。后者似乎理所应当地以为对基督教真理的认同取决于恐龙是否和人类生活在同一个时代这种问题。这多少像是一个人想用证明大脚怪是否存在的方法来证明上帝是否存在。上帝是不会留下成堆的头发或脚印的。在神学和哲学的历史进程中，把上帝和大脚怪当成类似的事物，从而对它们类似的有争议的存在进行同样的举证和推理，这只是对眼前的问题理解不足而已。

现在，认同基督教真理比认同上帝的存在要复杂得多，比如，对笛卡尔用本体论证明上帝存在的说法持批评态度的人指出：我们也许能证明某种一般意义上的超验存在，但却不清楚这如何能促使我们接受，比如，三位一体或《尼西亚信经》的真理的存在。笛卡尔用先验推理来探讨这个问题，而肯·哈姆则希望用化石之类的经验性事实来确立基督教的真理，后者的办法显然更无法胜任眼前的工作。笛卡尔至少能用先验推理向我们证明一个一般意义上的超验存在，而肯·哈姆只能向我们提供一些不堪一击的有关自然世界的经验性主张，不可能指望把这种主张当成超验信仰的根据。

怀疑论者和无神论者，比如理查德·道金斯和其他"新无神论运动"的成员（这一运动在特朗普时代已基本上分崩离析，因为我们社会的分歧似乎不再是虔诚的伪君子和冲锋在前、道德中庸的人道主义者之间的对立了）常常认为，信徒们太容易轻信那些带有明显矛盾或荒谬性的信仰体系了，比如，上帝既是一个人又是三个人。怀疑论者和无神论者没有认识到，不是**尽管**可能存在着这样的荒谬，而正是**因为**有了这样的荒谬，那些教义才会被视为值得人们忠实赞同的。正如我们在第一章已经讨论过的，如果一个宗教的核心教义没有神秘性，那么随着时间的推移，它所展示的那些完全可理解的事实就可能会变得不那么令人信服。正是因为这些神秘性，这些不可能被说成是真的，才使得信仰者回到它这儿，相信它，这种信仰同我们相信2+2=4，或是人类和大猩猩有共同的祖先，或是一撮头发一定属于大脚野人不一样，它对与这些说法有关的认同标准不感兴趣。

另类事实和替代事实

神秘性——或者借用德尔图良的说法，荒谬性——吸引宗教信众的方式当然可以用严谨的社会学术语解释清楚，且这种方式也不仅仅出现在狭义上的宗教社会活动中，也即对超验王国的本质提出看法的活动中。我把创造论博物馆看作博物馆的仿制品，另一种表述可以说它是一个"博物馆的替代品"，或是使用最新俗语，一个"另类博物馆"。这种叫法当然是为了突出它的非法性，2017年特朗普当时的发言人凯莉安妮·康韦（Kellyanne Conway）提出存在着"另类事实"之后这种说法被广泛使用，虽然使用它的人大都只是想要谴责或嘲笑这种说法。

替康韦说句公道话，另类事实确实存在，至少是在一个方面。正如撰写历史的人都知道的，过去包含着数不清的事件。事实上，时间上的每一个片段，世界上的每一个裂片，都包含数不清的事件。当我们书写历史时，当我们划分时代和叙述时，我们选择了一些我们认为与我们想要提供的叙述关系最密切的事实，而放弃了另一些事实。这些不被我们考虑的事实——它们的数量无穷无尽——在某种意义上就是"另类事实"：如果我们选择了它们，它们也会被包括在我们的叙述之内，而别人在叙述同一主题的历史时也许就是这么做的。或许人们也应该管这些其他的事实叫"储备的事实"。不管怎样，康韦关于这一点是没说错的，尽管在理解她的说法时人们很容易不留情面，因为她供职的政府已经习惯于推行那种在更绝对、更可鄙的意义上的另类事实，即根本不是事实的事实，他们所谓的另类事实完全就是谎言（关于这一点，我们会在第八章继续讨论）。[18]

肯·哈姆那五千年的恐龙化石，准确来说，也不是另类事实，而是**替代**事实。当人们拿出这样的事实时，他们究竟在做什么？在这个问题上，我们很难满足于哈里·法兰克福对"扯淡"所做的著名分析，[19]不管在技术还是哲学意义上。他认为"扯淡"与谎言不一样，因为说谎的人关心真相并掩盖它，而扯淡之人完全不关心真相，不会根据真相确定自己要说的话，而只是希望别人相信他。像肯·哈姆提出的那种另类科学言论确实是出于对真相的关心，而且也暗示着对于权威科学确实拥有某种垄断权的承认，承认权威科学解决问题的方式确实是另类科学做不到的。

根据这一解读，创造论博物馆想要表达的就不是恐龙和人类真的在地球上同时漫步，而仅仅是：我们，这些神创论者，反对你们对事物的解释，不管你们的解释是不是反映了实情，原因是在你们对我们进行解释时，没有把我们当作因共同的价值观团结在一起的社会群体。然而，由于没有充分理解这是价值观问题，而非事实问题——没有意识到神学历史中从德尔图良到克尔凯郭尔传承下来的宝贵遗产，没有意识到前人们已经深刻地对二者做了区分，并在解释信仰时大胆地摆脱了与其抗衡的事实证据的影响——像哈姆这样的人就只能尽其微薄之力，在连他们自己都不发自内心相信的事实的层面上做文章。这种行为，在类别上属于非理性；而扯淡，无论表面上和它多么相似，都只是道德上的犯禁，而非智识上的错误。成功的扯淡之人并没有做非理性的事，他只不过是用其所知达成所愿而已。与此相反，那位年轻地球创造论者则是非理性的，因为他并不完全理解他要做什么，要捍卫什么，因此从长远来看，他终究是要失败的。展望未来，他不可能成功，也不可能达成所愿。

如果我们无法把神创论捍卫者的问题归因为虚伪，或许再走远一点，去考察一个拒不承认现代科学共识的更极端的理论会更有帮助，这个理论就是地平说。由相信这个理论的人组成的社会运动，尽管已经持续了几十年（在1968年的一本书中，古典主义者G. E. R. 劳埃德曾经提到过亚里士多德，说他"不相信地平说"），[20] 自特朗普当选后却人数激增，这一点似乎值得我们注意。有人怀疑，事实上，在社会生活的众多领域，而不仅仅是狭义的政治竞技场里，赌注已经越来越高了，或者可能是所谓的"奥弗顿之窗"——这个理论解释了可接受的思想的界限如何随着时间的推移在社会中发生变化，它是由麦基诺公共政策中心（Mackinac Center for Public Policy）的创始人约瑟夫·P. 奥弗顿（Joseph P. Overton）在20世纪90年代中期发展起来的——开得越来越大了，其结果是在公共领域中可接受的思想的界限已经出现了巨大变化。[21]

地平说要比年轻地球创造论更为激进（且不提年老地球创造论或智慧设计论），部分原因在于它在世界现状问题上提出了人们认为可以通过直接观察来反驳的主张，而神创论只是提出了对当今世界如何产生的另一种可能的解释，并质疑了进化论者对过去的解释，而过去是我们不能直接观察到的。标准的地平说认为，举个例子，地球圆盘的最外边是一圈巨大的冰墙，在那之外有什么无人知晓。单单这一说法就足以表明，该理论可能对那些，这么说吧，无法真正掌控自己命运的人最有吸引力，他们可能被认为是"低意志"人群，类似于政治学家把一些选民描述为"低资讯"选民。相比之下，一个高意志个体，如果真的对地球圆盘被一圈冰墙围着的说法表示怀疑，就一定会筹集资金去探险，为的是看个究竟。毫无疑问，一个如此规模的阴谋，以及一个如此重要的关于宇宙的基本真相会让人愿意赌上身家性命，不惜深陷债务，抵押房产，就为弄个水落石出。满足于冰墙理论的人一般完全不会认为自己有责任去解决如此重要的问题。相信地平说的人一定认为，在别的什么地方，有别的什么人，会去做这件事，就像别的什么地方有某股力量已经用他们的邪恶阴谋绑架了我们。

尽管和神创论一样，地平说当然也追溯过去，但冰墙理论是关于世界现在是什么样的理论。它的观点之一是NASA（美国国家航空航天局）在外太空拍摄的地球照片都是骗人的，管理NASA和类似部门的人则都从属于一个全球性的骗局，他们的目的就是让公众永远处于无知之中。NASA是一个卑鄙的阴谋，它让地球表面是平的这样显而易见的常识遭到了否认，而违反直觉的地圆说却得到了认可——为了使这样的观点自圆其说，我们还必须承认开普勒、伽利略甚至是亚里士多德也都参与了这个阴谋，因为早在NASA出现以前，他们也都认为地球是圆的。这确实需要非常精心地策划，才能让这个阴谋历时如此之久，与此相比，另一个想让我们相信的阴谋——人类起源自另一个物种——也只是在19世纪才出现的。

但相信地平说的人关注的主要焦点是对当前的感官证据做出另类解释。神创论者倾向于认为进化论者真的只是搞错了，而不是骗子，与此不同，相信地平说的人认为地圆理论（可以这么说）连它最积极的推广者——也就是参与NASA骗局的为非作歹之徒们——都不是真的相信。不仅如此，大众之所以相信地圆说，也只是因为其精英推广者的操纵而已。在辩论中，地平说的理论家们常常快速地从理论细节——比如，冰墙，且不提行星轨道上的本轮（对于相信地平说的人而言，圆的行星是实际存在的，只不过地球不是它们中的一员罢了，地球甚至根本算不上行星）——转移到讨论该阴谋的社会和政治层面。实际上，人们可以感觉到，相信这一理论的实质内容——即地球是平的——不过是细枝末节的事，而这一运动的实质是一种抗议，反对由权威告诉我们应该相信什么。

费耶阿本德关于哥白尼从不讲科学的菲洛劳斯之处获得灵感的观点也可以推至牛顿，他的智力水平使得他在所有领域中，对《圣经》的命理学感兴趣。很可能，如果牛顿对《圣经》的命理学的好奇心不能得到满足，他也就不会取得公认有价值的发现了。同样地，至少存在着这样一种可能，即一位正处于某个重大突破的节骨眼上的年轻科学家之所以成功，是因为他在优兔网上看到了一个地平说的视频，顿时火冒三丈，觉得这个视频怎么会错得如此离谱，结果在愤怒之下却突然获得了灵感。但对这种可能性寄予太多希望似乎也是非理智的；相反，限制这种视频的数量才是看似理智的做法，当然，不是通过明令禁止，而是通过教育，培养在校学生的科学素养，从而使这类视频失去观众。

人们有理由认为，地平说的流行与其说是为突破带来了灵感，不如说是阻止了灵感的产生。这些很可能是还远未实现的突破，如果不是一些有潜质的年轻科学家在看了一段视频后被劝阻开始追求科学事业——这些视频让他相信权威科学就是精英人士和坏人的阴谋——那么这些突破在未来更远的地方**本来是可以**实现的。地平说的最大危险不在于它让易受影响的年轻人相信地球是平的，而在于它让年轻人从小就把世界想象成一个受黑暗势力控制、受躲在幕后的有实力之人控制，而不是受党派控制的世界，对这些党派，我们作为公民是有能力理解的，也是有权利施以影响的，就像人们希望的那样。地平说之所以是一个威胁，主要不是因为它错误地理解了物理世界，而是因为它歪曲了人类社会世界。

被灌输了这样一种理论的人，就不会把政治理解为经由一致认可的程序，在中立的公共空间中弥合不同，而是接受了另一种对政治的看法，认为它的模式就是打游击战，就是在完全的敌对双方之间展开的不对称的战斗。这样的教化正是地平说的特点，但它在其他类似的另类或反权威领域，如传统的整体疗法，甚至是神创论中却似乎并不存在这样的风险。例如，一个人对植物学的兴趣可能是从对本地的草药发生兴趣开始的；或者一个人一开始只是想了解另外的文化以及这些文化对世界的认识，然后从此便开始了解人类学和历史。当然了，这么做没有坏处，虽然这会让人们面临这样的风险，即失去那种高傲地以为自己的文化成就高人一等的自信，这种自信如今影响了科学教育的许多方面。

在参观创造论博物馆时，人们会发现他们对生命科学有着天然的兴趣，也许这看似不大可能，但也不是完全不可能。许多自然主义思想家拒绝接受所谓的达尔文"正统学说"。他们的结论也许看起来顽固和错误，但不一定是骗人的或是完全没有价值的。有趣的是，曾在哈佛大学动物博物馆工作过一段时间，发现过一种蝴蝶，并且用他的名字为这种蝴蝶命名的弗拉基米尔·纳博科夫，对达尔文主义极度蔑视，正如他蔑视心理分析一样。因此，他在回忆录《说吧，记忆》中写道，自然选择"无法解释模仿神态和模仿行为之间的奇迹般的巧合，当一种保护机制在模仿上的微妙、鲜活和奢华大大超出了捕食者的领悟力的程度时，人们也无法求助于'生存竞争'理论来加以解释"。[22]

可以肯定地说，纳博科夫的观点与肯·哈姆的不一样，而且由此也可以推断出，没有，也永远不会有一个相信地平说的纳博科夫：这位俄罗斯流亡作家在反达尔文主义方面扮演的角色与肯·哈姆在极端伪科学方面扮演的角色完全不是一回事。一个典型的神创论者，比如哈姆，想要说的是，没有自然之物，有的只是艺术，或更准确地讲，自然是某位备受敬仰的能工巧匠的艺术品。与此相反，纳博科夫想要说的是，艺术属于自然，我们自己的模仿活动并非例外，而不过是自然自古有之的一个表现而已。在此，我不会认同纳博科夫来为神创论提供合法性。或者至少，我不会把他的主张看作科学的主张。但如果我们把它看作通往普遍艺术理论的一个入口，纳博科夫或许有一定道理。浪漫主义，如我们在前一章所见，给我们留下了一个死胡同，它认为艺术是艺术家努力奋斗，想要创造出某种东西，某种独一无二的东西——这种东西只属于他，而他是生物中的稀有品种，艺术家的一员——的产物。被艺术家创造出的东西，也就是一直被人们认为与已知宇宙中任何东西都不一样的东西：艺术品！浪漫主义没有想到的是，艺术品可能是一种隐匿的物种，它不该只属于人类中的一小群人，甚至不该只属于人类整体。艺术品可能是自然繁荣的体现，而人只是生产它的媒介。纳博科夫在鞘翅目中观察到的自然模拟物不是绘画和雕塑作品，而是昆虫身体的制作过程。当然了，我们知道昆虫并不是真的创造了自己的身体，但就连最严谨的达尔文主义者好像也会说，蝴蝶喜欢用伪眼装饰它的翅膀，为的是吓跑捕食者，它干得太棒了！在我们看来，这样赞美昆虫，就好像它不是在展示自己，而是在展示它的作品。[23]

关于纳博科夫的讨论好像有点跑题了，但它也很重要，因为它有助于我们了解人们之所以拒绝对物种起源和它们的多样性本质做共识性的科学解释，其背后有着怎样丰富的动机和哲学理念。相比之下，地平说几乎不可能成为通往严肃宇宙论思考的大门，支撑地平说的哲学理念似乎也不可能有任何值得倾听之处。

我们现在在做的是对各种各样的伪科学进行临时分类，目的是理解它们的政治用途以及被采纳的语境。这种分类方案可以通过分析反疫苗运动变得更加充实。反疫苗运动，就其自身而言，它在社会上占据的地位似乎更接近地平说，而与人们对整体疗法或对质疑达尔文正统主义的兴趣不同。说疫苗导致自闭症，远比说地球是平的更可信，但是激发这两种立场的与其说是与论点有关的内容和理论根据，不如说是出于它们对精英权威的警惕。反对疫苗通常可能是出于对替代性药品的兴趣，而传统的或本地的医药，因为复杂和困难的原因在我们的文化里都被看作是"有替代性的"。但这种反对有着不同的政治意义，且在评估该理论本身时我们必须重视这种意义，而不是像费耶阿本德有时希望做的那样，简单地将权威科学与每一种处于边缘的或反权威的科学进行对立。

那么又该如何为反疫苗运动辩解呢？有什么办法可以让我们从人类学角度敏锐地洞察到它的追随者所面临的风险吗？当然了，我们可以首先指出，人们普遍不喜欢异质的生物液体被注入他们的血液里，这是说得通的：一般情况下，把这样的混合物请到自己的身体里是要冒着生病和死亡的危险的，所以我们的反感和躲避无疑是进化而来的生存机制，与其他的适应机制一样，它们本身是理性的。从这个方面看，恐惧疫苗，与害怕吃昆虫的蝙蝠或害怕黑夜里朝我们走来的陌生人是一样的。

1853年通过的《强制性疫苗接种法》（Compulsory Vaccination Act）遭到了许多英国工人阶级的强烈反对，如娜嘉·杜巴克（Nadja Durbach）所言，人们把对强制接种疫苗的抵制当作他们反对国家控制个人身体的一种政治形式。[24] 同时，我们知道，早在爱德华·詹纳在18世纪末的伟大创新之前，中国人至少在8个世纪前就已经接种天花了（有意引发的轻微感染），而且医学人类学有明确的证据表明，在全世界范围内，自古代起，在民间医学中就有类似的做法。所以到了现代，至少上溯到英格兰的维多利亚时期，人们对注射病原体的抵抗就不是，或不仅仅是，抵抗某种新的、未知的和明显"不自然"的东西，而且也是对自上而下的国家强制力的抵抗。它体现的是人们内心深处对权威的不信任，当政府无法使公众相信它的目的，像它说的那样，是"为了他们好"时，这种感觉就会更加强烈。如果政府的代理人大多都是骗子，那么也就难怪人们会把代表政府工作的医生看作庸医了。

这些思考对于当下的美国和它们对于19世纪的伦敦一样重要。2014年3月，当唐纳德·特朗普正忙着打造自己的政治巨魔形象时（他在2011年开启了这一阶段的事业，标志是他贡献了"奥巴马出生地质疑者"的阴谋论，否认巴拉克·奥巴马在美国本土出生），这位即将成为美国总统的人在推特上连连发文："健康的孩子去看医生，注射了大量的疫苗，感觉不出好，也感觉不到变化——这就是自闭症。这样的情况太多了！"[25]他的推特风格就像民间故事一样，而他的听众正是通过这种风格从他那里获取信息的。我们不知道这个孩子是谁，它是一个泛指的孩子，一个道德例证，它无须真的存在，而只是另类真相的媒介。

但是为什么特朗普选择在这个时间点——此时他因为奥巴马出生地质疑主义和其他更不加掩饰的政治阴谋论正在声名鹊起——把手伸向反疫苗的选民，表示他和那些因孩子自闭而烦恼不已的父母们有着共同的事业呢？和他一起这样做的还有詹妮·麦卡锡以及垃圾名人文化中的其他代言人，这些人除了关注这个相当狭隘的议题以外对政治似乎并没有什么特别的兴趣。这个复杂问题的部分答案是，疫苗接种和反疫苗接种，远比表面看起来更具政治性。用米歇尔·福柯的话说，这是生物政治的典型范例，在生物政治中，政策和权力与政治主体真实的、活生生的身体发生了冲突。

根据阿兰·费舍尔（Alain Fischer）——他在过去的三十年集中研究法国的反疫苗运动——的说法，这段时间医疗权威公信力的骤降有着近端和远端的原因。[26]医疗体系在防止卫生危机方面失败了太多次，包括1991年国家输血中心竟然在知情的情况下让感染了HIV的血液进入它的血库这一惊天大发现。同年，一个孩子因接受了生长激素的治疗，患上了克雅氏病。医疗体系偶尔出错是正常的，但如果出错的次数太多，它就失去了公众的信任。但是多少算"太多"，在很大程度上取决于大众媒体描述风险的方式，而在这个方面，如费舍尔所说，甚至连法国权威媒体如《世界报》也表现得一塌糊涂。此外，在过去的十年间，新的社交媒体也大大削弱了医疗体系的公信力，它邀请每个能上网的人用肆意的猜测为任何现有的疑虑添油加醋。

现代反疫苗运动的有些特点不分国家，不分语言；有些则带有更多的文化特色。正如费舍尔指出的，法国人长期以来一直担心，疫苗接种过程中使用铝是最有害的。许多国家都使用过铝这个元素，但是对它的不信任和有关它的毒副作用的说法却几乎只限于法国。与美国不同，尽管偶尔会发生血源感染危机，但法国的国家医疗体系还是值得信赖的，几乎没有哪个法国公民或居住者会因为缺钱而被拒之于医疗体系之外。与此相反，在2014年特朗普发推特时，美国人对医疗体系的信任却不得不部分受到如下事实的影响,即大众既感受不到它的服务,事实上也得不到它的服务。人们很难相信一个障碍林立的体系,且那些基本上只能别无选择地被拒之于医疗系统门外的公民,当被告知这个体系有一个负责疫苗接种的分支,而与之前形成鲜明对比地,这回他们只能别无选择地接受它时,他们也很难乖乖地服从。这种将大众普遍排斥在外的规则严重侵蚀了信任的纽带,以至于很难要求人们对这个规则的唯一一次例外抱有任何信任,而就连这种要求也是这个规则强制规定的。

疫苗接种的流行病学原理是群体免疫。个体之所以免于被病毒感染,不是因为他们自己接种了疫苗,而是因为他们周围大多数人都接种了疫苗。只要大多数人接种了疫苗,传染性病毒就会受到遏制,即使是少部分没有接种的人也不太可能被感染。因此,一个人自身是否接种疫苗不是决定他会不会发病的关键因素。一个人自己的健康不取决于个体的自由选择,而是依赖于群体的整体选择模式,或强迫模式。这种尴尬的处境,如果是处于一个由个人主义,或至少是某种微观社群主义——它拒绝承认生活在同一地理区域的邻居们即使长相不同、讲着不同的语言或有着不同的价值观也可以有共同的目标——来主导意识形态的社群,那么它就很难被接受。但是不管我们喜不喜欢,病毒都会打破社群界限,而且正因如此,传染病学才反映出了基于个体、单个家庭或单一种族——这些人都只关心自己的群体——的政治格局的局限性。但特朗普的竞选团队正是需要这种格局,才能说服足够多的选民,让他们相信他能保护他们的利益,而不是其他人的利益。即使2014年特朗普不临时跑去兜售反疫苗阴谋论,他的政治观点也会继续遵循与这个阴谋论相同的逻辑,这个逻辑拒绝承认群体免疫或与它对应的政治表达，即所有公民都有为了城邦福祉承担共同责任的义务。

费舍尔认为专家公信力的迅速下滑是过去几十年中反疫苗运动兴起的重要原因之一。他认为一些公共部门已经退回到"奇妙思维"状态，以此对抗科学机构的理性思维。汤姆·尼科尔斯（Tom Nichols）同样注意到，离我们最近的这个时代可以被描述成"专家理想的死亡"的时代，[27]正因如此，围绕着五花八门的话题而兴起的观点，它们之所以被编造出来并受到重视，是**因为**（而非尽管）它们无视和鄙视对这些话题所做的全方位的分析。尼科尔斯写道，这是"一次靠谷歌助力、以维基为基础、用博客来浸透的对所有界限的瓦解，它彻底摧毁了专业人士和外行、学生和教师、知者和怀疑者之间的界线——换言之，就是在某个领域有所成就的人与毫无建树的人之间的界线"。但即使是这样的表述听上去也没有充分深入问题内部。有一点倒是可以确定，莱布尼茨、伏尔泰和其他理性主义和启蒙运动的典范人物肯定会喜欢谷歌和维基的。

担心专家地位下滑是有一定道理的，但某些重要的历史教训也会让这一担心变得更复杂。有时专家公信力下降也是好事；进一步说，它有助于用理性思维替代奇妙思维。这一替代过程正是我们所谓"科学革命"的最简短的版本。在体制中占据着权威位置的专家维护的是官方的观点，比如，认为超距作用是由两个主体之间的"共振"产生的，而这一看法遭到了一些人的反驳，他们认为这些相互作用只是看似相隔一定距离，事实上是被一些只能在显微镜下观察到的粒子操控的。没出几十年——当然这期间还发生了许多细节——到了1686年，重力理论就在牛顿的《自然哲学的数学原理》中回归，重新确立了一种超距作用（正是由于这些原因，莱布尼茨直到1716年去世时都拒绝接受万有引力，认为它是神秘的超自然力量）。然而，在1640年仍有些人反对那些亚里士多德式的权威专家把持大学权力——不仅如此，这些专家还策划着建立自己的新机构，它们后来发展成了当时伟大的科学协会和学术机构——在大多数史学观点中，他们已经被视为历史英雄了。

因此，很明显，反权威不是问题，问题是在错误的时间、出于错误的理由反权威。但我们怎么能确信我们有能力对此加以区别呢？光是说科学本身是清楚的，并以其自身清楚的声音，而不是借人类代表的口舌向我们指示什么是对的和什么是错的，这是不够的。因为我们大多数人根本不懂科学。我们甚至没有读过一篇与科学相关的文献，即使我们想读，也读不懂，我们更没有亲手做过任何相关的科学实验。

不管我们喜不喜欢，我们是否接受官方关于传染的工作原理以及接种疫苗如何帮助预防传染，同时又不会导致诸如自闭症或铝中毒之类问题的解释，最终还是取决于信任，信任那些看起来值得信赖的人，我们之所以相信他们是因为我们相信了他们的说法，即他们自己做了相关的实验，理解相关的文献。反过来，这样的信任又是一种承诺，这种承诺之所以会受到威胁或变得脆弱不堪，与其说是因为出现了新的关于科学事实的实证证据，不如说是社会结构发生了变化。在这一方面，17世纪崛起的科学团体可能向我们展示出了它们与当今的互联网之间具有重要的相似之处——互联网宣传关于自闭症病因的另类理论，或把某种癌症与飞机飞过时留下的化学凝结尾（也就是飞机云）联系在一起。它们是否有相似之处——历史学家和科学社会学家可能会对这个问题感兴趣，我们也希望大众对此感兴趣——可能与各自的理论内容无关，也与这些理论最终是否正确无关。

对于当代的另类科学运动，例如反疫苗选民运动，不容乐观的是，尽管立场另类，它们却一直在夸大它们的支持者可能拥有的不怎么样的学历。它们夸大了自己机构的影响力，还总是把"博士"放在他们中的权威人士的名字后（甚至偶尔有"硕士"），在同样的情况下，那些在权威机构中踏踏实实工作的人却觉得这样做是不体面或没必要的。因此，权威机构终究还是具有相当的吸引力，而且由此人们已经察觉到，反权威立场主要是出于仇富心理，而不是真的希望另类运动凭借其拥有的真理的力量，能在不久后的某一天取代权威机构。无论我们对弗朗西斯·培根和笛卡尔有什么别的话想说，在他们想要铲平旧制度，在新制度中建立新探索体系的工作中是没有一丝的仇富心理的。他们相信他们能取代权威，而且他们是对的。他们与那些困惑的、与主流文化疏远的人不一样，这些人建立的网站把疫苗接种与自闭关联起来，或假定海洋的周围是冰墙，反对伪科学的非科学人士无须从事，甚至不必完全理解科学，也能看得出这两者之间的不同。

21 世纪的偏执风格

如果我们把地平理论在特朗普时代的兴起不仅仅看成是一个巧合，更看成是由于奥弗顿之窗的扩大而刮进的一大股冷风，我们就会发现它折射出美国公众生活向阴谋论的大转弯。在布什和奥巴马执政期间，媒体名人拉什·林博（Rush Limbaugh）和格林·贝克（Glenn Beck）成了解释政治现状的合适人选，他们的解释被视为是受沿海精英们青睐的主流自由媒体的替代品。网络广播主持人亚历克斯·琼斯（Alex Jones）（截至2018年8月，他在脸书、苹果和优兔上的媒体平台都被封禁，因为这些服务的企业管理者认为他的仇恨言论违反了他们的服务条例）则最像他们两人在特朗普时代的传承者。

与林博和贝克不同，琼斯不打算提供一套对现实合乎逻辑的另类解读，虽然他和他的追随者关于世界运行方式的预设与主流媒体的受众基于的是同样一套前提。与之相比，琼斯更想要做的是质疑我们对社会生活方式的许多最基本的假定，就像是地平说人士想挑战物质实存那样。比如，他曾经推广过一个精心策划的另类解释，把2012年在康涅狄格州纽顿市桑迪胡克小学发生的枪击案解释为"伪旗行动"，而在媒体上出现的受害人家属实际上只是收了钱的"危机演员"。这番煞费苦心的安排被解读成是为了拿走美国人手中的枪而找的借口。与那些地平说人士对NASA的看法很像，琼斯也假装世界上有一股势力，不仅十分邪恶，而且十分强大聪明，以至于可以让普通人相信几乎任何事。若想看到真相，人们唯一能做的就是投靠另一种解释，虽然这些"另类的"解释被社会大加鞭挞，上不了台面，但却极具吸引力，提供它们的人是自诩为局外人的人，如琼斯或地平说运动的代言人。

在试图理解网上所谓的"真理主义"——这个理论包罗万象，从9·11阴谋论，到像上面谈到的对桑迪胡克事件的解释，到地平说——时，我们陷入了两难境地：一方面，谨慎的历史学家担心我们忽视悠久历史遗产的连贯性，另一方面，我们也要诚实地面对互联网带来的激进变革。1964年总统大选中的共和党候选人巴里·戈德华特（Barry Goldwater）一直对UFO很感兴趣，到了20世纪70年代，他还开始敦促美国政府公开传说中关于UFO的机密文件。历史学家理查德·霍夫施塔特（Richard Hofstadter）1964年写了一篇具有开拓意义的文章，名为《美国政治中的偏执风格》（"The Paranoid Style in American Politics"）[29]，讨论的正是戈德华特和他的追随者。美国人无须互联网帮忙，就能让阴谋论成为国家政治辩论的主要内容。霍夫施塔特亲自追溯了这一"风格"的谱系，至少上溯到了19世纪早期。戈德华特等人已经为亚历克斯·琼斯这种人的成功准备了非常肥沃的土壤，如今，没有限制的互联网又用超强的交流能力让他们更加强大了。

对于神创论者而言，精英权威只是科学权威机构的成员，推广着他们自己的霸权主义世界观。对于相信地平说的人而言，精英权威是一个秘密的阴谋集团，他们可能是富豪银行家，也可能是负责喷洒化学凝结尾的人，他们的目的是控制全人类的大脑。尽管地平说本身并不仇外或反犹，但它确实使用了与这些意识形态相关的阴谋论中常见的修辞手段，所以我们偶尔会在某个人的世界观中发现这些意识形态与地平说交织在一起，这一点也不奇怪。传统神创论怀疑权威机构，对这些权威机构自称了解真相的说法表示质疑，但不曾假定这些机构有能力**隐瞒**真相。这两种另类社会运动之间的区别最终也许只是程度上的区别，但它清晰地追踪了随着特朗普崛起，政治生活中其他领域发生的变化：一个基于共同假设的公用空间几近消失，在这里我们本可以就不同的观点进行争论；我们本以为对手的观点虽然是错的，但不至于是邪恶的，这种观点现在也几近消失了。

如果我们认同费耶阿本德，那么大量涌现的被定位为科学替代品的另类理论，无论它们的内容是什么，都绝对不能算是好事。整体疗法、数字命理学、无产阶级遗传学、地平说、神创论科学，所有这些或多或少都是相互等同的，都想要替代科学理性的霸权主义。虽然费耶阿本德本人实际上希望消除非政治科学或非意识形态科学的神话，但他并没有完全意识到，这些另类理论被放到不同的政治语境中可能或多或少都是合适的。这不仅仅是百花齐放的事；还要注意什么花开在什么土里。我已经提到过，地平说之所以在最近一段时间迅速崛起，是因为它与一种更广泛的反自由主义的全球政治潮流以及对传统权威日益增长的怀疑（这种怀疑现在常转变为阴谋论）在科学上相关联。很难想象在一个健康的自由民主国家，地平说竟能成为科学理智霸权不可小觑的对手。我们不必求助于费耶阿本德所痛恨的那种简单化的理念，即认为一种科学理论相对于其他科学理论的优势就在于它更好地体现了世界实际构成的方式，来使自己确信地圆说不仅比地平说好，而且如果没有地平说作为它的竞争对手，它还会更好。地平说没有资格参与竞争，即使是作为不入流的选手。

那么地平说难道就一无是处吗？人类地球生活的现象学中有个重要事实，那就是我们感觉我们好像生活在苍穹之下，地面之上。就人类绝大部分历史而言，这不仅是人类经验的现象学，也是对我们在世界上之位置的民间宇宙学的标准阐释。马丁·海德格尔充分认识到了我们在世间位置的这一原始特征，他批评了笛卡尔的观点，后者把世界的空间性看成是先定的、显而易见的，而物体，甚至是我们自己的身体都只是被简单地放置在或插入这个先定的空间之中。1927年，在《存在与时间》中，这位哲学家观察到，"在最初给定，后来又被客观存在之物填满的可能位置上从来没有三维多重性，这种空间的维性仍被掩藏在手头事物的空间性中"。[30]他接下来用例子解释道："'上'就是在'天花板上'，'下'就是'在地板上'，'后'就是'在门上'。所有这些位置是在与日常联系的路径上被发现和被谨慎解释的，而不是用空间观察测量加以确认和分类的。"[31]海德格尔的语言是含混的，但他的观点是深邃的：我们认识我们自己、我们周遭，最终还有我们的星球时，一开始并没把它们置于一个先定的空间范围。相反，我们获得的空间概念，如"上"和"下"，都来自先于概念的深层经验。天在上，地在下，所以也难怪地平说在人类历史上会是宇宙的默认模式了。它足以满足高度发达的文明的需求，如能够进行高难度航海实践的古中国。即使不知道这个宇宙模式古老辉煌的过去，我们也有直接经验，对于人类而言，专家很难跟我们讲清楚我们的直接经验并不是我们以为的那样。

我们一次又一次地目睹了这样的困难，它们出现在被玛格丽特·沃特海姆（Margaret Wertheim）称为"局外人物理学"[32]的大量例证中，她针对这个题目所做的研究对我们很有启发。局外人物理学家们不想有人告诉他们，现实的基本组成部分是某种新的实体，这种实体是我们无法直接经验到的，而只能由专家们用复杂且昂贵的设备观测到。所以局外人物理学家们拒绝夸克和玻色子，而喜欢更熟悉的事物，如烟圈。就地平说而言，没有可供选择的实体可以让它的解释站得住脚，它仅仅就是抓住现象学不放，拒绝实证主义，甚至有些支持这一理论的类似实证证据的东西也一起被故意抹杀了。在这点上，地平说最终带有了一种与年轻地球创造论类似的古怪特征——二者都希望保存一种就存在论而言非常珍贵的东西，对年轻地球创造论来说是信仰，对地平说来说则是现象学——但是它又不够自知，无法理解这是一个存在主义的问题，而非世俗真相的问题。所以，老话重提，它同意在科学的主场作战，而此处的规则是实证主义和有效推论，因此它一开始就已注定失败，因为它还不了解规则就报名参赛了。

为什么一个局外人要参加这样的比赛呢？这样做是非理性的，这种非理性远比单纯地把错的理论当真具有更深层的含义。这种做法没有充分理解自己为之努力之事的本质，错把存在主义研究的问题当成了事实问题。此处之所以判定它为非理性，不是因为它与事实相左，而是因为它**拒绝承认**已知事实或是不为人知的事实，这是我们准备在第九章讨论的重要概念。

正如我们在本章看到的，历史上有一个根深蒂固的倾向，即当某些事实明显不受人们欢迎时，人们就拒不把真理定义为事实，而把真理定义为某种内在的、感觉上的东西。这一倾向具有很深的政治含义。乔治·W.布什政府经常被说成是开创了"后真相"时代。然而，这种道义上正确而经验上错误的说法早在布什之前就存在了，比如在俄语中，它就在区分两种真理的语义差异时发挥了作用——pravda，指原则上必须基于事实的真理；istina，指在某种程度上高于事实的真理。类似的对纯粹实证的超越能帮我们理解16世纪，人们对西班牙耶稣会的历史学家杰罗尼诺·罗曼·德·拉·伊格拉（Jerónimo Román de la Higuera）所编造的故事所做的反应。他就是那部所谓《虚构编年史》（*Falsos Cronicones*）的作者，这本书据说记载了基督教信仰在伊比利亚半岛的上古时代。当人们发现书中的一切都是他一手编造的，在基督诞生之初的几个世纪西班牙并不曾出现过任何殉道者或圣迹时，他也没被贬斥为骗子；

相反，他的编年史，虽然在实证上是虚假的，却被当成了一种揭示了更深刻真理的力量的象征。伊格拉——靠编造，靠写作，靠讲故事——成功地把基督教的历史追溯到了西班牙遥远的过去，这一成就真是比单纯地讲述事实更了不起呀。

尼采曾提出过一句很有名的话："重估所有价值。"在他的想象中，人们即将迎来一个新的时代，在这个时代人们不再对自己和对彼此说谎，而是勇敢地面对真相。但他的追随者们没有那么远大的抱负，也没有那么多的勇气——他们实际上就是群目光短浅的怯懦之徒——宁愿把尼采解读成一个预言家，说他预言了即将到来的不平等时代，在这个时代中只有最强者才能幸存或成功，它的根基是明确反自由和反平等的，而自由和平等正是启蒙哲学的两大核心理性原则。美国选民目前对特朗普的分歧主要在于这个总统究竟扮演着哪一种角色：是卑鄙的骗子，还是能够重估一切价值的非常之人。这与他是否在狭义的经验或事实上说了实话毫不相干。因此，令许多反对者感到沮丧的是，要想打败他，仅仅指出他说谎是无济于事的。他始终遵循的唯一一条原则就是我们在第一章提到的，逻辑学家所说的"爆炸原则"：一旦允许谎言进入你的论证，你就可以畅所欲言了。

从历史的角度看，早期的时代在表达事后观点时比我们当今时代显得更加细腻和深刻，尤其是那些忠于真理的事后观点，即使这些真理是基于非理智的，比如克尔凯郭尔式的信仰。与此相反，今天的事后非理性主义者编造浅薄至极的谎言，如恐龙和耶稣同时行走在地球之上，并假装相信这样的事，而我们知道他们不信，他们也知道我们知道他们不信。特朗普说了一件事，几个小时后就变卦了，但在其他场合，他却表现得好像与别人有着一样的真理观。这就是不断上涨的非理性，在近代历史中达到了前所未有的高度。

2004年，当有报道说布什政府中的一个成员嘲笑有人还生活在"以事实为根据的社会中"时，许多人感到恐慌。[33]但这一观点确实不无道理，因为它领会并利用了下面这两种努力之间的真正不同，一种是我们在努力打造一个最符合我们价值观的世界，另一种是我们在努力顺从世界本来的样子，因为事实需要我们这样做。政府官员创造的这种表述与历史上许多思想家的观点都是一致的，他们认为真相可以被人为意志左右。这当然是有争议的，而且我们已经争论了几千年。但它与相信地平说的人，亚历克斯·琼斯以及其他那些在他们的帮助下掌握了政治权力的人所兜售的肮脏的阴谋论相比，有着天壤之别。

第六章

神话，启蒙运动

光明更重要

2017年10月，《大西洋月刊》上的一篇文章把参议员约翰·麦凯恩（John McCain）和唐纳德·特朗普对共和党的期望进行了对比，"好好听听他的声音吧，"埃利奥特·A.柯恩（Eliot A. Cohen）写道，"这个人……在历经巨大的痛苦后，依然钟情于祖国的理想，而不仅仅是眷恋这片土地，并在临终之时，以美国人天生的乐观精神祝福祖国的未来。总之，光明更重要。"[1]在对比光和土地时，一个人不一定要考虑伏尔泰和赫尔德留下的两种不同遗产，启蒙运动和反启蒙运动——虽然柯恩脑子里很可能会出现他俩或与他俩类似的人物——以便让读者立刻明白他是什么意思。无论是否有可利用的价值，无论我们是否拒绝它，启蒙运动都是一个隐喻，在我们理解社会、历史和政治时，仍然有着巨大的影响力。

很难准确地说，启蒙运动到底是从何时、从何处正式开始的。这个词常被当作"18世纪"，或者说是"漫长的18世纪"的同义词。乔纳森·伊斯雷尔（Jonathan Israel）在一系列令人瞩目的历史著作中[3]试图表明，启蒙运动最"激进"的时期在17世纪中叶就已经开始了，这一点特别突出地体现在斯宾诺莎的著作中——斯宾诺莎于1677年去世，而他的《伦理学》于前一年出版。如果我们认为启蒙运动的核心任务就是利用个体的理智功能在他周遭的世界投下"光"，那么我们还可以把这项任务的起点再提前些。"理智的自然之光"一词早在 1628 年，就在笛卡尔的《指导心灵的规则》中出现了。

到了 18 世纪，人们对于理性能够解决人类一切问题的厚望——它代表了前一个世纪许多思想的特点——已开始显得不堪重负了。不管是在公开辩论中还是在个人的良知中，有一个事实都越来越难以掩盖，那就是现代欧洲取得的令人难以置信的成就不仅仅是创造性突破和个人辛勤劳动的成果，同时也是在世界其他地方掠夺资源和劳动力的结果。世界上其他地方的居民们往往被认为在大多数情况下都是在理智的临界值以下，靠着天性和本能生活。然而，很多时候，欧洲的殖民者都是依靠当地人的知识——比如，热带草药——才活下来的。

这种奇特的依赖性给 18 世纪带来了某种明显的矛盾。人们想象，理智在欧洲大陆取得的伟大胜利把现代欧洲塑造成了置身于一片非理智汪洋之中的岛屿：一方面，认定欧洲人所依赖的非欧洲人是非理智的；另一方面，潜伏在这种依赖关系之下的暴力和控制也是非理智的。也许最能体现这种矛盾的事件莫过于 1791 年至 1804 年间发生的海地革命了，它的革命领袖们，尤其是弗朗索瓦-多米尼克·杜桑·卢维图尔，显然把法国大革命推行的自由、平等和博爱的普世理想当作了自己的蓝本。[4]但结果表明，大革命之后的法国虽然大谈特谈这样的抽象原则，却仍然需要维护它对遥远的加勒比海域奴隶殖民地的统治权，这也就暴露了它号称自己拥有的普世理想具有的内在局限性。1791 年发生了一起平行事件，奥兰普·德古热在巴黎大都会中心发表了《女权和女公民权宣言》。她希望它能成为革命作家们在《世界人权宣言》中所阐述内容的自然延伸。但男人们认定《世界人权宣言》中的"人"只包括男人，认为德古热的作品只是拙劣的模仿，冒犯了他们。1793年，她被雅各宾派斩首。

海地革命者和巴黎女权主义者都想要弄清楚法国大革命者所坚持的主张有多大的普遍有效性。如今的社交媒体活动家可能会说，杜桑·卢维图尔向殖民地的当权者"呼吁"时使用了最巧妙的方式，他提出的要求正是这些人已经为自己提出的要求。与此同时，其他欧洲人纷纷揪住法国人自称是理智和启蒙的代言人的主张不放，通过质疑理智和启蒙是否真的是奠定人类生活的最佳原则的方式。当启蒙运动还没来得及确定自己的方向，使自己成为一个独树一帜的历史时刻时，它就已经受到了通常被叫作"反启蒙运动"的挑战。反启蒙运动常常与发起了狂飙突进运动和浪漫主义运动的德国思想家联系在一起，他们用各种各样的方式表明统领人类生活，包括人类的政治生活的压根就不是理智，而是感觉和激情。对于浪漫主义思想家而言，社会不是基于抽象的国家理念，把一群有共同理想的人聚集在一起的，而是基于社群理念，由情感上对此依赖的人组成的。

如引言中讨论过的，潘卡吉·米舍尔最近提出，事实上，反启蒙效应是从法语世界内部开始的，第一个大胆地反对自以为是的普遍主义的理性崇拜，并以此建立起自己学术地位的现代西方思想家，不是别人，正是让-雅克·卢梭，他与伏尔泰为东欧国家的最佳走向产生的剧烈分歧再清楚不过地向我们展示了这一点。伏尔泰靠着给俄罗斯帝国的凯瑟琳女皇做宠臣而富贵加身。在他的帮助下，俄罗斯成了启蒙运动的标杆，但是是以能想象到的最自上而下的方式做到的：通过君主的法令。凯瑟琳的成就，可能在卢梭看来，就是勒内·基拉尔（我们在第二章简单提到过他）后来所说的"挪用性模仿"（appropriative mimicry）。[5] 俄罗斯的启蒙运动基本上是形式上的，在一个经济基础仍然是农奴制的国家，它是一种在贵族中风行一时的进口潮流。但这并没有阻碍伏尔泰热情支持凯瑟琳的计划。事实上，他认为她应凭借暴力，不遗余力地进一步推广启蒙思想，他鼓励凯瑟琳"用枪口顶着波兰人和土耳其人，逼他们学习启蒙思想"。[6] 正相反，对于卢梭而言，他认为自上而下的方式完全是错误的，也是徒劳的。

伏尔泰为新自由主义者入侵伊拉克书写下了大致的原始文本，卢梭料到新自由主义者想要输出民主价值观的愚蠢企图会失败，而他们留下的烂摊子则会被圣战主义者接手。卢梭也料到了特朗普的出现，或至少是特朗普主义的出现：它主张美国只关心美国人，美国必须为了美国人再次强大起来。谁是对的呢？从宽广的历史视角来看，我们至少可以明白在这个问题上站队是没什么用的。伏尔泰的普遍主义，一旦被应用，总是会产生一个盲目和破坏力极强的霸主；卢梭以下犯上的反抗，如果有一天掌权，似乎也会走向黑暗，虽然它起步时并非如此。

德国反启蒙运动的重点正是17世纪理性主义哲学想方设法要铲除或压制的那种知识。想象如今又成了时尚，超越了抽象的理智。新的探索精神不再重视先验论，而是聚焦田野工作和文化研究；它最了不起的成就之一就是在19世纪由雅各布·格林和威廉·格林收集的民间故事，也就是我们今天知道的《格林童话》。他们兄弟俩是广泛的所谓"温和民族主义"运动的一部分：努力宣扬德国的伟大，彰显它独特的、无法消减的和与众不同的特点，而不是强行用某种外部的绝对理智标准对它进行衡量判断。这一模式——通过在制度上认可一个被认为是本民族自古就有的标志性的文化符号来培养民族自信——随后被整个欧洲效仿，且到了20世纪晚期，在非洲和亚洲去殖民化时期的国家建设项目中多少还能听到它的回声。

理智自古希腊起就作为一种理想而存在，但直到17世纪末它才变得具有侵略性——再次援引保罗·阿扎尔不经意间使用的说法。在这位法国历史学家看来，它掀起了"欧洲良心危机"（或"意识"危机，"良心"和"意识"在法语中是同一个词）。在阿扎尔看来，在1680年至1715年间，欧洲人开始一门心思地膜拜思维能力，认为"人只有仰仗着它，才不同于，并且远胜于野兽"。为此，阿扎尔认为，我们有如下的必要：

> 无限发展这种更高级的能力，不顾一切地挑战极限。它的特权就是建立清晰、真实的规则，以便得出不掺一丝模糊或虚假的结论。它的根本目的就是检验；它首当其冲要对付的就是神秘的、无法解释的、含混的事物，以便让它的光芒照耀世界。错误之所以遍布世界，是由于心灵具有欺骗的能力，权威不受制约而任意包庇，人们的轻信和懒惰助长了错误的传播，而且通过时间的力量，它不断被积累强化。[7]

作者写作的年代是20世纪30年代中期，在字里行间他难以掩盖他深知这种早期的乐观精神终将消失殆尽的清醒意识。尤其引人注意的是，那个时代普世主义衰退了，在政治上表现为从跨国主义和世俗主义过渡到愚钝的民族主义和宗教迫害。"他们是法国人、英国人、荷兰人、德国人，"阿扎尔写道，"一个被犹太社团鄙视的犹太人，斯宾诺莎，用他的天才支持了他们。他们是多么不一样呀！他们来自敌对的世界，最后却达成了共同的目标！"[8]

笛卡尔是激进的理性主义者之王，但是他的王者地位"不是绝对的，因为从来没有任何人能占据这样的精神领地，也因为即使在最空洞、最抽象的思想形式中，某些民族或种族的个性也会长久存续，不可能被根除"。[9]这证明了笛卡尔无法"战胜那部分英国的智慧，那部分意大利的智慧，而它们捍卫并维系了英国和意大利的特殊存在。但就思想家们在普遍层面的思考而言，笛卡尔则占据统治地位"。[10]阿扎尔并没有清楚地指出笛卡尔的哪些智慧足够普遍，以至于不会流露出他自己的法国特点，同时又可以传递给其他民族的思想家，而不会威胁到他们民族自身特殊思想的完整性。事实上，启蒙运动面临的一个最基本的挑战是，一个民族认为的普遍主义，在另一个民族看来则是外国人强加给他们的奇怪的行事方式。尤其是法国人，总是误把他们的传统当作普遍主义，而他们的邻居，在反启蒙运动中最直言不讳的德国思想家，却想方设法要揭穿这种所谓普遍主义的假面，指出它事实上只是法国的传统，因此就如阿扎尔所说的，与德国的"特殊存在"并不相融。

比较一下莱布尼茨和笛卡尔可以为我们带来启发，莱布尼茨对 novissima sinica（来自中国的最新消息）和来自世界其他地方的信息都非常感兴趣，而笛卡尔对除了欧洲以外的地方近乎缄口不语。[11]这位法国哲学家对人类的多样性不是特别感兴趣，因为他认为他自己阐述的人类模型具有普遍有效性。他忽视了人类社会中其他生活形式的特殊存在，这些存在在他于1650年去世后的两个世纪左右，将打着民族主义的旗帜，开始发出声音并受到保护。然而正是在18世纪，借用马可·福马罗利的书名，却出现了

"欧洲说法语"[12]的现象，也就是说，任何一个欧洲人在表达不仅只对本土或本民族有效的观点时都要使用法语。

对此，人们推测法语只是一个用于国际交流的中立工具。lingua franca（通用语）这个词指的仍是一种被许多国家通用的语言，它不是一种洋泾浜式的，或为了基本商业目的而使用的不完善的低级语言，而是一门成熟的语言，所有使用该语言的人都在努力完善，以参与繁荣的文化。形容词franca在此处的意思不是"法语"——虽然在新拉丁语中它通常就是指lingua francogallica（法语）——而是"Frankish"（法国式的），这个词对于一般的西欧人而言可以追溯到十字军时期。甚至在今天的土耳其，现代洗手间有时还被说成是a la franga。人种名称franc一词逐渐演变成了一个通用词汇，用来描写诚实的人——也就是"frank"（坦率的），直截了当说出真相的人。但对于反启蒙运动的德国人来说，法语就上述意义而言绝不是通用语，而且说真话也不是法国人的专属。有些人抗议道，普遍主义的特洛伊木马让只属于法国的特殊存在超越了国境。因此，1768年，J. G.赫尔德在一首名为《写给德国人》（"To the Germans"）的诗中劝告他的同胞们"吐出……塞纳河里肮脏的烂泥/说德语吧，啊，你们这些德国人"。[13]

激进的理智引发强烈的反应。赫尔德常被说成是"温和的民族主义分子"，他捍卫德国的感性，反对法国的理性，认为国家应该是社群价值之所在，是不可减损的文化独特性之所在，而启蒙运动对于一致性的要求和对社群的漠视，在他看来则是一道刺眼的盲光。而就在最近，我们看到奥巴马医改从华盛顿特区放射出这样的炫目之光，而茶党们则聚集成多愁善感的社群，满怀爱意地为彼此遮光。

骑在马上的世界灵魂

1806年10月14日，拿破仑的军队在耶拿战役中与普鲁士军交战。交战中，法军伤亡人数不到七千人，而普鲁士的伤亡人数则大约在三万八千人。[14]一天前，黑格尔目睹这位法国领袖骑马来到了他那古老的大学城。在写给弗里德里希·伊曼纽尔·尼特哈默尔（Friedrich Immanuel Niethammer）的信中这位哲学家流露出了他的感受："我见到了皇帝——这个世界的灵魂——骑马出城视察。"[15]这个单独的个体，黑格尔写道，"虽然当下集于一点之上，骑着马"，但"同时覆盖着整个世界并将其置于掌控之下"。[16]黑格尔所说的"世界灵魂"含义复杂，如果想要真正理解它，我们就会相当偏离当下的讨论。简单地讲，它的意思类似于对人类历史发展进程所做的哲学反思。它是客观存在的，但又不仅仅是那种我们为了理解历史而做的叙述。它涵盖了人类生活中感性和知性的两个王国。世界的历史就是展现这种精神的历史。说这种精神被具体化或集中在了一个个体身上，也就是说那个人凭借机遇或意志，客观上把世界的命运掌握在了自己的手中。

有人认为，世界的重量有时恰巧会落入某一个人手中，这种现象对于理解黑格尔对拿破仑的看法至关重要。最近，在讨论欧洲政治领导权时，这个问题又一次变得重要了。2017年10月，法国总统埃马纽埃尔·马克龙在接受德国杂志《明镜周刊》采访时，非常详细地阐释了他对于拿破仑·波拿巴所采取的立场。德国记者问他是否同意黑格尔的看法，认为个体，比如法国的皇帝，能够主导历史。马克龙认为黑格尔说的不是这个意思。"他并不喜欢拿破仑，"马克龙解释道，"因为他当然知道历史能够超越你。"[17]

黑格尔更相信一个人能够"成为时代精神的化身"，但是"这个人并不总是能清楚地意识到这一点"。[18]尽管如此，马克龙表明自己打算成为这样的人，而且是有意识地去这样做。"我认为只有当你有责任感时，才有可能推动事情的发展。这也正是我为自己树立的目标：努力鼓舞法国和法国人民去做更大的改变，争取进一步的发展。"[19]

几个月来，人们一直猜测这位新总统具有拿破仑式的野心，而没有什么能比接下来这件事更加证实他们的猜测了。他宣布一定要恢复的（也可能是黑格尔看到拿破仑想要提供的）正是那种"宏大叙事"，对此，上一代的后现代哲学家们——如让-弗朗索瓦·利奥塔——曾百般嘲弄，不屑一顾。1979年在《后现代状况》一书中，利奥塔甚至断言支撑着启蒙运动事业的宏大叙事本身就是非正义的，[20]这些叙事首先关心的是个人理性主体的解放，其次是展现宇宙精神的黑格尔历史观。马克龙反对利奥塔的观点。他是这样对《明镜周刊》讲的："我们需要发展某种政治英雄主义。我的意思不是说我想当英雄。但我们需要再一次肩负起创造宏大叙事的责任。也许可以这样说，后现代主义对我们的民主而言是最糟糕的。"[21]然而马克龙参照法国历史的自我定位是清晰的：他想要回到过去那个时刻，那时质疑尚未发生，法国文化的决定性特征尚未变成对所知和所能的界限极度的警觉。

要克服这种非理智就要继承启蒙运动的衣钵，重温拿破仑帝国主义的精神遗产，拒绝法国左派的许多善意，转而倡导以市场为驱动力的美国发展模式，这样的事实既令人迷醉，又错综复杂——如果从历史的角度看。人们无法清楚地看到这些元素本质上属于同类，而马克龙秉承着一种超越了左派和右派的、新的、言简意赅的、积极主动的政治理念来捍卫它们这一事实，在法国历史上很可能是一种非常独特的情形——即便，就像我们在本章接下来要看到的那样，在最近的时代，世界上有很多人都认为，维护一种所谓超越左派和右派的政治观点与维护理性是密不可分的。

马克龙呼吁的政治英雄主义，虽然高级得多，但与特朗普让美国重新强大的口号也并非截然不同。或者至少，如果我们发现自己一边被马克龙从拿破仑那儿学来的咒语所吸引，一边又反感到处流行的特朗普像尼禄式国王一样登基的表情包，我们或许应该反思一下，我们对两者的区分是否仅仅是品味上的差异，而不是在有根有据地表达我们的政治立场。特朗普已经表达了对法国军事阅兵的羡慕，并希望他也能以同样的方式举办几场自己的阅兵。[22]如今，我们距布什那个时代已经久矣，那时我们嘲笑法国人是"吃奶酪的投降派猴子"[23]，是不可救药的、无用的和平主义者，他们做过的事全都难以启齿，丢人现眼，就连吃奶酪也是其中一桩。

就马克龙而言，他找到了与特朗普进行文明有效的交流的方式。但是他们各自的政治英雄主义形式让我们想到了不同的神话。特朗普似乎不知道启蒙运动是什么，更别说想要重振其主要遗产了。很难想象他在后现代主义想要放弃宏大叙事是对是错这一问题上，会选择和谁站在一起，是站利奥塔还是站马克龙。特朗普几乎肯定不会把解放个人理性主体作为他自己的社会宏大叙事的一部分，因为美国社会中到了投票年龄的个人理性主体越多，就会有越多的选民知道让美国再次强大不是理智的诉求，而是神话的魅力。

自1806年起，德国哲学家很少把法国领袖看作世界精神的体现，也很少觉得——在感知之外的不可动摇的地缘政治层面上——法国人可以担当欧洲大陆未来发展的领路人。但是拿破仑本身在启蒙运动遗产中的地位——这是利奥塔有意识地摒弃的，也是特朗普没意识到他可以继承的——非常复杂。在今天的法国，拿破仑既没有被时时刻刻地怀念，也没有被始终如一地贬损。普遍的共识是拿破仑的过大野心导致了他的失败，而且法国也无权占领从伊比利亚到俄罗斯这一大片欧洲地区。

但关于拿破仑到底代表什么还有更微妙的问题，尤其是当他在海外扩张帝国，在国内加强极权的时候，他究竟是在继续追求法国大革命基于争取平等和自由的启蒙价值而提出的目标呢，还是在彻底背叛这些目标呢？拿破仑自己所说的话对我们解决这个问题帮助不大。据艾蒂安·杰弗莱·圣-提雷尔（Étienne Geoffroy Saint-Hilaire）——这位自然学家在1798年至1801年的埃及战役期间曾陪伴拿破仑左右——所言，这位军事领袖非常喜欢科学，而且认为既然艾萨克·牛顿已经发现了世界的普遍规律，那么有待科学来完成的重要工作就是描写这个无限的"细节世界"[24]。但自那次交往之后又过了几年，最让杰弗莱感到震惊的是拿破仑承认他选择了另一条人生道路，他现在是军事战略家，没时间思考任何伟大的想法了。

在战略层面上，很显然拿破仑的扩张始于确保法国在国内取得的革命成果免受边境地区威胁的需要。但当这种保护和巩固革命成果的努力竟要迫使法国军队把刚刚成立的共和国的缓冲区一直扩张到莫斯科和开罗时，就很难说得通了。这种扩张，即使能为它找到一个正当理由，也只能是哲学意义上的，而非战略意义上的：它肩负着人人平等自由的承诺，这种承诺跨越了单一共和国的边界，因为它们不是某一个国家的遗产，而是属于全人类的。但是当法国革命推进到耶拿时，许多当地人完全不知道它事实上是来输出这些价值观的。黑格尔欢迎拿破仑，但黑格尔本人并不是启蒙运动的简单捍卫者，如果我们把启蒙运动理解为集中涉及理性个体的解放。

权威的启蒙哲学家曾提出国家的合法功能应主要限于帮助个体获得解放，因此他们支持的有关国家权力的理论往往是维护某种自由民主的理论。与此形成对照的是黑格尔的理论，尤其是1820年他在《法哲学原理》中提出的：理性的是国家本身，而不是个体，且个体有义务服从国家。这个观点是所谓右翼黑格尔主义的核心，它将在拿破仑撤退后的复辟期在德国大行其道。[25]这条路径很容易被看作第三条路，不同于启蒙运动的普遍主义和赫尔德的社群主义。在过去的两个世纪中，那些被后者吸引的人，那些对社群感情深厚、对社群以外的世界则非常警惕的人，不止一次地把他们作为一个社群生存的希望寄托在一个强权国家上，寄托在一个人格化的看似强大的领袖身上，因为他承诺他会保护他们的社群利益。但这些做法几乎没有好下场，无论是对那些被承诺了得到保护的地方社群而言，还是对国际社会的和平而言，掠夺成性的领袖不是嘲笑就是否认它们的存在。

诗性历史

反启蒙运动的根源早在赫尔德之前就出现了。如我们在引言中所见，泽夫·斯汤奈尔认为詹巴蒂斯塔·维柯是反启蒙运动的早期先驱之一，如果说斯汤奈尔是正确的，那是因为事实上这位那不勒斯博学家在很早以前就认为——后来与这种观点联系在一起的还有很多名字，比如赫尔德，再比如19世纪晚期的人类学家弗朗茨·博厄斯（Franz Boas）[26]——个体文化在表达和界定自己在世界上的位置时，某种程度上是以过去的神话故事为参照的，这种做法既不愚蠢也不落后；相反，它们只是不同类型或在不同语域中的表达。

值得注意的是，维柯于1725年发表的《新科学》[27]，一部标志着历史作为一门学术性学科的早期兴起的里程碑式的著作，对神话——它常常被视为历史的对立面，被视为在民族起源问题上的某种对梦幻时分而非冷酷和有根据的事实的偏爱——持一种认同的态度。人们往往以为只有当我们停止编造神话时，作为一种知性探索的历史才会起步。古希腊的修昔底德、希罗多德、波里比阿（Polybius）都为这门学科的发展贡献颇多，但直到17世纪，历史学的基本内容仍是谱系学，即追溯家族的祖先，在一长串烦冗的家谱中追溯谁是谁的父亲，追溯到尽头就追溯到了《圣经》，最后像达到高潮一样，推导出了耶稣的诞生。大多数这样的谱系至少带有部分的神话色彩。我们之前介绍过的萨克索·格拉玛提库斯在12世纪就注意到，中世纪丹麦王室的官方家谱典型地记录了人与熊的联姻以及半熊半人的后代，在迷雾一般的过去的某个时候。[28]

维柯相信，并详细论证了，所有的非犹太人民族都是"巨人"的后代，"巨人"既指体型庞大健硕的人，也指根据拉丁语gigantes的希腊词源，字面含义为"从土地里生出来"的人。如果在维柯看来这是一种轻信，那么他本人也在他的专著中花很多的篇幅分析了这种轻信。他认同那些看起来相信奇谈怪论的人，因为他认为这些人只是在用诗意的语言表达自己，而且他认为这样的表达符合逻辑。维柯所说的巨人的"诗性形而上学"，事实上就是各种非基督教的，或许也可以更广泛地说，非文本的民族的传统信仰体系。

然而，重要的是，维柯认为原住民或"诗性民族"最初讲述的有关自身的故事，是直截了当、据实而言的"真实叙述"，因为"非犹太世界的祖先有着孩子般的单纯，他们天生诚实"，因此"最初的寓言不会捏造任何虚假的事情"。[29]但这些叙事后来成了比喻，因为"随着人类头脑的进步，人们发明了文字，用来指代抽象的形式或包括它们的物种或与它们的整体相关部分的属"。[30]于是，语言的去文学化进程开始了，最终导致了神话的诞生。因此对于维柯而言，我们并不是在人类的儿童期编织关于我们是谁、从哪里来的奇妙故事，而后来才学会真实、历史地叙事。正好相反，我们最开始是历史学家，后来才成为神话学家。

到了19世纪晚期，历史学上出现了一股突出的力量，一心想回到维柯所认为的原始状态。以利奥波德·冯·兰克为代表的实证主义史学学派，坚持认为所有历史写作的首要任务，简单地讲，就是一定要告诉我们，wie es eigentlich gewesen（事实是什么样的）。[31]兰克和他的追随者认为，任何其他目的都会使历史写作沦为编造神话。这当然是给历史学家定了一个无法实现的目标，单就他们挑选某些事实而非另一些事实来叙述这一点，就已不是在讲述事实是什么样的了。然而正是因为和过去有关的事实数不胜数，如在提到凯莉安妮·康韦时已经证实过的，历史学家别无选择，只能进行筛选。筛选的标准多种多样，而且常常包括想象力的运用或意识形态的压迫，但很难看出这些标准怎么可能只受制于事实本身。所以实证主义史学的梦想，在提出时就已经死亡了，尽管许多人还愿意继续相信它。

今天大多数职业历史学家都认为一个好的历史学家要培养所谓"历史的想象力"。这是一种在填写"事实是什么样的"时，还能填上一点儿"可能是什么样"，以及不可避免地填上一点儿"应该是什么样"的能力。不仅如此，正是这种思考如何把"事实是""可能是""应该是"融入历史写作中的能力，有助于塑造我们对当下现实和对未来可能性的认识。简而言之，今天的人们通常比兰克更能轻松地承认历史的任务与神话的任务并非截然不同，承认它们都出于相同的人类需要，满足了同样的自我认知欲，无论是个体的还是群体的。

无法否认的是，历史写作往往由于掺杂了"应该是什么样的"而显得太自由了，而在忠实于"究竟是怎样的"方面又显得太随意了，结果让人觉得解释遥远的过去只是一厢情愿的事。17世纪，一些圈子里的人们花了很多心思来解释古代所有的智慧都是统一的，以此表明所有伟大知性和精神传统实际上都有共同的源头。这种工作有时被叫作prisca theologia，或古代神学，它常把所有智慧的起源置于遥远的过去，放在那些半人半神的人物身上，比如古埃及智者赫尔墨斯·特利斯墨吉斯忒斯（Hermes Trismegistus），甚至放在更古老的，古埃及之神透特（Thoth）身上。[32]它的首要任务往往是要说明为何所有高级的或"文明的"民族可能都起源于近东，从而也知晓摩西和其他先知获得的神启。另一个重要任务是要说明所谓异教徒的学术传统，例如希腊哲学家的传统，一样从属于同一个统一的神启智慧传统，那些先知也在其中，因此几个世纪前被但丁放在地狱第一层的希腊哲学家们兴许是能获救的，因为他们毕竟不是对《圣经》中的人物所信奉的神启真理一无所知。例如，据猜测，柏拉图年轻时曾在西奈沙漠里失踪过一段时间，在那儿他得到了摩西的亲授，而摩西本人又是先知，早就知道耶稣即将降临。因此这样追溯下去，柏拉图也可能是基督徒。[33]

更极端的情况是，这种解释智慧的方法产生了很多版本，导致一些人——比如阿塔纳修斯·基歇尔（Athanasius Kircher）——提出，中国人原本起源于中东，他们的文字就是埃及象形文字的变体，[34] 而另一些人则提出美洲原住民是以色列的一个古老部族，很久以前走失了，而如今到了现代终于又被领回了羊圈里。[35] 根据上古神学，知识是一体的，人类是统一的，所有的历史都可以追溯到同一个源头。所有的智慧都是从同一个遥远的上古之源流淌出来的；真理只有一个，由所有人——包括基督徒、希腊的异教徒哲学家，甚至是中国人和美洲原住民——所共享。统一的动力是如此强大，以至于它在上古神学中产生出一种新颖的诗性历史，这种诗性历史作为一种重塑过去的方式，目的是要满足人类统一的新愿景。

小时候，不知何故，我真情实感地以为我外公是乔治·华盛顿的化身，觉得在他们两人之间存在着某种深层的同一性。我看着25美分硬币上这位美国第一任总统的头像轮廓，真心以为这个人就是我外公，尽管我同样心知肚明这个人是美国的缔造者，而且他生活的年代要比那个把我母亲养大、如今尚健在的人早很多很多年。这种活着的人和他们永恒的、原始的或超验的榜样之间同时存在的同一性和差异性，就是典型的神话思维，不知道为什么，我从小就不由自主地产生了这个念头，而与此同时那些对我负有责任的成年人，则尽他们所知，让我接受一种恰当的、非神话的历史教育。

　　家族史，即使不涉及这样的化身，也带有天然的神话特色。了解我们的曾曾祖父漂洋过海或越过边疆来到我们出生的地方定居的历史，不过是了解一些对于世界历史而言意义微乎其微的事，但当我们了解这一切时，我们仍不禁感到它们堪与《奥德赛》或亚瑟王的传奇，甚至是《圣经》相媲美，因为它赋予了我们当前的存在以意义和目的。正是这些故事塑造了我们，使我们成了现在的我们，使我们成了完整的人，尽管总的来说，它们也尽是谎言。每当我试图证实父亲讲述的那些我素未谋面的祖先们的故事是真的时，我都会发现他讲的故事和历史上的事件并没有什么关联。我们是被国王亲自从英国踢出来的宗教异端分子；我们也是历经种种磨难的富有勇气和智慧的移民；我们还是切罗基人，在曾经的某个地方。除了我们不是的，我们什么都是。这些故事之所以塑造了我们，让我们成为完整的人，并不是因为它们是真的。我们可以想象，如果拿一个孩子做一个残忍的实验，只把论证充分的事件准确无误地讲给他听，那么他很可能会表现出一些发育上的缺陷。传说之所以造就了我们，使我们成为完整的人，是因为它点燃了我们的幻想，让我们深深扎根于大部分是想象出来的历史中，从而可以用我们创造出来的关于我们是谁的观念，把自己投射到未来。

　　社会目前普遍存在的分工使得这种寓教于乐的神话制作的责任落到了每个家庭中。当我们离开家庭，进入更加宽广的社会里时，社会对我们也有相应的期待，至少如果我们尊重启蒙运动的话，那就是我们应抛开未经证实的传说，转而关注有记录的或能够被记录的事实。但是还有许多社会没有这样的分工，这些社会统一起来的方式更像我们想象中组建一个家庭的方式：通过故事统一在一起。这些社会之所以能团结起来，找到意义并确定行动和计划的方向，仰仗的就是久远的、没有任何记录的、神秘的过去。他们这么做，并不是放弃了解有关自己的历史真相的责任，而是因为对他们而言，神话作为理解身份问题的模式，要比超越家族的历史更受他们喜欢。

当欧美考古学家和美洲的某个土著部落，就该部落的起源或他们到达美洲某个特定地区的时间问题产生争议时——考古学家通常只会把最早的事件定在几千年前，而土著人则会把时间推得更久远，一直推到原始时期，那时动物尚能讲话，而我们现在知道的自然规则在那时都不适用——我们大多数人都倾向于认为我们应该尽可能尊重土著人给出的说法。而当我们这么做的时候，我们也并没觉得我们背离了启蒙运动，转而相信神话了。相反，我们觉得这样的尊重正是部分地继承了跨文化理解和宽容的原则，而这些原则反而正是启蒙运动的遗产。除非我们像一些投资土著事业的政治活动家有时做的那样，认为跨文化理解只要对土著人关于自身起源说法的字面意思表示表面的赞同就行了，[36]那才是违背了启蒙运动的遗产。事实上，这么做正是与肯·哈姆和其他神创论科学的支持者掉进了同一个陷阱里：把文化价值和信仰忠诚的可靠性——不管是自己的文化信仰还是应该给予尊重的他人的文化信仰——押在它们是否能为世俗经验问题提供答案上。

在特朗普的梦境中，在当今社会规则都不成立的上古时代，一切都是"伟大的"——这是个多功能形容词，对它的理解也多种多样。美国过去的所有辉煌想必都是在18世纪晚期的革命年代缔造的，对许多美国人而言，那个时代似乎太遥远了，与当下的现实已经没有什么实际关系了。我本人，在我成为17世纪哲学专家的过程中，了解到18世纪晚期——那个美国开国之父、革命和《美利坚合众国宪法》所处的年代——距我们现在并不那么遥远，基本上可以说18世纪末发生的事件就是最近的事件。但对许多美国人而言，在他们成长的社会里，公立学校制度没有尽到把学生培养成熟知历史的公民的责任，所以乔治·华盛顿的事迹很可能被认为和摩西的事迹是在同一个时代发生的。只要历史如此混乱，属于遥远年代的基本元素就很容易在另一个年代冒出来。因此纵观美国历史，曾有谣传说政治家和公众人物宣称《圣经》是用英语写的，或者英语之所以应该被用作美国官方语言是因为它"配得上耶稣"。[37]在这个国家，被华盛顿和杰斐逊认为是"古代的"和"现代的"之间的区别消失了，18世纪也可以是1世纪，启蒙运动的鼎盛期也可以被纳入古代。一旦出现这样的状况，人们就很容易认为美国的开国元勋们是虔诚的基督徒，而不是个人信仰上的自然神论者，公共事务上的世俗之人，正如人们认为他们生活在上古时代，与耶稣同时代一样。

这一切都十分富有诗意，正如我外公和乔治·华盛顿之间的同一性，又如维柯描写的巨人的诗性历史；试图用事实狂轰滥炸，以此来打败那些对此感到有诗意的人是无济于事的。我至今也没能彻底摆脱我从小在我外公和我国的开国元勋之间察觉到的同一性。他俩对我而言都来自无比遥远的原始年代，而25美分上的头像，在我看来和家庭相册里的照片也没什么区别。但我知道我不能把这事跟别人说（反正在此之前我一直都是这么做的），而这正是我与那些政治家的主要区别，他们相信英语是使徒用语，因此就把他们以为的说了出来；或者那些神创论者，他们相信居住在近东的古代人——当然了，他们也说英语——同恐龙一起行走在地球上，因此也把他们以为的讲了出来。

诗性历史是美好的。或者至少，当人类在世界上为自己定位时，它起到了重要作用，所以说它不好是没有意义的。它能陶冶情操，启迪思想，甚至成为理解的媒介。这正是1852年马修·阿诺德在创作诗歌《恩培多克勒斯在埃特纳火山》（"Empedocles on Etna"）时体会到的："他虚构寓言，说的却是实情。"[38] 很难解释我自己的诗性历史与一些政治家试图强加于整个社会的诗性历史究竟有什么区别。我关于外公的神话似乎仅仅是我个人成长过程中的一个私人的怪癖。但就像第二章描述过的搭乘飞机恐惧症和种族歧视的区别一样，可能我只是低估了一种潜在的可能性——一群人可以因为认为我们的开国之父是他们生物学上的，或形而上学上的祖先而组成一个社群。事实上，类似的想法在世界各地的准神话式的民间家谱中都非常普遍。如果我真的想的话，也许我能围绕着华盛顿是所有美国人的祖先这一理念发起一场运动，或许我还能让他和比他早出生一千多年的耶稣产生交集。我们可以把自己安插到美国政府机构中，让一些法官和公务员变成想入非非的疯子，他们会认为我们的想法应该被奉为法律，应该成为公共义务教育的一部分，如果我发起的运动致力于此的话。但当然了，这不会发生。我没有那样的冲动，不想把我私人的诗性历史，我梦中的想法，变成社会的集体神话，更不想进一步把它变成现代行政国家不可动摇的意识形态。

维柯代表了早期反启蒙思想的一种充满希望的趋势，因为他承认诗性历史的不可消除性和它帮助社群定位时起到的作用，同时也没有因此而否认他的"新科学"需要以有关过去的真正事实为根基。与单纯的反启蒙不同，彻底地抵制启蒙运动就像是一个法官把《圣经》当作他致力于在美国实行纯英语法律的依据，换言之，他想把诗性历史奉为国家的法律，而这个国家的法律体系自古以来就根植于对权利和自由的保护，而不是强制顺从。在某种程度上，他的愿望实现了，因为我们已经清楚地解释过阿多诺和霍克海姆曾提出过的警告，他们说启蒙运动正堕落成神话传说。这种堕落的危险只能进一步升级，因为"让美国再次伟大"成了最新的当务之急，而这几个字浓缩的正是诗性历史的精神。

启蒙运动再次变成了神话

近些年，捍卫理性对有些人而言，是和捍卫各种政治中间路线的活动混在一起的。有些人相信，人性就是永远在两个极端对立的毁灭性行动之间保持平衡，而只有中间路线才能让我们维持这种微妙的平衡。我们达到的其中一种平衡，就是在回顾过往的神话创作与对实际上几乎完全无法确定的未来设想出的光芒万丈的乌托邦式愿景之间的平衡。中间派说，我们最好的出路是尽我们所能找到一条短期前进路线。因此理性由于谨慎和谦卑被当作了典范。左派和右派中有许多人都反对中间路线，他们的看法正呼应了梅尔维尔在《骗子》中的这段至理名言。"你是中庸之人，邪恶之人最有用的仆人，"他对可能会掏钱的顾客这样说，那个人正为要不要买一瓶这位主人公的草药水而犹豫不决，"你这个中庸之人，可能被人利用做坏事，却无益于做好事。"[39]这句至理名言特别能用来说明当下的政治风气，长久以来，中间派都很难避免这样的指责，即像白痴一样为邪恶事业服务，他们坚持的中间路线根本站不住脚。然而重要的是，我们要记得，甚至在当下的气候中我们尤其要记得，那个骗子说那番话的目的是要实施诈骗，要利用同类与生俱来的内在冲动让对方相信做点什么总比什么都不做强，这样他就终于能卖出去一瓶无用的草药了。

　　然而从另一个方面看，选择什么都不做，维持现在的状态或现在的统治制度，就和参加血腥暴动推翻现政权一样，无疑也是在助纣为虐。在任何情况下，现状都是一种虚幻，在任何一个时间点上维护现状，与在后来的某个时刻维护它，很少能具有同样的道德和政治意义。在朱塞佩·托马西·迪·兰佩杜萨1958年的小说《豹》中，唐克雷迪·法尔科内里（Tancredi Falconeri）观察到的西西里贵族的没落正是基于这一洞见，"如果我们想让事情保持不变，它们就不得不改变"[40]。如果不明白这一点，坚持认为事情可以保持现状，丝毫不变，那就是在维护与现状不同的事，就是在维护现在的一种不可能存在的状态，这种状态以想象中的过去为基础，而随着时间不断后退，这个过去只会越来越像神话。

　　1994年发生在卢旺达的胡图族对图西族人的大屠杀就是非理性的爆发；同样非理性的是官僚体系的日常运作，比如臭名昭著的美国车辆管理局（DMV），它的工作人员可以在规则的保护伞下，在长久以来行事方式的掩护下，安心地实施轻微的虐待。当然，卢旺达的种族灭绝，或是任何间断出现的暴力行径，都是一个过程的高潮，这个过程一开始只是恐吓、威胁、对群体中的一部分人施压，这些行为或许都在官僚体制的约束范围内运作，甚至人们还以遵纪守法为荣——例如，反移民示威者力挺美国宪法第二修正案的方式就是公开携带自动武器靠近一个伊斯兰社区中心。[41] 即使从一定意义上说，遵守法律和违反法律是两个相反的动作，后者也会从前者演变而来。对热情的合法运用能导致混乱沸腾。捍卫宪法的爱国者，或是拥护言论自由的活动家——他们显而易见的目的就是赋予可能蔓延成暴力的白人至上者的游行以合法性——常常在继承自启蒙理性主义，并由启蒙理性主义授权的偏题的范围内继续活动。

事实上，没有几个人是启蒙理性主义纯粹的和始终如一的代表。许多人说要对敌人发动战争，但当他们被捕时，他们又往往求助于法律，要求程序正义，并期望有一套现成的承认法律面前人人平等的制度。挪威大屠杀的凶手，民族主义者安德斯·贝林·布雷维克（Anders Behring Breivik）在监狱里厚颜无耻地投诉当局，抱怨当局拒绝给他提供最新版本的任天堂游戏机。[42] 说到底这只是一个更加极端的例子，表明根本上的前后矛盾在起作用，每当极端分子躲在来之不易的公正公平背后，利用它们在法律和制度中的神圣而不可侵犯性而为所欲为时。暴力不仅可以通过爆炸性地拒绝理性来实施，还可以通过献身理性的方式，所以暴力生活也可能是理性生活。让我们能真切地感到这一点的是伊西多尔研究过的一种看起来既普通又理性的连词，比如拉丁语"ne"。他写道，所谓的"运用理性（ratio）就是指某人在行动时，心想'我怎样杀了他并因此（ne）不会被发现呢？是用毒药还是刀片？'"[43] 从严格意义上讲，一个人只要选择了合适的杀人武器，他就是理性的。

没有哪个原则或理想会纯粹到不受任何歪曲，这要取决于谁来捍卫它。比如，想一想米洛·扬诺普洛斯（Milo Yiannopoulos）在镁光灯下昙花一现的事业吧，他作为布莱特巴特新闻网站的科技编辑而成名，并且成了另类右翼的某个部门的标志性人物，结果在发表了一番有关猥亵儿童的言论后，眼见自己的公众支持率骤降。尽管和他在一起的各路大神身份各异，有反启蒙运动的民族主义者、白人至上者、反民主人士，还有父权的捍卫者，但他表面上的事业是直接从启蒙运动那里继承来的：言论自由。早在一代人之前，它就激发了由马里奥·萨维奥（Mario Savio）等人领导的伯克利学生运动，在他们看来，他们有理由振振有词地自诩为启蒙哲学家的直接传承人，因为他们的其他政治信仰包括种族和性别平等、反民族主义和国际大团结。[44]

在这个新的、发生了突变的极右集团中，扬诺普洛斯无论是出于有意的自我欺骗，还是真的只是缺乏自我认知，都不大可能是唯一一个认为自己是启蒙运动传人的人。扬诺普洛斯事件证明了曾经是古典自由主义基石的言论自由，如今作为理想已经堕落了，这为我们研究启蒙运动退化成神话提供了一个生动的案例。无论是在保有公信度的层面上，还是在个体层面上，对自我认知来说，言论自由都曾是一个至关重要的理想，而今却变成了恫吓和对抗其他群体的短棒。这一理想竟成了对自己的嘲讽，然而迄今为止，许多人都难以理解这一转变的全部内容和它的深度，正如人们普遍认为的，当抵制启蒙运动的力量在公共领域宣扬自己时，他们会通过宣布他们反对的东西来做到这一点。我们对他们的这种策略认识得还不够，他们为了自己的目的利用和改编启蒙运动的语言，并用这种语言强化他们的目的。

2017年8月12日，在弗吉尼亚州，夏洛茨维尔市举行了白人至上者集会，与会的许多人似乎真的不知道他们参加的是白人至上者集会，因为他们本以为这是争取"平等"的集会——更准确地讲，是要确保美国白人在政治形势中的平等地位，他们的地位受到了平权行动、政治正确和其他邪恶势力的威胁。当然了，也有一些与会者，如理查德·斯宾塞（Richard Spencer），明确提出要把美国变成白种人国家，还有许多人打出了纳粹的标志，在完全清楚这些标志是什么含义的情况下。[45]但到场的许多人默认的合理化解释是，他们实际上想让每个人都享有同样的基本社会福利，只是担心得不到属于自己的那一份。甚至连斯宾塞都不承认自己是白人至上者，而只是白人民族主义者，他实际上并没有要求白人得到的东西比有色人种为自己的社群合理争取的东西更多，正如他所解释的：他的"同一性"与他的政治对手们是一样的，不多也不少。

伪装成理性的合理化行为被塞进了当下正流行的由三个单词组成的抗议口号中："All lives matter"（所有命都是命）。表面上看，这是对启蒙运动的普遍主义和平等主义最纯粹的表达。而且它说得也对，但它的真实性本身不足以解释它最近在实际应用中的大多数情况。在这方面，可以回想一下我们在第一章广泛探讨过的古代对逻辑的许多批评，比如西塞罗的批评，其大意是即使是完全合理有效的逻辑论证，也仍有可能被用来在修辞中抢占先机，而且在逻辑学家诚实的论证和修辞学家骗人的把戏之间并不总有清晰的界限。目前讨论的这个三字口号所具有的公共力量往往使"黑命贵"（Black lives matter）这一更为特殊的诉求丧失了力量，使得美国黑人所遭受的不公正对待和压迫不再是这一诉求的主题。我们看到，这种修辞行为不仅仅发生在美国。在法国，天主教右派领导的反同性恋婚姻的运动，在过去几年里已经成了 La Manif pour tous，"为了所有人的运动"。[46]无论人们认为这一运动的政治目的是什么，pour tous（为了所有人）就是某种修辞的伎俩。它抄袭的是那句常见的短语 mariage pour tous，"为了所有人的婚姻"（也就是说同性的伴侣也能结婚），而且把它改成了一个意思不同的短语，这个意思若是让每个人都明确说出来，就是一个只有异性婚姻的社会——也是一个传统家庭结构得以保存的社会——才是一个**对所有人来说**更健康、更美好的社会。因此，pour tous（为了所有人）在 Manif pour tous（为了所有人的运动）与在 mariage pour tous（为了所有人的婚姻）里的作用是不一样的：在后一个表达中，它是基于普遍平等原则，要求属于同性恋的那部分平等权利；而在前一个表达中，它则坚决维护一种传统中的不平等，基于这样一个前提，即这种不平等对社会整体更好，且这种社会整体利益高于个人权利。

然而 Manif pour tous（为了所有人的运动）的组织者知道，把维护传统的不平等主义运动装扮成反映启蒙运动平等主义精神的表达是有用的。在美国和法国的事件中都有一个让人感到好奇的限定词"所有"，它让反启蒙运动的势力得以把自己伪装成自己的对手，正如神创论把自己伪装成科学一样，这个话题我们在第五章讨论过。在此，我们可能还是要问，他们究竟为什么要花心思把他们的运动伪装成这个样子？他们为什么愿意跑去对手的主场作战，让自己服从主队的规则，而他们在那里注定只能发挥出最弱的实力？

再回到美国，一个至关重要的时刻似乎出现在 2017 年一场围绕言论自由在社会中的地位展开的辩论中。在那年8月的夏洛茨维尔事件中，一个年轻的示威者驾车冲进了人群，导致一位妇女被杀，数人身受重伤，这一情形不由让人想起在伦敦、尼斯和柏林发生过的类似的伊斯兰教极端分子的袭击事件。特朗普对此做出的回应是谴责这起他认为是由"许多方面"引发的暴力事件，而没有像许多美国人都觉得处于他这一职位的人应该义不容辞地去做的那样：谴责新纳粹的挑衅行为。然而，许多其他美国人开始相信，极右和极左的暴力在道德水平上其实是相等的，发生在夏洛茨维尔的暴力事件就是这两个极端主义共同造成的结果。许多人认为，要不是左派——尤其是参加"黑命贵"运动的人——试图阻止那些参与团结右翼游行的示威者们行使他们由美国宪法第一修正案所赋予的权利的话，当时的情况就不会演变成暴力。就美国公民自由联盟（American Civil Liberties Union）而言，它想要确保美国的白人民族主义者能够行使他们的权利，结果激怒了许多其他团体和左派评论家。几十年前，许多美国人想当然地以为（部分原因在于在美国政治辩论中，"自由"和"左派"常被合而为一），没有什么比钱包里的美国公民自由联盟会员证能更明显地显示出一个人的左翼倾向了。这曾是一个在肥皂剧《全家福》以及美国20世纪70年代的其他文化标志中反复出现的笑料，但现在，美国公民自由联盟似乎一下子就属于另一个时代了。

什么变了呢？很可能是这件事变了：早在几代人以前，当美国公民自由联盟为美国纳粹的言论权利和集会权利辩护时，他们的这种支持及其背后的抽象自由原则可能基于这样一种前提，即无论纳粹鼓吹什么，它们在像美国这样成功的自由民主国家里都是行不通的。到了2017年，这个前提看起来不再合理了：我们理解中的"只是打打嘴炮"的言论和能够造成真正直接伤害的言论之间的界限变了。游行者的观点似乎博得了顶层官员的同情——尽管总统在遵守规则和谴责"仇恨"方面做出了微乎其微且最终也没有取得什么成效的努力——这种情况预示着真正的危险，即一次游行可能衍生出更多的游行，而这些游行很可能会迅速发展成有组织的民兵团体，或是大范围的扰乱治安的恐怖活动。与之前的布雷维克——此人觉得自己至少有那么一点儿认同政府监狱规章制度的理性体系——一样，一些活动家们既希望看到这样危险的发展状况，又觉得利用第一修正案所尊崇的政治哲学思想为自己辩护方便有效——这一哲学思想在20世纪60年代的学生运动中大受推崇，却也遭到了偏执的（但归根结底是善意的）亚奇·邦克（Archie Bunker）式工人们的嘲弄。

长久以来，许多人一直以为美国有一种政治上更实用、道德上更高尚的包容性，可以包容没有底线的政治言论。美国在法律上推崇，在现实中践行的一种方法显然不同于大多数西欧民主国家，尤其是法国和德国，在这些国家，表达对纳粹的同情，张贴支持纳粹的图片以及鼓吹否定犹太大屠杀的阴谋论从过去到现在一直都是非法的。

对此类禁令，一个合理的反对理由是，在任何国家都不能指望官员们懂符号学，也就是说要求他们有能力区分为了支持纳粹而使用卐字符和在一个虽然平庸，但"有挑衅意味的"艺术品中使用这个符号。在20世纪70年代，卐字符在美国和英国数量激增，使用它的不仅有新纳粹人士，还有那些不喜欢遵纪守法的摩托车手和小混混们，他们正在符号泛滥的文化中为自己寻找最炫的标志。[47]一个符号本身，就像小混混和摩托车手们以为的那样，没有什么意义，正因如此，禁止它是错误的。[48]而且，欧洲法律虽然常常以一种永远不会引起美国司法重视的方式限制言论自由，但在遏制右翼激进主义方面也常常发挥了有效的作用。目前，西欧民主国家似乎要比美国离坠入法西斯的悬崖更远些，哪怕只是远一点点，但这也很难证明，当下这种差异可以被解释成是欧洲对极端主义思想表达自由的限制与美国不同。更准确地讲，应该对这一差异负责的同样是为这些言论举行的最高一级的听证会：这个国家的最高权力机构把极端主义者的思想合法化了，那么随之而来的结果就是侵害了那些过去至少在我们看来，已经使这些思想处于社会边缘的规则。

符号的意义变了，正如卐字符从纳粹德国迁徙到20世纪70年代英国和美国的反主流文化圈时那样——它没有了极右分子的本质特质，而更常与左派联系在一起——然后它又从反主流文化圈离开，进入了另类右翼的网站，并最终导致了特朗普的当选。极具讽刺意味的是，当另类右派那些杀伤力极强且通常令人眼花缭乱的表情包大量涌现时，许多人得出的结论是，另类右派不是真实地、直接地宣扬纳粹主义，而只是以某种方式拿它"闹着玩"。据说，他们对希特勒的爱就像是20世纪80年代的重金属摇滚乐对撒旦的爱。[49]安德鲁·安格林（Andrew Anglin）是公开的新纳粹网站"每日冲锋"（*The Daily Stormer*）的创始人，他坚称他的许多灵感都来自像掴客网（Gawker）那样无聊的、充满流言蜚语的网站，这些网站偏爱的交流模式不是憎恨，而只是"讽刺"——也就是一些纯粹闲聊式的和开玩笑式的漫骂。白人民族主义者和反犹太主义者，播客节目《每日浩劫》（*Daily Shoah*）的主持人迈克·佩诺维奇（Mike Peinovich），承认《宋飞正传》

（Seinfeld）是在他的成长早期给他带来过影响的影视作品之一：这部划时代的情景喜剧"没有任何内容"，而且从严格意义上讲，它描写的是在一个不辨是非的世界里，每个人为了自己的利益，追求无意义的消遣——在这个世界中，没有道德教训可以吸取，也没有一集是以拥抱和和解收场的——它为下一代人提供了一个利用社交媒体"忽悠人"的模板。但是反过来，忽悠又被包括安格林和佩诺维奇在内的一些人用来进行老一套的蛊惑人心。

随着时间的流逝，一些必要的历史视角——比如明摆着的事实是，三K党最开始也把它那荒唐的帽子和它关于"巫师"和"龙"的说法解释为某种意义上的玩笑[50]——让最初的判断似乎成了天真的一厢情愿。但卐字符本身并不是一个固定不动的、不会随时代而改变的参考点。当卐字符出现在青蛙佩佩（Pepe the Frog）表情包的臂章上时，它已经历了明显的语境和使命上的变化。20世纪30年代的纳粹肯定不会理解这个表情包的意义，也不会认为创作这个表情包的人和自己有同样的想法。再次强调，这个符号在使用语境上所经历的一个最显著的变化是，它的精神是从几十年前反文化的嬉笑打骂中借来的，那是一种往往和左派联系得更密切的活动。当那些与此相关的人严肃地、不嬉笑打骂地为嬉笑打骂辩护时，他们通常的、普遍的做法就把这种辩护诉诸言论自由的不可侵犯性——在过去的几十年里，言论自由同样最常与左派联系在一起，它甚至曾是20世纪60年代许多学生运动的战斗口号。

到了2016年末，公众们普遍认为"另类右派"是一个糟糕的委婉语，而且认为对于那些参加了这类运动的人，最好如其所是地称呼他们为"新纳粹"或"白人至上者"。这个名称确实反映出一种新的文化现象，与它一同出现的还有没少为特朗普当选出力的表情包大战。新一代的极右分子以他们高雅的反讽，堪比光速的创新速度，以及似乎只致力于惊吓中产资级的决心为自己赢得了"另类"的标签。这曾是与左派紧密相连的精神特质，而通过声称自己具有"另类"的特质，新极右派有效地把自己放在了反主流文化排头兵的位置上，尽管在它的情感内涵所属的文化遗产中仍然摆放着左派祖先的圣像。青蛙佩佩的诞生更多要归功于艾比·霍夫曼（Abbie Hoffman），而不是威廉·F. 巴克利（William F. Buckley）；从某些方面看，特朗普更像是威维·格雷（Wavy Gray），而不是理查德·尼克松或是罗纳德·里根。共和党现在就是一群逆时间而行的人，在进行颠三倒四的达达主义-情景主义的特技表演。安吉拉·纳格尔（Angela Nagel）敏锐地写道："如果说如今网络上新右翼的情绪更像是以前的老右派，不值得关注，也无须区别对待，那就错了……它更像1968年左派的口号'禁止实行禁止！'，而不像大多数人认为的那样，属于任何一个传统的右派。"[51]

目前，我们可能正在亲眼看见美国民主的全面坍塌，虽然它存在着种种缺陷和未兑现的承诺，但它那来之不易的根本大法经过了那样漫长的深思熟虑，无论好坏，都让美国象征性地成了国际自由民主秩序的支柱。然而，一种无耻的煽动性做法已经准备取代老牌民主，参与者们把这种做法视为表达普遍民意的方式，并不认为自己是美国传统政治的敌人，正相反，他们要重新振兴他们认为已经失去或是已经退化了的伟大传统。这一复兴运动已经背离了产生它的国家的悠久政治传统，因为它把非理性奉为它的动力和方法。这个运动洋洋自得地反对事实和论证，偏爱感情和强烈的群体认同，对于可能挑起的争斗也跃跃欲试：一言以蔽之，就是非理性的。

但右派也没有独占非理智。就在20世纪60年代，忙着借助性、毒品和摇滚三件套让自己沉浸在非理性里的还是左派，而当时的保守派主要是这群嬉皮士的父母那样的人，他们把令人窒息的规则强加在年轻一代身上。大多数人都赞同，如果冷静地想一想，这些规则基本上是合情合理的，但解放的精神就是拒绝冷静和审慎的判断，转而追求极端状态和强烈体验，无论它们远期的影响会是怎样。规则已经被打破，而且自21世纪以来被打破得更为彻底了。今天，任意妄为、卖弄噱头的常常是右派，而左派总是鼓励谨小慎微地行事，而且认为道德的前景靠的是上行下效。从选举制度到校园约会的知情同意规则，左派极其冷静清醒，而右派却像是纵酒之人。2016年在特朗普的集会上，我们看到了宗教人类学家所说的"欢腾"现象，与此同时希拉里的支持者们却在为自己的冷静感到自豪。民主党努力争取保持现状，而推动着共和党的情绪则差不多是要摧毁一切，看看什么会从废墟中冒出来。另类右派的网络巨魔大军是特朗普竞选成功的决定性力量，他们在精神上与爆炸式狂欢喧闹的伍德斯托克音乐节更有共鸣，而不是与老一辈的年轻共和党人协会。伍德斯托克音乐节是非理性的大爆发，纽伦堡集会也是如此。非理性本身，既非左也非右，既不好也不坏。

为什么要民主

在本书不断展开的过程中，在大多数情况下，我们都把民主默认为最理性的政治体制，认为民主社会在宏观上相当于微观上具有正确思维的理性个人。但对这样的观点，我们应该拿出论据，而不仅仅是想当然。近几年，政治学家已经在认真地考虑是否有可能存在着其他更加理性的体制可供我们尝试，而在没有实证数据来衡量民主与其他选择相比究竟表现如何的情况下，就先验地信奉民主的优越性，这是完全站不住的。一种备受关注的选择是抽签民主，在这种民主中，有能力的公民被随机挑选出来在政府任职，就像选某人参加陪审团一样。[52]在这样的安排中，政治人物出现权力腐败的倾向会大大减弱。反过来，对于他们可能无法胜任的担心，好像在当今这个时代也没什么意义：在无知之幕的背后，许多人觉得随机选一个美国公民做总统是符合理性的，因为通过选举而非抽签来发挥作用的制度已被证明存在着重大纰漏，它甚至把像特朗普这样一个认知有局限、道德有问题的人推选出来执掌了权力。在道德和认知这两方面，特朗普都严重低于平均水平，这说明选举制度有着和抽签制度同样的风险，却没有抽签制度的优势。

杰森·布伦南（Jason Brennan）在《反民主》[53]中提出了一个令人信服的观点，他认为目前绝大多数的美国选民要么是"霍比特人"，要么是"小流氓"——也就是说，他们要么"一无所知"，要么就是在意识形态上，出于自己也不理解的原因，对任何事都要站队，而且根本无法用准确的话语说出相反的观点，遑论对支持相反观点的论据进行评价了。在布伦南看来，美国人太无知了，以至于无法被委以投票的责任。他青睐的替代方案不是抽签民主，而是"贤人政治"，它采取的机制可以确保只有具备一定政治素养的人，也就是有能力对论据、统计数据和其他社会科学数据进行评估的人才能投票。

布伦南想到了他的观点可能遇到的几乎所有反对意见，并先发制人地对它们进行了驳斥。他的论据有时是令人信服的，但他似乎拿不出一个合理的解释，来证明在过渡到这个体系的实际过程中，如何确保当权者的利益不会进一步增加，不会通过进一步剥夺公民的选举权来以权谋私，而这些丧失权利的公民本身就已经被边缘化和远离政治程序了。已被记录在案的大量智商测试表明，这些人常常认为自己在社会上属于不聪明、认知能力差的类型，但这和他们本身的能力无关，当然也和他们自由选择的社会身份无关，只和妨碍他们获得某种文化资源的经济和社会障碍有关，而被当作聪明人的人所得到的正是这种文化资源。

单纯的可行性问题并非唯一一个可用来反驳布伦南的有说服力的理由。不光是因为贤人政治的政府行不通，还因为如果我们放弃从启蒙运动继承下来的思想，即每个人都有不可被剥夺的权利，可以免遭控制，可以参与他或她的政府工作，那么我们放弃的就太多了。这种权利，在许多人看来，就是"trumps"（王牌），是这个单音节词早期较单纯的含义，即这种权利**不能**像在股票市场上那样，被用来做交易，以期得到更有用的东西。当考虑到在我们的社会中，判断优秀或成就的标准一直在变来变去，而这种标准就是决定一个人是否有资格加入贤人政治精英集团的根据时，对这种交易的警惕就显得尤其引人注目。当今，我们已经有了某种未经选举，也没有代表性的贤人政治，可它几乎完全是由一群道德和知性水平相当于七年级学生的成年人组成的，即技术产业贵族，这一精英阶层似乎有权力在现行的法律和公共制度中横行，或无视它们的存在，只为实现自己的目的。他们让许多人，包括许多政治家（他们在2018年年初目睹了马克·扎克伯格出席参议院听证会）相信他们懂得够多，责任心够强，以至于有能力承担大部分曾经在很多人看来最好交由民主程序履行的责任。

赫尔曼·梅尔维尔早在1875年就发出过警告：如果一个国家里所有的狼都被杀了，狐狸就会大量繁殖。到了19世纪中期，移居美国的欧洲人不再生活在恐惧之中了，但又有了一个新的让他们从生到死都害怕的事：害怕上当受骗。骗他们的有炙诈之人、假行家、嘉年华小丑、皮条客、卡法贝魔术师和骗子，这些人的数量在这片土地上激增。梅尔维尔笔下那个在密西西比河汽船上的变化多端的骗子看上去很聪明，他的各种形象好像都适合成为那个年代贤人政治中的优秀候选人。他们看起来值得信任。但他们的账簿上印着黑速煤炭公司或塞米诺尔寡妇和孤儿收容所的字样，这些名称可能是真的也可能是假的，它们正预示着一种慈善事业和自我服务的野心的奇怪混合体，这些品质我们已然知晓会在最近的美国资本主义时代出现在那些脱颖而出的顶尖人物身上。如果我们认为我们能合理地把"智力"和贤人政治的优点，与塑造了美国历史，并一次又一次地把出人头地与"聪明"混为一谈的一般意义上的"大人物"人类学区别开来，那我们就太天真了。

只有在"对情况有了充分了解"的情况下才能搞政治，这种幻想已是老生常谈。对莱布尼茨而言，如我们之前已经注意到的，专业知识的核心不是一群精英，而是机器，或至少是规范的程序，它们既可能被写在纸上，也可能由某种处理数据的机器具现化。在布伦南看来，还是人在起作用，但可能也需要比莱布尼茨想象的强大得多的机器来辅助。莱布尼茨的观点之所以行不通，首先是因为即使是政治知识完备的人也不可能总是基于他们的知识来做选择，他们可能会拒绝机器给他们提供的结果；其次，无知之人的激情和幻觉会使政治问题不断地复杂化，无论他们所处的政治体制是那种即使他们无知也允许他们投票的体制，还是那种剥夺了他们权利的体制。无知之人随时都可能来捣乱。

在布伦南展望的未来里，大多数没有投票权的人会去看体育比赛，或去苹果蜂（Applebee's）就餐，以此消磨时间。但无论政治如何安排，大众可做之事或已经做过的事情，似乎都远不止于此。即便形势好的时候，人们参与政治的需求可能会降低，即便我们可能会期待一个运行良好的贤人政制能确保每一件事都或多或少地令人满意，未来也仍然会因为人类无法控制的因素而捉摸不定，以至于我们无法期待那些非政治贤人会心满意足地待在苹果蜂的包间里，永远地流连忘返。

由于在如何使用互联网的问题上没有经过民主协商，互联网的兴起造成了灾难性后果，而这恰恰说明对于以理性方式来设定社会秩序，以便让大多数人实现利益最大化来说，民主协商仍然是最大希望所在。互联网是由那些自诩专家的人释放出来的，他们在技术上虽然很在行，但没有能力理解他们做的事会产生怎样的社会影响。他们中的许多人认为自己已经是某种意义上的贤人了，有足够的资格接手民主失败后留下的烂摊子。但这些工程师已经证明了，在为打造社会秩序而制定良好决策方面，他们的能力跟那些给特朗普投票的苹果蜂的常客比，也没好到哪儿去。重建普遍民主参与的理想（即使只是作为一个理想），以及重建严格的公民教育，仍是我们的最大希望所在，这样才能抵制——实际是扭转——"真正的美国"这种狭隘的民粹主义和从硅谷崛起的技术专家治国论的反启蒙新势力。

第七章

互联网，人兽

蜗牛的骚动

古老的世界里也有狐狸。早在互联网成为技术现实以前，它们就已经开始向人们兜售关于互联网的梦想了。1850年，在巴黎，一位法学专业出身的年轻人，也是制宪会议的激进候选人，名叫朱尔·阿利克斯（Jules Allix），在《新闻报》的副刊上发表了一篇短文，描述了一种新发明。[1]他声称，自己并不是发明家，只是在代表他的合伙人，蒙彼利埃附近埃罗省的雅克·图桑·贝诺伊特（Jacques Toussaint Benoît）先生，以及一位只知道名字叫"美国人比亚特-克雷蒂安先生"（Monsieur Biat-Chrétien, the American，后来简称为"比亚特"）的男人。这个发明是一种"蜗牛交感罗盘"，它能促成"全世界范围内的同步思想交流，不受距离限制"。

阿利克斯在文中遮遮掩掩，故意拖延，花了大量时间告诉我们这个机器究竟能干什么。他先是铺陈了很多有关磁力的神学观点。他说，那些巴黎圣母院里的尊贵人士不会把这种自然力量当成是诡计或幻象，而会把它视为上帝无比神秘的创造力，当新金属被接二连三地发现时，它彰显了神永恒的智慧和力量。如果我们愿意承认重力，为什么不承认其他的力量呢？比如说，为什么就不能承认"电流的-磁铁的-矿物质的-动物的-亚当的交感"能操控蜗牛交感罗盘呢？文章最后告诉我们，这个罗盘与电报不同，它没有导电的电线，只有两个不相连的、可以携带的仪器，包括一个伏打电堆和一个有一圈内衬硫酸铜金属槽的木质的或金属质的轮子。而且，在每个金属槽里都有一只蜗牛。

　　一只蜗牛？阿利克斯在无关紧要的地方着墨过多，而在关键的地方却一笔带过。他逐一回顾了最近已经在科学界过时了的成就——慕尼黑的施泰因海尔（Steinheil）以及比萨的马泰乌奇（Matteucci）在电报方面取得的进展——而且一上来就使用了许多科学术语，就像《星际迷航》中的苏鲁舰长在解释超光速推进装置（hyperdrive）这一不可能存在的物理现象时那样。然而，扯了那么多，关于这个机器的运转原理，他却没给我们什么干货。他首先解释了只有在蜗牛身上才能观察到的自然现象，即"交感"，也就是通过交配建立一种不可分割的联系：

　　　　两只产生了交感的蜗牛被分开后，它们之间会释放出一种液体，经由大地这一导体延伸开来，可以说，就像一条几乎隐形了的蜘蛛丝或蚕丝一样，人们可以在空间中让其无限延展，拉长，却不会将它扯断，但与众不同的是，这种蜗牛的液体是完全隐形的，它在空间中展开的速度就像电流一样快，正是通过这种液体，蜗牛才能够产生并传播我刚才所说的那种骚动。[2]

　　为什么只在蜗牛身上发现了这种交感？阿利克斯没有解释清楚，虽然他确实提醒过我们，蜗牛是雌雄同体，"也就是说它们既是雄性也是雌性"。[3]这或许会让我们想起阴阳人起源的神话，或者类似的东西，这是柏拉图在《会饮篇》中讲述的神话故事。最初，每个人都有四个胳膊、四条腿、两个脑袋、两套生殖器，所以每个人都不缺什么，也就不渴望什么，而且身体完全可以和自己交流。成为雌雄同体意味着拥有了全部；看起来，至少对蜗牛来说，这种完整性浓缩成了性液体，因此，一旦交换了性液，每一只雌雄同体的蜗牛都拥有了另一只蜗牛的全部。

但是让我们回到这个发明的机制上来。每一只蜗牛都在相应的木盒中，与相应的蜗牛配对，也就是说，它之前已经在这个木箱中发生了交感，因此，它与木箱之间保持着完美的、同步的交感联系。每一对蜗牛都代表着一个法语字母，当操控它们中的一只时，就会触发"蜗牛的骚动"，导致与它配对的蜗牛发生移动。在一个盒子里连续操控不同的蜗牛，就可以使与之配对的蜗牛们在另外的盒子中移动着拼出单词。阿利克斯承诺用这种装置，"所有的人都能即时交流，可以是一对一的交流，也可以是几个人同时交流，无论他们之间的距离有多远，处于世界上任何不同的角落，并且这一切都无需借助电子通信中的导线，而只需依靠一个基本上算是便携式机器的东西"。[4]这一机器将成为全球即时无线通信——蜗牛互联网——的基础。

在公开发表这篇文章以前，因为参加了1848年的"六月起义"，我们这位推销员兼巴黎公社社员一直躲躲藏藏。这次起义是一次抗议国家工厂——在二月革命之后为了培训失业人员而开设的场所[5]——被关闭的民众暴动。一年之后，他又因牵涉另一起起义而被捕，没过多久，就和神秘主义者兼江湖骗子雅克·图桑·贝诺伊特搞在了一起，此人正谋划着为蜗牛罗盘筹钱。他想吸引投资人希波吕忒·特里亚，此人又名安托万·伊波利特·特里哈，刚刚在巴黎创建了第一座现代体育馆。

1850年10月2日，在贝诺伊特巴黎的公寓里，进行了阿利克斯在写给《新闻报》的那篇文章中描述的实验。贝诺伊特先生、阿利克斯先生和特里亚先生都在场，而且如果阿利克斯的叙述可信的话，比亚特也参与了，至少是以一种后来发展成所谓的"电话会议"的方式，在美国一个没有透露名字的地方参与的。阿利克斯要比特里亚更为震惊。那位可能的投资人带着两个罗盘中的一个被安置在一个帘子后面，而阿利克斯则带着他自己的罗盘待在帘子的另一边，贝诺伊特则把自己安排在他俩之间，以便进行观察。我们不太清楚究竟发生了什么，但好像贝诺伊特总是找借口要在帘子的两边走来走去，以一种科学上绝非严谨的方式刺探消息，这影响了特里亚的行动。特里亚非常愤怒，要求重做实验。贝诺伊特同意了，结果就在特里亚本来能够心满意足地揭发这个卑鄙骗局的前一夜，贝诺伊特消失得无影无踪。几年以后，为了躲避泽西岛当局，藏在岛上的阿利克斯又尝试着用蜗牛的力量进行交流，这一行为后来成为维克多·雨果传记中的一条注释，这让参加雨果"桌灵转"降神会[6]的人们感到非常好奇。

阿利克斯在《新闻报》上的文章似乎是在第一次试验和贝诺伊特消失之间发表的。他的任务是招揽公众的支持，为此他显示出的销售技巧、渊博学识和旺盛精力真是让人眼花缭乱。对于处于纳米时代的我们来说，最令人惊叹的或许是他打的保票：尽管贝诺伊特最初的机器模型有两米多高，但阿利克斯许诺，公众最终有望享用更加方便的款式，它会被打造成时尚家具，甚至是首饰，材料可以是木头、金属或人们喜欢的任何材质，而且它会无处不在，从政府办公室到女士梳妆台，再到人们手腕上的表链。

最初的型号是为了容纳代表了每个字母，或世界书写体系中已知的每个字符的蜗牛而设计的，而未来面向大众的流线形型号，将只包含方便的二十五个凹槽，每个对应一个法文字母。每一个凹槽都可以装有任何一种腹足纲软体生物，而因为许多这类生物确实非常小，小到不及一个针尖儿大，所以阿利克思向我们保证，很快就会有不及怀表大的蜗牛交感罗盘诞生，到那时，普通的男男女女在处理日常事务时就会随身携带它，时不时地发送蜗牛信函——你也可以称之为文本信息——给他们街头邻里和世界各地的朋友和爱人们。

阿利克斯保证，有了这种罗盘工具，"电子报纸、电子信件"很快就会随之而来了，[7] 它们将以极低的成本在整个世界传播，就像被施了魔法一样。将来不仅会有"国家报业"，它会将全省的新闻与巴黎的同时发布，而且读者还能浏览到"英国新闻、德国新闻和世界所有国家的新闻"。[8] 政府的行动也会被移入罗盘中，国会的院墙将被"掀翻"，"在无数听众面前的是大量"看不见的、无形的演说家；他们的话语将"像思想一样迅速地传到世界每个地方，这都要归功于这种充当神秘媒介的隐形交感液体，它传递的不仅是激励着演说家的激情，还有他的心跳和灵魂中最微小的震颤"！[9] 但阿利克斯很快打住，摆出了一副科学家的淡定态度。"我必须记住，"他说，"绝不能让热情冲昏了头脑。"[10]

现代湿婆

我们可以从这位了不起的19世纪骗子的真实事件中汲取许多

宝贵经验。其中之一就是我们也不要被热情冲昏头脑，或用康德在讽刺斯威登堡的文章中（见第三章）喜欢用的近义词，我们不要相信通灵说，不要仓促地下结论，以为在技术持续的调节下，通过感官收集到的信息就能证明我们脱离了人的根本困境，上升到新高度了。另一点是，互联网确实有着漫长的史前时期，如果我们想要充分理解当下，就要理解它的历史。因为缺乏技术上的可行性，科技最初的状态只是作为一种渴望，一种幻想而存在，这说明一直以来，现世主义者总是喜欢把新科技看作"改变一切"的革新力量。据阿利克斯所说，他要用他的蜗牛互联网在欧洲和美国之间传出去的第一句话，头两个字是"圣光"。然而真正的互联网，这种用光纤电缆而不是蜗牛的液体打造的网络，传播得更成功的是黑暗和混乱。

互联网从传播光明到传播黑暗的决定性转变也许可以追溯到2016年。就在那一年，主要的社交媒体开始缓慢而姗姗来迟地承认，对于稀里糊涂接到手中的保卫民主和保卫公民社会的巨大责任，他们无力承担。也是在那一年，一种通过互联网打造的新型"混合战争"，作为一种新现实，一个日益严重的问题，引起了公众的注意。

2015年，迫于社会压力——主要是来自社交媒体的压力——纽约市不得不认定，坐着的时候你的两腿若分得太开，就是犯了应被拘捕的罪，而就在同一年，警察改革组织项目（Police Reform Organizing Project）报告说至少有两位不明身份的拉丁美洲人，在有其他突出的可逮捕理由的情况下，以大爷式坐姿的名义被拘捕了，原因是他们在午夜过后，在一个可能几乎空无一人的地铁车厢里，岔开了大腿。[11]以新兴的社会规范为名进行执法，这是极成问题的。然而在社交媒体上，承认客观上存在着任何一种两难困境几乎都是不可能——比如，争论双方中的一方要求必须消除父权，认为它体现了男性公民具有的微攻击性，而另一方要求我们必须与警察迫害边缘群体的行为进行战斗。承认现实的复杂性成了不可能的事，因为社交媒体的算法把我们分送到了二元对立的选择中，而不是引导我们进行反思和质疑，或是以一种够水准的方式来"点赞"。因此，以社交媒体为大本营的左派坚决要把大爷式坐姿的现象从地球上清除掉，而且竭尽所能不去考虑这样做的不足之处。

新型点赞经济是美国人设计的（点赞键的发明者是出生于1983年的贾斯汀·罗森斯坦，他已注销了自己在脸书上的账户，部分原因是担心它会致瘾）。[12] 但与20世纪90年代美国经济学家和其他人想把经济学专业知识输出给不愿意接受它的体制时的情况不同，寻求点赞，虽然仅仅是方兴未艾，但似乎在理念上已经做好了要接管世界的准备。

它尤其适合缺乏民主的政权，以及那些为这些政权服务的、专注于制造混乱的社会部门，这恰恰是因为，凡是寻求点赞的地方，想要得到宽容和理解的理想就几乎已经确切无疑地被抛弃了。据一位著名的批评家所说，在网络上讲话，"有分寸的表达不会有点击率，无形的脸书和谷歌算法会把你引向你赞同的内容，而不一致的声音只能保持沉默，因为害怕被攻击、被喷或是被拉黑"。[13] 对坚持按旧世界方式行事的人而言，这些惩罚似乎只和一些相对不太重要的事情有关，比如我们的朋友圈和我们的自尊心。但正在发生的现实——一个喷子知道如何利用的现实——是被点赞，被攻击或被喷不再仅仅和我们个人生活有关，不再是我们在讨论政治和经济话题时可以置之不理的问题。相反，现如今，被点赞，被点击或是被喷，突然就成了政治和经济的核心。

互联网正在毁灭一切。在它如湿婆一样降临后，世上所有先于它存在的事物，都能瞬间化为乌有。它已经摧毁了，或正在摧毁着人们长久以来所熟悉的事物：电视、报纸、乐器、钟表、书籍。它还在摧毁着各种机构制度：商店、大学、银行、电影院、民主。就好的方面而言，一些调查结果表明它甚至降低了青少年怀孕率，至少在英国是这样的。[14] 我们刚刚用湿婆来对比互联网，这位印度教之神有个常用的别名"毁灭者"，但它并非因此就完全被当成一种负面力量。它积极合理的力量体现在铲除陈旧、抛弃没有活力和没有用的东西上，早在遥远的史前时期，当狩猎采集群落能有控制地烧荒时，他们就懂得这个道理。事实上，火可以被看作科技出现以前和科技最类似的东西：我们的原始人祖先早在至少四十万年前就学会利用火了，它带来的一系列改变是巨大的，[15] 既带来了烹饪和取暖，也带来了无数的死亡和无法估量的环境破坏。火成就了我们的现在，而互联网正在塑造我们的未来。

如果我们认为现在的转变是非正义的、多余的，这并不是因为它们造成了自旧石器时代以来人类整个历史进程的断裂。恰恰相反，它们是把我们向后拽的力量（此处再次引用史蒂芬·杰伊·古尔德的话），把我们拽向了我们曾经悄然前往之地——这是一个没有经过任何集体决议就发生的改变，而在这个改变发生的时代中，我们不久前才刚刚开始相信，巨大的变革既需要也应该得到集体的理性协商，之后要投票，然后还要接受公民的监督。从不曾有人提过，是否应该通过一个这样程序来决定互联网以何种方式进入我们的生活，这一事实本身就清楚地表明了互联网远比自由民主更强大。互联网战胜了自由民主，就像火一路燃烧着打破了原始人的神话，改变了他们生活，即便在没有火时他们也能活。

这反过来也有助于解释为什么，尽管就在十年前，互联网还被宣传成是新的自由-民主乌托邦即将到来的征兆——当时推特因为在"阿拉伯之春"中发挥的作用而备受赞誉[16]——但在如此短的时间内它却表现出完全相反的一面。毕竟，它的破坏性主要在于它壮大的正是那些一直被视为自由民主基石的力量——尤其是言论自由。几十亿人现在都有了某种言论自由，因此他们几乎可以畅所欲言，而且基本上都能因为他们的言论而得到至少几个赞。

但他们现在拥有的这种力量是一种突变后的新形式，它与任何具有明显约束力的真理准则都脱节，也没有像我们期待的那样以真诚的交流为目的，总之，计算机的运用没有像我们期待的那样，践行莱布尼茨的精神——这位和平理性主义者劝诫道："让我们演算吧！"——不仅如此，新的言论自由之所以自由，仅仅是因为它看似直接表达了讲话者（或作者，或发推特的人）的意愿。然而，言论一经发表，就进入了计算机的秘密算法通道（同样，对此我们既没做过集体决定，也没对其进行监控），沿着这样的路径，它事实上无法保证给任何对此感兴趣的人带来更多的人性之光或神圣之光。它只会加强线上群体的组织团结性，或是引诱和攻击这个组织之外的人，其手段通常是诉诸人身攻击，完全无视了在过去的几千年里，我们为了避免争论和交流中的谬见，努力制定出来的来之不易的规则。

线上话语让人感觉很自由，因为个体在发帖时感到很惬意，但沿着算法通道，它的结局几乎没有例外，要么是寻求点赞，要么是被喷。这种虚假的自由让极权领袖们看起来对保护自由民主的核心价值至少表示出了一星半点儿的关心。只要个体公民继续相信，在线上对大爷式坐姿进行永无休止的讨论就是充分实现了民主公民权的话，独裁者们，正如他们所言，就已经胜利了。

事实同样并非如此——在肥皂泡的内部，在算法创造的虚拟社群的内部，一切都是平静而稳定的。肥皂泡是脆弱的，肥皂水会进到嘴里，当社群中的一些成员总想让他们认为言辞不够纯粹的人去漱口时情况尤其如此。这种动机对于主导着左翼线上讨论的那种所谓的指控文化来说似乎是固有的。如批评家马克·费舍尔所写的，这种文化"是由使牧师想要谴责和驱逐某人出教会，使学究想被视为是第一个发现错误的人，使赶时髦的人想要成为圈内人士的欲望所驱动的"。[17]那么，再回到大爷式坐姿这个话题上来，很多人把自己搞得精疲力竭，不仅仅是因为他们与网络喷子们争论不休——这些喷子们伪装成美国保守党，认为岔开大腿是男人的权利，而且认为男人可以想把腿岔多开就岔多开，这在解剖学上是有必要的。他们同样庸人自扰的是——对于这些显然可以灵活处理的事情，他们把自己变得非常强硬，不仅毫无必要而且造成了破坏——无论多么犹豫不决，他们总是既要别人承认正当要求有时是相互排斥的，又要谴责这样的观点。

当非正统的观点在网上传播时，相关正统团体的执法者就会猛扑过去，并且让那些犹豫的人知道这些异见者不属于最时髦的群体。与公开带上枷锁或受到鞭打相比，这不过是非常微不足道的惩罚，但累计起来就会对现实生活产生影响。我们目前所处的困境非常特别，已经被有效清除掉的事物现在又在国家层面以下出现了，它们打着左翼理想的名义，要求对公正进行再分配，而我们虽然掌控着国家，却无法正确定义美国右翼民粹主义中的一些类型。这样的事态可能会让人怀疑，那些处于国家层面以下，代表国家实施清洗的人是否真的理解这么做是怎么一回事。

然而，大多数这样的观察都会遭到抵赖。当乔纳森·海特提出政治势力中的右翼和校园里的左派是同一种威胁的两种不同表现时，他在推特上就遭到了《新共和》杂志编辑吉特·希尔的嘲弄："'魏玛共和国面临过两种威胁：纳粹党派和阿多诺的音乐理论。'你知道这听起来有多愚蠢吗？"[18]虽然不想完全支持海特的观点，但我们至少可以自信地讲希尔这番回应真是虚伪至极。也有一些纳粹音乐理论家，他们确实没有亲手对谁造成真正的伤害；再者，理论和政治不公正之间的界限也不是十分清晰。今天在网上，通常只有最残酷、最不妥协的人才会成功，他们就是罗伯斯庇尔们和贝利亚们。完全靠社交网络建立公共声望的人几乎全部都是臭名昭著的人，而非值得关注的人。社交网络成了一个丑恶的反乌托邦之所，完全没有兑现它当初许下的美好诺言。

我们很可能正处于互联网发展的早期，就好比原始人抓到了一根被闪电击中的树枝，然后用它在夜晚取暖，结果整个原始人营地都被烧成了灰烬。温暖只是最初的感觉，后来就不再那么美好了。悲剧过后的第一夜，人类当然不可能知道接下来会发生什么，是狂暴还是创新，是温暖还是死亡。从学会用火到互联网的兴起，这之间的巨大反差在于，人类曾经渴望用理智进行集体决议，而如今互联网却成了让这一理想快速破灭的主要原因，尽管直到最近，人们还希望互联网能够打造和增强民主体制，而非削弱它们。

所有人具有的，我都具有

自二战结束以来，自由民主政权，尤其是德意志联邦共和国，不得不化解其潜在暴力，这时，一种独特的人类学模式逐渐主导了大众观念。根据这一模式，大多数人的本性既不邪恶也非良善；更确切地说，为了维持我们的良善，我们要依靠我们的环境，它不能引诱我们、胁迫我们或鼓励我们作恶。这一见解正是汉娜·阿伦特在她被过度引用的"平庸之恶"的命题中推导出的结论：作恶之人之所以会在允许这些恶行发生的社会环境中犯罪，不是因为他们是恶魔，只是因为他们很平庸。[19]签署把人送往死亡集中营文件的官员，常常觉得自己只是在履行一个正常的程序，因为如果并非如此，等着被签署的表格怎么可能如此干净正确呢？

从比较行为学上也可以看出，人类的暴力很平庸。最近的研究表明，同其他灵长类动物相比，我们这一物种在杀戮方面的表现很一般，尽管灵长类动物本身就比其他哺乳动物残暴得多了。[20]杀害同类似乎是我们这一物种行为模式的组成部分，其原因早在人类诞生之前就存在了。但这并不意味着我们应该接受这种状况，就像有人想要在对人类的进化解释和对社会进步的渴望之间建立起一种虚假的不可调和性一样。但这个观点确实可以帮助我们加深对问题的理解：我们的暴力不是社会环境最近恶化的后果，而是我们自身的一部分。

也有很多情况是，"普通"人觉得自己处于极端的环境，与纳粹官员们每日按部就班工作的环境不同，在这些纳粹们身处的环境里常规的道德被悬置或改弦易张了，而正是这些道德塑造了他们曾经的生活。这样的例子在我们童年读到的和编写的故事中比比皆是，被深深地烙进了我们童年的想象。比如，想一想，梅尔维尔在他1855年的著名小说《班尼托·西兰诺》中描写了人们在救生筏里通过抓阄决定谁会被吃以及由谁来吃的场景；再比如，想想战争中那些真实的或虚构的累累罪行。在海上漂流几百天后，把同伴杀掉，然后吃了他，这一点都不平庸，但无论如何，你可能就是会那么做。

然而无论是纳粹德国的日常罪行，还是船难发生后的特殊犯禁行为，都属于一种类型——在1975年的电影《唐人街》中由邪恶的诺亚·克罗斯提出的一种观念类型："你知道的，吉特斯先生，大多数人从来不曾接受一个事实，那就是在合适的时间和地点，他们能够做任何事情。"然而，克罗斯是邪恶的：他自己能够做的事，和他此时此刻正在向杰克·尼科尔森所扮演的杰克·吉特斯探员承认的事，就是强奸了后者的女儿。

我们当然不是所有人都能做出**那样的事**。或者我们也能吧？不是所有人都有女儿，而且我们中的一些人自己就是女儿，可能正在抵抗着要强奸她们的爸爸，所以如果说我们"都"能做出那样的事，那更可能指一种抽象的能力，而不是我们现在马上要采取的行动。罗曼·波兰斯基本人就强奸过幼童，当他赞同这段对话时，他可能在某种程度上考虑到了，在狭义和实际的意义上，他知道自己所能做的事。但正直的观众不应只是对克罗斯的看法不屑一顾，出于本能地说一句"你说的是你自己！"就了事。究其根本，这竟是从泰伦斯那句有名的格言"Humani nihil a me alienum puto"（所有人具有的，我都具有）派生出来的。[21]我们通常认为这句话表达了这位罗马剧作家的自由精神（事实上，这句话是泰伦斯剧中的人物说的，而非他本人说的），表达了他不愿仅仅因为其他人和他不同或和他不熟就谴责他们。但强奸幼童和乱伦也是符合人性的，因为显而易见，这些罪行实际上都是人犯下的。因此泰伦斯也具有强奸幼童和乱伦的人性。那么这是否意味着他也犯过或有可能犯这样的罪？不，不一定，只不过他作为人，事实上有能力想象出做过这种事的人的心理——他与幼童强奸犯并非属于不同的物种或拥有不同的本质；两者之间并不存在本体论上的巨大差异。

这样的见解不仅仅是波兰斯基式的和泰伦斯式的，本质上也带有浓重的基督教色彩。在基督教中，它被叫作"原罪"。根据传统基督教神学，为什么一个婴儿在还没有机会做任何事的时候就被认定为有罪了呢？因为婴儿是人，所有人具有的，婴儿都具有。在《忏悔录》中，奥古斯丁好奇当他还是个婴儿时，他对乳房表现出的毫无节制的渴望，以及在他没有得到满足时表现出的狂暴的、自顾自的坏脾气，是否说明他已经犯了罪。这种行为如果发生在成年人身上，当然就是犯罪了，但即使这种行为没表现出来，即使婴儿，像人们说的，如天使一样完美，他们仍然犯了罪，仅因他们具有人的本质。从基督徒的角度看，这既是好事，也是坏事：我们来到世上，背负着所有人类同胞附加在我们身上的罪，但这也从根本上改变了定义爱的标准。既然我们都有原罪，那就没有理由认为表现上佳的男孩或女孩比其他人更值得被爱，或更配得上永恒的救赎。从人文学者的角度看，这同样既是好消息也是坏消息：利用"所有人具有的，我都具有"这一见解，我们能够培养自由的精神，学会不仓促做判断，激励自己维护政治平均主义。但同时，这个观点也让我们清楚地认识到我们在网上读到的那些可怕的罪行，不是与我们不同物种的怪物犯下的，而是和我们大致相同的人干的。

如今，这个观点，无论是基督教的版本还是人文学者的版本都不受欢迎了，尤其是在网上。当人们在网上行使所谓的正义时，判决下得既彻底又迅速。通常情况下，在推特上宣泄愤怒或用其他形式进行网上围攻的暴民们根本没想探究其对手的思维模式。这种围攻基于的是一种把人类分割成本质上毫无瓜葛的类别的社会本体论，在这种社会本体论中，无论另一种人有什么样的特点，都被定义为异端，而且任何更宽泛的、可以把人类另一子群的明显异端融于其中的人性类别都不被承认。我们无法跨越种族、性别、性取向和其他变量的鸿沟，隔着这些鸿沟，我们无法书写、思考、想象或了解任何事情——尽管在这种新的思维模式下，我们表面上还是信誓旦旦地承认我们彼此之间有交集，承认我们是多元的。人们认为，只有某些变量能够相交，而其他的，要么对立，要么相反，因此是相互排斥的。

这样的局面真是令人沮丧，而且稍微离远点儿看，在网上自认为是左派的人之中，这是不言而喻的一个征兆，预示着把特朗普推上台的那个历史时刻又到了。这不是在想法儿找借口，就像在夏洛茨维尔新纳粹暴乱后，我们从特朗普本人那里听到的，他想要责备"双方"那样。这仅仅是要诊断出当前美国政治的问题所在，以一种不认为每个个体行为人和利益集团都处于完全不同的因果轨道上，而认为他们，可以说，适应于相同的生态系统的方式。而这个生态体系——由于大众媒体总是健忘，总是从一个愤怒冲向另一个愤怒，没有积累任何经验教训，以及身份主义的暴徒们在社交媒体上迅速地对想象中的敌人（而这些人其实是他们的兄弟姐妹）行使着正义——已经被严重污染了。

更多的性别问题

受污染最明显的莫过于最近在网上围绕着性别展开的对话。在这方面，许多流行的言论可能更像是第五章讨论过的地平说，而非神创论，因为它们不仅极度偏离了现存有关世界如何发展至此的因果论，而且还偏离了人类存在的最基本和最直观的明显事实。

截至2018年8月，朱迪斯·巴特勒，这位几十年来一直站在学术女性主义理论顶端的人物，发现自己在涉及一位同辈人的性骚扰丑闻中，不再属于受欢迎的一方，而这可能开启了她的退位和新一代理论家继位的过程。然而，就在大约一个月前，正当我写这本书时，她的言论在某些圈子里还被当成绝对权威来引用，而且没有多少人觉得这种权威论据有何不妥。比如，看看这个最近发表在线上的"摘要"："［朱迪斯·］巴特勒证明了生物性别和社会性别之间的区别站不住脚。如果没有文化性别分类，一个具有生物性别的身体就不可能表现出不同于他者的性取向，而且生物性别先于文化因素而存在（后者被认为只覆盖在性上）的观点也被这本书证明是错的。社会性别是施为性的，在这些总是具有创造性的施为下面，没有固定的普遍性别基础。如果不用人类建立起来的类别来解释生物性别，具体的具有生物性别的身体就不存在。"[22]那么按照经验科学的做法，当我们从人类的生物性别问题过渡到范围更宽泛的动物和植物的性别问题时，会出现什么情况呢？比如，我们知道，在某些种类的琵琶鱼中，雄性（例如，独树须鱼）比雌性要小好几倍，也弱很多。为了交配，它唯一的选择就是在雌性肢体的一侧咬个口钻进去，把它的精子输入雌性的血液里，然后慢慢萎缩，最终变成了它的一妻多夫配偶的小附件儿。

那么，关于这点，能构建什么理论吗？琵琶鱼的性别二态性是一个极端的例子，但与哺乳动物在原理上也没什么不同。如果我们坚持认为琵琶鱼的繁殖只是一个自然事实，而人类的生物性别和两性差异是被构建出来的，那么我们或多或少就是在明确声称，人类不是与其他动物并列的动物，而且本质上不是源于自然。这实际上属于保守主义立场，而且在当今各种思潮中，这是巴特勒们和传统神学共同的立场。巴特勒主义，因为深信物种例外论而特别买性别构建主义的账——而且为此付出了高昂的代价。

"摘要"说巴特勒已经**证明了**生物性别和社会性别之间的区分站不住脚，而社会性别是被构建出来的。因此，生物性别也是被构建出来的。但再次发问，这适用于猿的性别吗？适用于琵琶鱼的性别吗？适用于其他类似的物种吗？还是只适用于人类的性别？如果只适用于人类的性别，这是否意味着人类处于包括了猿和琵琶鱼在内的自然秩序之外呢？所有这些问题都意味着动物界中的性别二态性既不是简单的、明显的，也不是普遍的。我们知道自然界中的物种千差万别，而这种千差万别同样被新巴特勒主义者当作生物学证据，用来证明人类性别二分法是被构建出来的。但当他们援引这一证据时，不过是把问题复杂化了。如果确实有很多种蜥蜴在缺少合适的性交对象时，会从有性繁殖转变为无性孤雌繁殖的话，那么至少存在着一些有关蜥蜴和性的自然事实。

但是新巴特勒主义者的说法意味着不存在有关人和生物性别的自然事实（"不存在具体的具有生物性别的身体"）。那么人和蜥蜴之间有何区别可以证明这种特征呢？

在红毛猩猩中，雄猩猩和雌猩猩之间的性别二态性不及雄猩猩之间的二态性那么明显：有些雄猩猩成年后会有"凸缘"，由于这个奇怪的状况，它们的脸会变成一个大圆盘，而其他雄猩猩则一直维持着青春期的长相，这也是雌性红毛猩猩在整个生命周期中的模样。看看长了凸缘的雄性红毛猩猩吧，还要坚持认为**那样的特征**是施为性的吗？

在原始人的进化史中，二态性明显在消失。南方古猿属的雄性比雌性在体量上大50%左右。到了现代智人，这种差异则缩小到了15%，虽然仍然不可谓不明显（首先，这种差异足以构成现实社会演变为父权制的生理基础）。受过一定生理学专业训练的人类学家只要看一眼人体骨架中的骨盆，就能立刻告诉你它属于男性还是女性。骨盆，与活的雄性红毛猩猩的凸缘一样，说明了一切。就算我们承认，历史中曾负责承载某种盆骨的女性的**所有**社会性的和象征性的结构特征都是纯粹主观任意的，也无法由此得出结论，认为解剖学上如此明显，以至于在骨骼中一目了然的差异，仅仅是一种幻象。

或许在当代对生物性别和社会性别的反思中，存在着一些模模糊糊的认识，认识到人类的进化经历了几百万年，认识到我们从50%的差异进化到了15%的差异，以及我们有一种感觉，即集体政治意志可以加快这种非二态性的发展趋势。或许这是事实。然而，断然否认二态性只是对希望事情如何进展的表达，而不是对事情实际如何的描述。而当二态性最终降至0%，繁殖也由实验室里的技术人员接管了，并且父权也被放逐，成为过去时，目前没有生物性别差异的说法才将成为自然中有关某一实体的事实陈述（这些实体经由进化和科技文化创新发展到了它们当前的状态）。

想象一下，如果我们这一物种已经进化到这样一种状态，即男性的平均体量不是比女性大15%，而是像美鳍亮丽鲷那样，比雌性大了60倍左右。假如我们成功打造了一个技术复杂、自由民主的社会，它高度重视个体发展，重视自由平等。假如在那样的社会中，出现了一个思想流派和一场政治运动，认为即使男性比女性大60倍，两性的基本神经构造仍然是相同的，在身体尺寸允许的范围内，能够以或多或少相同的方式茁壮成长。

假如出现了另一个学派，说第一种学派的设想还不够大胆，它坚称男性并非真的比女性大60倍，我们之所以至今一直相信这一点只不过是意识形态灌输的结果。"但是事实上，我们家只够我的配偶把他的触角尖伸进来"，一些传统主义女性可能会如此抗议，"而我却能在家里自由游走。他总会一不小心就把我吃掉，然后再把我吐出来，因为我过于渺小，他都察觉不到，而当我和他在一起时，他却真的能把我视野中的全部东西都挡住。我认为他还在长胖——现在我要花一天以上的时间才能绕他一圈了。这当然不是我想象的"。而她肯定会在推特上因为这样的异端邪说遭到围攻。

这样的思维实验从一开始就注定失败，因为我们注意到这样的物种从来没有"家"，也几乎都不是一夫一妻制，反之，如果男性过去，或一直都比女性大60倍，我们这一物种也不会发展成复杂的、自由民主的、平等的社会，甚至都不会为此做任何努力。

文化产生了科技创新的变通之道，打破了性别分工的束缚，而且在某种程度上，文化在其他方面，也确保了生物性对男女一视同仁，而不等同于他们的命运，所以在过去的几百万年中，文化已经成了我们向非二态性发展的主要动力。在无知之幕的后面，你事先就能确切地知道一个雄性比雌性大60倍的物种绝不可能使用自动工资系统，做整容手术，使用推特，或拥有它自己的朱迪斯·巴特勒。

然而，我们对于这就是文化推进方向的一些模模糊糊的意识，可能会反过来导致有人认为文化必须被推进，这么想也没什么可奇怪的，而且我们必须铲除我们和美鳍亮丽鲷之间残存的任何相似性。虽然这样的愿望可以理解，但人们也觉得要警惕，不能太冒失。生物性可能不绝对等同于命运，但是它确实决定了意志能够自由发挥作用的条件。意志也并非绝对等同于命运，但如果你假装它是的话，你就是把自己当作了意识形态的极端主义者，那么失望也就在所难免了。

我们之所以探讨我们与红毛猩猩、琵琶鱼共同生活的世界的这些生物参数，正是因为在用如今的社交媒体交流中，有强烈的迹象表明许多人都拒绝承认生物性会限制我们发挥任何自由意志，部分原因或许是这种交流方式使我们的思想脱离了我们的身体。社交媒体上有相当数量的人在煽风点火，要求全面终止使用"女性生殖解剖学"这样的说法，声称压根就不存在"女性生物性"这回事：他们的理由是跨性别女性没有这种身体构造，也没有这种生物性，而一些男性，跨性别男性却有。这群人还告诉我们，男人也能生育，有些人之所以直到现在还相信女性和分娩之间存在着任何生物上的或概念上的特殊联系，完全是拜落后的历史所遗留下来的一些武断的意识形态包袱所赐。我认为这是在走极端，是对平等的合理诉求的激进化，结果致使这一诉求越界，与非理性的欢腾搅和在了一起，在那里，主导原则就是高呼越来越不合理的真理宣言，并把所有不认同那些真理宣言的人谴责为敌人。不仅如此，这群跑偏了的人还受制于这一理念，即要求人们必须肯定关于性别认同本质的所有理论信仰，否则就会受到灭绝主义的指控，指控他想要消灭跨性别的人。这正是反自由主义的定义：当我们不认同别人的理论信仰时，即使我们承认并捍卫他们有存在和坚持信仰的权利，也是不够的。这个在网上越来越激进，在现实机构中也越来越常出现的群体认为，对他们理论的接受程度差一点儿都是不行的。

通过把世界分为"顺式"和"反式"——允许后者仅根据自行申报的结果就在其内部界定出各种各样的等级，而把前者看作根据推测所描摹出的那种人的本质属性——这一新的意识形态用一种二元对立替换了另一种二元对立。"顺式"这个前缀是我们以前从地理上学到的，比如，Cisjordania，也叫 the West Bank（西岸），指的是在约旦河"这一侧"地区。但是近几年，它已经主要用来指站在自己出生时的性别身份"这一方"的人，而不是指后来跨到另一方去的人，就像一个人涉水渡河，进入看起来属于另一个主权的领地一样。称一个人为"顺式"就是认为那个人，她或他，有毫无争议的、稳定不变的性别。但是如果我们希望建立一种能够兼顾固定性和流动性的对人类多样性的认知方法，那么只是把根本差异从"男性"与"女性"转变为"顺式"与"反式"，又能起到什么作用呢？一方坚持认为二分法的思维方式是不合理的，而另一方同样强硬地坚称一个人的身份，比如一个"顺式"男人的身份，是一个显而易见、直截了当的事实，这两者之间有着无法化解的矛盾。

2018年3月，美国哲学协会网上的一篇博文竟然大肆抱怨，说在刚刚召开的协会会议上，有大量参会者没有佩戴为他们准备的标牌，上面注明了他们"希望用的代词"。[23] 该博文指出，大多数婉谢这些标牌的都是"顺式"男性，而在同一篇博文中，作者却坚持认为我们很难通过外表就判断出一个人的性别身份。但这显然是矛盾的。如果你不能一眼就看出一个人的性别身份，那么你怎么可能仅是环顾一眼会议室就能看出那些拒绝通过费心声明自己喜欢的性别代词来配合大会工作的人的性别身份呢？如此明显的矛盾似乎完全就是有意为之：就像在神秘邪教组织（关于这一点，见第一章）里，是否接受这种矛盾可以被用作一种口令，愿意接受它的人就是自己人，而想要质疑它的人则一下子就会暴露，成了外人和敌人。正是这种激进的山羊-绵羊分歧，使得社交媒体的算法——它如今已经实现了飞跃，可以为像美国哲学协会博客这样的论坛定下宗旨和语调——在过去的几年里不断酝酿和壮大。

这里特别令我感兴趣的不是跨性别的身份问题。这只是一个特别生动的例子，反映出了当前意识形态环境的普遍特点，它让我们无法思考成为另一种人是什么样的。跨性别意识形态的情况尤其令人感到遗憾，因为根据前缀"trans-"（跨）可追溯到的最初语义而得出的至少一种合理的解释，成为跨性别的人就意味着要经历一种transcendent（**超验性的**）性别体验，它能够让你体会到成为另一种人的感受，和你原本打算以你初始的性别度过的人生截然不同。一些激进的女性主义者否认的正是这种超验性体验，人们可能也会发现这是一个错失的机会，即跨性别意识形态没能充分认识到，当一个人的社会身份从"男"变为"女"，或反过来时，其所经历的正是一种超验性的体验。

当沃尔特·惠特曼内省时，他发现自己不仅是一个女人、一只蜥蜴、一株植物，而且他的身体包裹着整个地球的地质史。"我发现我与片麻岩、煤、发菜融合在了一起。"诗人写道。[24]指责跨性别恐惧症的那种反自由的和终结讨论式的论调，往往也夹杂着这样的态度，认为与这种新正统的卫道士看法相左的人，根本没有资格讲话，因为这些持异见者没有掌握，也没有引用对跨性别身份和经验进行学术研究的"专家"所提供的"相关文献"。但人们可能更有理由认为他们自己才没有资格讲话，因为他们不曾读过奥维德、萨克索，可能也没读过惠特曼。他们也不曾研究过世界上的口头民间传说，这些传说已经深刻地认识到，人类能够感受到在他们与生俱来的身份和其他许多种在狭隘的实证意义上让他们变得不同的实体之间存在着连续性。

就大部分人类历史而言，在大部分文化中，相信并说出"我具有熊的特性"[25]或"我是美洲豹"[26]这样的话，实际上既是完全有意义的，也是可以被理解的。对许多地方和时代的许多人而言，跨物种身份的说法既塑造了社会现实，也赋予了社会现实以意义。在过去大约两百年间的西方人类学研究中，以及在过去几千年的世界文学传统中，都有大量关于这种文献的主张。然而，当这种像保护费勒索组织一样的新学术圈子围绕着什么是"反式"展开讨论时，从来不曾有人对这种身份的可能性感兴趣，甚至好像都没人注意到它的存在。由于这个原因，在跨种族身份——也就是"白人"蕾切尔·多莱扎尔为了获得成功宣称自己是"黑人"的那种身份——的说法和跨性别身份——这种身份是某个文化在较短的时间内所不能解决的问题，因为这类问题远远超出那个文化的已知领域，而只能在其他**完全**不同的领域加以解决——的说法之间，人们很难意识到存在着决疑论上的区别。

在2017年的众多网络围攻案例中，哲学家瑞贝卡·蒂韦尔因为如下原因遭到了严厉指责：她竟敢发表文章，探讨多莱扎尔对于自身身份的感受或许和跨性别者在某些方面有着类似之处。[27] 路易斯·R.戈登对她的论点做了精彩的总结，他认为蒂韦尔并不是要表明跨性别主义（她是这样命名的）或跨种族主义哪个更正当。更准确地说，她要"表明的是在没有独特差异性的前提下，一种追求蕴含着另一个追求"。[28] 在戈登看来，她的观点之所以引起了众怒，原因很简单：为了继续否认这种蕴含关系，人们必须假意行事。他注意到，蒂韦尔"所做之事，若是从假意的角度揣测，便是不得体的。因为她说出了真相"。[29] 但当然，没有人敢以"不得体"为名公然给她定罪，因此其他的罪名就不得不被捏造出来了。对蒂韦尔的一个主要指控，正如我们可以预料到的，是说她没有援引相关文献。但这简直就是愚昧至极的胡说八道。在这个小型学术圈子里，指责蒂韦尔忽视了参考文献的那些专家，没有哪个人，曾经援引过一丝一毫可以算是相关文献的东西，来解释当一个人说他与另一个被认为与其截然不同的人有亲属、身份或从属关系时，究竟是怎么回事。

如果在某种意义上，我们体内包含了大自然的所有多样性，那么我们当然也就具有了所有的人类性别或"种族"的可能性。或者思考一下蓄须这个例子。对大多数身份定位为男性的人而言，蓄须是他们的一个根深蒂固的、主要的、无法被消除的身份特征。

他们若是突然剃光了胡须，那些认识他们的人几乎会把这视为如同变性一样的革命之举。胡须的重要性可能与他们的宗教信仰有关，或者蓄了几十年的胡须已经成了一个可见的赘疣，用来**解释**，或是显示出我们所认为的那个人的内心世界的存在状态：博学、虔诚、弃世或是其他我没有想到的深层价值的外在标记。然而，在玛丽·道格拉斯看来，胡须是一种强大的自然象征，[30]而且在有些情况下，绝不仅仅是一种"时尚的选择"。我们也许认为蓄须/不蓄须这样的二分法没有男性/女性或者顺式/反式二分法那么重要，但这可能仅仅是因为我们的价值取向不同，或是我们忽视了其他的某些事物。

我不蓄须，但在我看来，说我"有"胡子显然也是对的，这不仅因为我若停止刮胡子，胡子很快就会长出来——"因为这漂亮的胡须，我们难道不应该满怀期待，赞美这尚在摇篮中的男婴吗？"梅尔维尔的骗子这样问道[31]——而且因为我可以随时成为蓄须世界中的一员。我也不认为这仅仅是因为我有着适量的可以让我长出胡子的荷尔蒙水平。每个人都有过长出毛发的经历，大多数人也都有过脱毛的经历。多毛是人的重要特征，或至少像笑的能力一样，它是中世纪逻辑学家所谓的人类的quarto modo（第四）特征：一种属于每个人的特征，即使它不是我们本质的一部分，不像是只有理智才配得上的那种特征。这样看来，说我"有"另一个性别，（那么它与我现在的性别）只是程度上的不同，而且程度或许还不是很大：通过另一个性别身份体验这个世界对我而言并不陌生，即使另一个性别现在，或许也从来都不曾是我公开呈现的自我状态的一部分，不属于我的"施为"。为了始终保持包容性，跨性别活动人士应该愿意承认一些人是反式，这些人认为自己的性别与他们被指派的性别不一致，但他们太忙于追求其他事了，以至于没时间修饰他们的外貌和行为举止，以便在可感知的程度上，让自己接近他们所感觉到的自己的真实性别。这么做会拓展性别理念，使之能把我们中的很多人都包括进去，而且这样反而更好。

在大部分用社交媒体交流的人中，流行的是根据身份表达立场，这是以一种严苛且狭隘的实证主义为前提的，据此，我们每个人只能根据我们的现实日常生活讲话；如果你不属于一个群体，那么你就绝对无从想象成为那个群体中的一员究竟是什么样的。但这么做忽略了身份的相互蕴含性，它靠的不是相互交叉，而是**嵌入式**或是包裹式，就像剃须的我包含着蓄须的我。我也能体会残疾，不是因为我的社会身份有某种明显的特征，而是因为我生活在一个必死的、易腐的躯体里，它随时都有散架的危险，而且在不太遥远的未来的某一天也必将如此。残疾是所有肉体的必经之道。我就包含着它。我也想像惠特曼那样，说我包含的事物远不止于此，不仅包括了生命进化的整个过程，甚至，除此之外，还包括了地理和宇宙中的种种事物。但是我们不必大费周章，也能理解泰伦斯更加谦卑的说法，即我们包含着彼此——意思是我们彼此熟悉，或并不陌生———一切皆是人性。

我不知道说这样的话是理性的，还是极度的非理性。可以肯定的是它是不明智的。那些持有我所描述的那些观点的人会把我说的这番话理解成我要把不属于我自己的东西霸道地据为己有，而且值得注意的是，认为自己有权利这样做的假设，在性别、种族、阶级等方面与我的公众形象相匹配的人身上是很典型的。但我要做的是回顾历史，在那些狭隘的身份主义者意想不到的地方找寻这一假设的基因链。发现所谓的一包含多当然会有胡说八道之险，或许惠特曼本人也为此感到内疚，而且这种胡说八道也很难算是理性的。但如果我们把自己局限在人类范畴，惠特曼式的多样性至少和理性一样，体现了人类不曾中断的对普遍性的渴望。早在启蒙运动之前，这种普遍主义就已出现在许多古老的传统中。它蕴于《福音书》的世界观中，蕴于耶稣的坚定信仰中，他要把他的福音用于全世界，认为把任何真正的宗教信仰局限于某个国家或种族都是毫无道理的。

与这种普遍主义相关的一个观点是，如果人们在回答"我是谁"这个问题时，能想到的答案只有"我是犹太人""我是罗马人""我是工人阶级的美国白人""我是变性女人"，等等，那么他们就误解了这个问题在哲学上、精神上或存在主义意义上的真正含义。只有那些无知的、傲慢的或自大的人（借用圣保罗的词）才会误把他们社会身份的变量当成他们灵魂的特征。

这正是为什么艾米莉·迪金森坚持认为自己谁都不是的原因，她认为当你在任何通常意义上宣称你是谁时，都只不过像是一只骄傲的青蛙在无缘无故地呱呱叫（见第八章）。普遍主义认为"我知道你是什么样的，因为我们人类终究并没有什么不同"，所以普遍主义一直从事着理性的工作，因为正是理性，或是对永恒的理性精神的继承，才是承载大千世界的坚固基底，正是有了它们各种各样的变化才能发生：蓄须的、女性的、瘦的、下身瘫痪的等等。我们确实拥有了解别人的能力——这一假设往往被用来否认真正的区别，被用来剥夺有共性的人们所珍视的事物。尽管如此，除非《福音书》的作者、泰伦斯、亚历山大·蒲柏以及艾米莉·迪金森真的不知道自己所云为何物，否则我们必须承认这一假设有很大的真实性。既然真理无法铲除，我们最好不要试图否认这一假设，而是要保持警惕，避免其误用。

极端年代

当前，对于身份的关注已经占领了社交媒体和大量的学术领域，以及这两个公共领域之间日益扩大的灰色地带，这种情况用更加苛刻的限制迫使我们把自己局限在不断萎缩的狭隘的公共身份之内，且我们不能承认自己与那些被视为与我们没有太多交集的人属于同一个社会，分享共同的命运。公民社会就这样分崩离析了，成了各自杂七杂八的小团体，简直就像大草原上四处散落的部族；或借用一个更贴切的比喻，互联网目前正经历着"狂野西部"期。

我们对于20世纪那些有意无视极权主义罪行的知识分子很熟悉。许多人拒不承认在他们所处的年代有古拉格这回事，但却如此坚信1789年攻打巴士底狱是正义之举，以至于他们很难面对1791年至1794年恐怖统治的暴行。萨特甚至声称，唯一真正失败的只不过是罗伯斯庇尔没有机会让更多的人流血而已——如果他做到了，法国大革命的目标就能实现，而且会被时代铭记。[32]

诚然，那些拒绝提供平台，想要阻止政见不合的人公开发表意见的人，以及各个派别的社交媒体暴徒们都不是国家代理人，而在他们如此行事的世界里，那些拥有"真正权力"，控制着国家的政权的人对跨性别人士的威胁要大得多，远非激进学生们对杰梅茵·格里尔造成的威胁能及。但罗伯斯庇尔在掌权之前，也不代表国家，所以如果我们仅仅是在极权主义掌管了国家权力之后才反对它，那么我们就肯定没有弄明白它当初是怎样上位的。一个人很可能对1938年的莫斯科感到痛苦失望，但却不会反对工人控制生产资料。正因如此，当看到有人因在推特上发表不当言辞，说性别不平等是人类的天性，而受到围攻、孤立，失去工作和生计时，我们对此表示关心，并不意味着我们一定是在支持性别不平等，甚至不意味着我们要对性别不平等做出一丝的让步。

这些结论似乎太过陈腐，太过平庸了，以至于没必要对此做出详细的声明。然而，最近，玛格丽特·阿特伍德对上述讨论中的许多状况做了一番回顾，提出了她的看法："在极端年代，极端分子胜利了……处于中间地带的温和派灭绝了。"[33]同样，正如马克·里拉指出的，在当前的政治时刻，我们要冒着沦为贱民的危险，仅仅是说出一些再明显、再正确不过的话。特朗普主义和社交媒体使得两极分化和激进化在过去的几年中进一步恶化，进而形成了一种氛围，使得普通的、温和的观点很难在公共话语中立足，即使这些话是完全正确的。也许表达这样的观点并不断重复它们比以往任何时候都更重要，如果不选择在推特上发表这些言论——因为在那儿它们最好的命运是不受待见，最糟糕的则是遭到残酷的惩罚——那也可以把它们写进书中。当我们写下这些观点时，它们的命运尚未可知，而书写它们本身不像是公共辩论时的吵吵嚷嚷，你争我夺，而更像是在践行信仰。

第八章

玩笑和谎言，爆炸

化为乌有

如第一章所说，玩笑，也可以被理解成是对正常逻辑推理的扭曲或颠覆，它旨在给人带来一种愉悦的，虽说也经常是不怀好意的，惊喜。正因如此，玩笑就像是一小块浓缩了的非理性。然而，如果逻辑论证是在结论中逐步地向我们证实了强烈的期待事实上是值得的，玩笑，若援引康德那个巧妙的表达，则为我们抖了一个包袱，使紧张的期待化为乌有。

最好的玩笑可以揭示真理，但它们与谎言和欺骗也有共通之处。和诡辩一样，它们好似颠覆或可以说是僵化了逻辑论证。诡辩和玩笑针对的是真理，但采取的手段却是和谎言调情。这样做很危险。然而玩笑也是机智问答，隐藏着某种自由和嬉戏的精神，这些精神常常与以合理、健康、理性为原则的社会或文化联系在一起。所以当非理性在社会制度中，尤其是在法律和治安中备受推崇时，玩笑就会受到最严厉的压制。相比之下，与启蒙运动联系最紧密的标志性人物们，尤其是伏尔泰，无论对错，都被当作幽默的化身而备受赞美。我们可能倾向于认为幽默本身是非理性的，而启蒙了的社会之所以能包容它，是出于原则上的考量，把它当作一个健康的、可控的"泄气阀"，让它泄掉那些严格来讲由尚未开化的愚昧、非理性的残酷和嘉年华式的混乱所遗留下的残渣。但伏尔泰之所以开玩笑可不仅仅是想把这些残渣从他所处的制度中清除掉。幽默是他个人形象和事业的主要标志，所以幽默在启蒙运动史中的位置，不应被降格为一种原则上的、形式上的宽容。

近些年，我们目睹了广义上冒犯性的幽默越来越不受待见，而曾被视为启蒙运动奉行自由的灯塔的幽默出版物和娱乐形式，如今也越来越容易遭到谴责。一碰到幽默或在公开场合表达幽默的问题，中间偏左的自由派和极左的反自由派之间的脆弱纽带似乎就会被彻底撕裂。在种种情况下，理智会站在哪一方呢？会和捍卫玩笑的保守派——他们喜欢时不时聪明地揶揄一下圣战斗士和主教们——站在一起吗？还是和严肃的新左派——这些人正准备口若悬河地对我们说，任何冒犯性的言论实际上都没什么可笑的——站在一起呢？

人们感到自己正在失去对这个话题的把握。玩笑一边被当成非常高能的燃料，在过去几年里助长了西方世界中非理性主义的政治势力——尤其是以表情包的形式，正如前一章节所讨论的那样——同时，玩笑又长期被视为，也将继续被视为启蒙运动所设想的生活形式的核心部分，作为自由和个体自我表现的最高表达，与刻板的虔诚和因循守旧形成鲜明对比。

《查理周刊》和之后的事情

2015年，在法国一群低调的讽刺画家因其作品被杀害后，幽默在一个健康社会中的边界问题一跃成为欧洲和美国公开辩论的中心问题。那年我本人一直四处发表长篇檄文，与每一个能听我讲话的人争论，想要证明幽默是表达自由的最高形式，最应该得到社会的保护。这番长篇大论的高潮是在同年11月，当我在鹿特丹的皮埃尔·贝尔讲坛上发表题目为《论讽刺的严肃性》的年度演讲。[1]我受邀发言的这个讲坛也曾邀请过其他的自由卫士，如亚当·米奇尼克和莱昂·波利亚科夫，而我选择聚焦于幽默。这次发言让我有了新的干劲和动力，我开始把幽默当作严肃的哲学和政治论题进行写作。

那时，我对于幽默在语义学和伦理学方面的看法，也是我喜欢称之为"痴笑学"（gelastics，来自希腊语 gelos，"笑声"）的看法大致如下所述。我引用并坚信《查理周刊》的发展脉络是威严的，据此回顾了法国讽刺文学庄严可敬的传统，它可以上溯到阿尔弗雷德·雅里和奥诺雷·杜米埃，当然还有伏尔泰。我的看法是，用严格的政治术语，把讽刺作品的目的和作用描述成自由社会运作中一种低级但却必要的组成部分是错误的。批评《查理周刊》的人，从左派到右派，从让-玛丽亚·勒庞到美国笔会这一作家组织中持不同政见者，都犯了这样的错误。勒庞把《查理周刊》称为"无政府主义者的恶意玩笑"，差一点儿就要向库阿希兄弟致谢了，感谢他们杀了最能开这种玩笑的人。[2]反之，左派的批评家没有能力，也不愿意把《查理周刊》的讽刺漫画和种族主义宣传区别对待，在他们看来，这些宣传显然是为了煽动对敌人阵营的仇恨，为战争或大屠杀做准备。[3]

2015年，当我站出来为《查理周刊》讲话时，我不光是为了维护它在形式上的存在权，也是为了维护它的内容和精神。我那时坚持认为，捍卫幽默唯一恰当的方法是在评价讽刺作品时，与它保持一定的距离，试着把它理解为一种受制于特殊规则的修辞手法，这种规则不同于直白的政治言论所受制于的那种规则。纳粹的宣传漫画把犹太人描绘成老鼠，这不是讽刺。它的目的昭然若揭：在读者心目中把犹太人非人化。与之相反，讽刺作品是借讽刺对象之口，以揭示出其言论本身的道德低下或逻辑混乱。它可能会说"犹太人是老鼠"，但当它说这句话的时候，它针对的不是犹太人，而是那些不带讽刺意味地讲出这种话的人。因此，讽刺是一种腹语术，也正因如此，它就总是不可避免地面临着被误读的危险。批评讽刺作品的人总是责备它"太过分了"，但在这种情况下他们真正该说的其实是它太棒了，它让这些批评家很不爽，因为它有能力让一种毫无表情可言的字面意思再现出潜在的讽刺意味。

讽刺家们若要继续他们的事业，可能势必要不断招来谴责。他们或许只能接受社会对他们表现出的极大蔑视，好像他们是存心作恶的人，正如安德烈·塔可夫斯基1966年的电影《安德烈·卢布廖夫》中的小丑被当地的王公贵族虐待和贬低，仅因他活着的目的就是要让人们发笑——也就是说，要向人们揭示社会生活中的荒谬之处或者权力的虚幻本质，比如社会赋予当地王公贵族的权力。但这并不意味着我们作为分析家和批评家就应该渴望参与这种迫害行径。我们应该尽量理解这种特别的表达方式是怎样发挥作用的：它用反话来表达它的真实想法，用谎言来暴露谎言，而社会就是建立在这个谎言的基础之上的。

使社会得以建立的谎言之一，或至少是一种幻觉，被玛丽·道格拉斯一语道破，那就是隐瞒身体功能的谎言。我们抑制排泄和射精，抑制的不仅仅是液体和气体，也抑制了某些表达，使我们成了得体的社会生物；把这些恶魔释放出来简直就是在挑战和威胁社会秩序。如此一来，低俗就成了讽刺家们弹药库中最强大的武器，也成了讽刺作品中的一个元素，使得上流社会更容易与讽刺作家的低俗作品保持距离，即便他们用冷淡的语气承认讽刺有形式上的存在权。因此，在《查理周刊》遭袭后的几周里，我们常常听到刻板的自由人士坚称尽管他们当然反对非法暗杀行径，但低俗的漫画作品也"不是他们的菜"。可低俗不是无缘无故产生的，它是必不可少的。正如在第三章已经提到的，当阿里斯托芬让剧中的苏格拉底把云层中的雷鸣比作放屁，以此否认天神的存在时，他讲这个"放屁的笑话"可不仅仅是为了搞笑；他是在暗中削弱那种占主导地位的关于自然秩序的观点，这种观点认为一切伟大崇高的事物中皆有神意，而他的方法就是用与有失体统的低俗之物相同的话来解释这种秩序。用玛丽·道格拉斯的话说，就是身体闯入了本不属于它的地方，而且这确实很危险。

以这种方式闯入的权力毫无疑问是一种重要的形式自由，西方之所以获得这一自由与自由主义越来越信奉言论自由和出版自由密切相关。《查理周刊》是时代的直接产物，在那个时代，阻碍自由的最后一些障碍被清除了，同时在20世纪下半叶，反低俗和亵渎法在法国和其他民主国家也日渐式微。然而，今天许多左派知识分子（与20世纪60年代不同）往往把低俗看成充其量不过是一种形式自由而予以容忍，而非一种可以被利用的危险力量。他们把低俗让给了另类右派，而后者毫不迟疑地就用它造出了威力空前的臭气弹。与此同时，艾略特·温伯格在《伦敦书评》中嘲讽《查理周刊》不过就是"烂仔帮笑话"的堡垒而已。[4]这么说就好像法国有"烂仔帮"似的，且好像低俗对塞万提斯、薄伽丘和拉伯雷的审美以及道德观就并非至关重要了似的。

所有好的、残忍的幽默对自己也一样毫不留情，而且总能清醒地意识到无论一个人说了别人什么，这些话都会（或至少有可能）反噬到他自己身上。也就是说，这可能意味着嘲笑或巧妙地讥讽别人的丑态或病态，就是承认嘲笑者本人也一样容易沦为这种玩笑的笑柄。因此这便也是承认人性是相通的，而且确实是完全平等的，甚至达到了可以彼此互换的程度。就在法国摇滚乐偶像约翰尼·哈里戴去世前，《查理周刊》把他在病床上的照片刊登了封面上，他身上插着的各种仪器发出阵阵的"嘀嘀"声和"哔哔"声。杂志上的大字标题暗指这位年老的摇滚乐手出人意料地在职业生涯末期改玩高科技舞曲了。拿濒死之人开玩笑未免太残酷了。可是难道人们真想不到，当哈里戴的某个至亲之人去医院探望他时，不会当着他的面开同样的玩笑吗？难道真想不到哈里戴本人也会开这样的玩笑吗？难道我们真以为漫画家本人就没有意识到他自己可能很快也会落入同样的境地吗？如果能这样反思一番，那么这个玩笑看起来就几乎可以说是甜美的、充满爱意的了，是与亲密之人一起处理有关生与死的沉重事情。我在报摊上看到那个封面时就笑了，而且接下来的好几天都在想着它，我比以往更深刻地体会到了法国人对约翰尼·哈里戴的爱戴。我以前一直觉得他平庸，甚至令人反感，但正是因为这个本该被认为残忍的玩笑，我第一次换了一个角度看他。

正是这种自我反思的元素，使得多年前唐纳德·特朗普和《惊人杂谈》广播节目主持人霍华德·斯特恩之间的对话如此引人注目。[5] 他们两人都常常吹嘘自己旺盛的性欲以及他们对凡夫俗子、凡人道德的不屑。但斯特恩并非一直吹嘘自己，而是偶尔也会穿插着说说自己有多荒唐可笑，说自己的这些追求有多虚荣，说他悲观地意识到了这种追求最终会有什么下场。但特朗普只会一种风格。他想让斯特恩佩服他，想让斯特恩相信他的恶劣程度绝不输于这位主持人。听特朗普讲话很难受，而这也是斯特恩的一部分幽默天赋所在，他知道如何利用特朗普的幼稚想法或愿望，让特朗普以为他俩是一路货色，从而把这种痛苦施加在我们这些听众身上。

在喜剧模式中，我们用玩笑展开想象，将它的孪生兄弟恶俗和残忍作为工具，使我们的人性得以最充分地发挥，是为了领会和表达，以及在一定程度上品味我们人类的共同困境。这一模式的本质也是危险的、不稳定的，总是面临着"过火"的威胁。当它确实过火的时候，被冒犯的人往往会认为幽默家做了他根本不应该做的事——就某个话题开玩笑——而不会认为他做的这件事本身是很有价值的和完全合法的，只不过是他没做好，擦枪走火了而已。被冒犯的一方装作想要，或想象着他们真的想要一个这样的世界，在这个世界里压根儿没有人开过那类擦枪走火的玩笑。但是他们无法理解也不承认为了做到这一点，有多少人类的创造性和趣味性将会被清洗掉。他们无法理解也不承认事实上未来不存在一个固定的、安稳的、足够令人满意的前景，在这种前景中我们已经打消了任何念头，不会说有可能伤害别人的话，但却可以和这片奇怪的、前所未有的寂静和谐共处。如果他们认为这就是他们想象中的未来，那么这种未来只能通过分外小心地回避具体细节来实现。

一方是冒犯，另一方是乏味的自我审查或压抑的社会或国家审查，这两者之间达成的平衡既不是平静的，也不是稳定的，它看上去很像我们在其他章节中了解过的那种至少在表面上不相干的事物之间达成的岌岌可危的平衡。比如，我们必须努力让想象力得到充分的发挥，但既不能让自己陷入癫狂之中，也不能因为害怕疯狂就阻止想象力的充分发挥。而且我们必须努力让社会混乱——嘉年华、狂欢节、狂舞坑、被称为"晨间动物园"的那类美国电台节目——有一席之地，同时又不允许它损害正常的社会公德。我们还必须努力让奇思幻想和神话传说在我们的社会中有表达的渠道，但也不能让官方的意识形态把它们奉若神明，让它们成为破坏或消灭非我族类者的借口。

这些就是我在2015年所持的大致观点。然而，第二年发生的事情迫使我不得不重新思考我的许多最基本的信念。2016年，我这个慢半拍的人，随大流的人（换句话说，处于各种互联网亚文化群体之外的人，这些群体制造表情包，并且一定会嘲笑任何给这个词下定义的企图），最终明白了幽默所具有的新的政治力量，因为我看到了另类右派储备的表情包。我被它们吓到了。我也无法对表情包演变过程中存在的明显事实视而不见：它们与低俗的、无礼的、调皮捣蛋式的幽默并非完全不同，而我本人曾极力为这种幽默辩护过——《查理周刊》、霍华德·斯特恩，甚至是《宋飞正传》，如前所述，该剧很快就会因其曾对迈克·佩诺维奇产生的早期影响而受到牵连，这位表情包能手信奉白人国家主义并且反犹太人。或许对幽默的这些指责是对的：不存在一个安全的泄气阀可以释放虚无主义和残忍的快乐，这些东西在一个很快就会被纯粹的邪恶填满的社会中没有存在的空间。到了2016年8月，我翻遍了互联网上最肮脏的地方，试图理解青蛙佩佩——令佩佩的支持者们高兴的是，在同一个月，希拉里·克林顿宣称它是另类右派的吉祥物和化身——而当我目睹了唐纳德·特朗普的支持者们兴高采烈的样子时，我心里明白他将赢得那场令人诅咒的选举。

正如艾米莉·努斯鲍姆在《纽约客》上所评论的那样，特朗普的胜利在很大程度上是玩笑的胜利。"就像特朗普的声明，"努斯鲍姆在讲到网上的"狗屎帖"大军时写道，"它们那种准幽默的表情包和骂人的话使社会变得如此动荡，它们在严肃和愚蠢之间来回摇摆，歪曲了交流的界限。"[6]努斯鲍姆引用了查克·约翰逊的话，此人是被推特禁入的喷子："我们把总统表情包变成了真总统。"[7]随着特朗普的当选，我生平第一次发觉自己竟开始认同那些我曾经鄙视的爱发难的人，他们每次做判断时都会把无礼和无趣混为一谈，说着"一点都不好笑"！事实证明他们是对的：我们时代的这个巨大而独特的玩笑一点都不好笑。特朗普的胜利算得上是讽刺战胜了现实，之所以这样讲，是因为战胜现实的那种力量本应该，也更适合仅仅在人类的想象中发挥作用。换言之，特朗普本来是个笑话，但因为他现在被当成了别的东西，被当成了"总统"，他就真的一点都不好笑了。

不仅如此，据说是为了对抗和打击新政府而兴起的自由派的幽默事业，究其根本似乎无法胜任这一任务：这一事业与其说是斗志昂扬，不如说是舒缓姑息，成了平稳运行的机器的一部分，而不是为了终止它的运行而扔进去的扳手。能够持久的独裁政府总会给爱开玩笑的人留出一定的空间。纳粹德国有德兰和黑勒，这对喜剧二人组对政治的讽刺十分温和，这使得他们在纳粹政权存在的大部分时间里都能涉险过关，得到官方的认可，同时让喜欢他们的人，甚至他们本人都认为获得这一认可和真正的颠覆政权没什么两样。现在回过头来看，不难看出，他们的喜剧小品很难算是那个历史时刻的必需品。相比之下，如鲁道夫·赫尔佐格在他的外交政策文章《一路笑到独裁》中所写的，"很难想象克劳斯·冯·施道芬贝格这位独眼老兵（也是差点暗杀希特勒的人）开过什么无关紧要的玩笑"。[8]

但是，即便在特朗普当选后，我还是不断地对自己说，想象的运动场是无限的，对于有限的现实——包括政治现实，无论它会变得多么沉闷——来说，这将永远是它的优势。尽管幽默的力量迫使我们回到沉重的肉身中——也尽管我们从不会因此就把一次痴笑的经历误当成一次审美的经历——然而在痴笑的模式中，我们同样体验到了各种各样的自由。当这种自由就是我们所拥有的唯一一种自由时——就像苏联时期非常流行的地下刊物《轶事》那样，它让我们认识了拉比诺维奇和其他有趣的人物（苏联的人口普查员问："拉比诺维奇住在这儿吗？"拉比诺维奇说："你管**这**叫'住'吗？"[①]）——那它就只不过是个权宜之计。它不该为此受到谴责，但我们必须竭尽所能用政治手段去把握一种自由形式，一种远比权宜之计更加具体的自由形式。

在上百万个微妙的实际情境中，要想区分出幽默什么时候是独裁统治的内置压力控制阀，什么时候又是独裁统治害怕的炸药，一直都是一个难题。即使是同一个喜剧小品，如果过于拖沓，而且专制政府还找到了适应它，甚至是借鉴它的办法，那么它也可能从对抗退化成权宜之计。没有简便易行的规则可以帮我们判定幽默在某个时期对社会究竟起着怎样的作用。说到底，玩笑完全

---

① 原句为：You call this living? 还有一层意思是"你在叫这个人吗？"——编者注

依赖于它的语境（"总算来了点儿热乎的。"据说当有人在温斯顿·丘吉尔吃完饭后给他拿了一杯香槟时，他说了这句话）。如果语境变了，玩笑甚至也能退化成不是闹着玩的事儿，或者大胆而革命性的幽默也会被规范化，变得有助于维护暴政，而非向它发起挑战。

因此，我们想要达到的平衡是，既不把午夜谈话节目中令人放松的幽默当成是政治抵抗，也不会低估了幽默家的声音中所蕴含的政治力量，它们不会屈从于专制政权的目的。斯蒂芬·科尔伯特不是伊萨克·巴别尔，我们可以肯定他没有被抹杀的危险。出于同样的原因，在我们政治现状最黑暗的时刻，为了获得政治解放，我们可以重读《敖德萨故事》，在这本书里我们能够找到远胜于午夜谈话主持人所能提供的力量。

多才多艺的谎言癖

唐纳德·特朗普经常说谎，这就和琵琶鱼的两性异形或地球绕着太阳转一样，是一个已经被证明的事实。但我们现在真的是在处理一桩在道德上无法开脱的谎言呢，还是他这个人真的认知有问题，以至于他往往意识不到自己在撒谎、歪曲事实和胡思乱想呢？对于希腊人而言，这样的区分并没有什么真正的不同：他们不是只有在犯错的人本可以不犯错情况下才惩罚他；他们的惩罚依据的是行为本身的性质，而不是对行为人道德水准的解释。但我们不一样，通常情况下，我们要知道罪行是否带有mens rea，即犯罪意图，或更准确地讲，犯罪的人是否没有能力，或是有缺陷，以至于我们根本无法真的判他有罪。永远活在自己虚构的世界中，而不是和大家一样的世界中，却没感到这种差异，像特朗普这样的人可以以此为自己开脱，从而逃脱在道德上严重得多的撒谎的指控。

在2017年3月写给《纽约时报》的一封信中，杰出的精神病学家朱迪思·L.赫尔曼和罗伯特·杰伊·利夫顿把特朗普描述为"总是分不清现实和虚幻，且每当他的幻想遭到反驳时，他就会勃然大怒"。[9]他们预测"当面临危机时，特朗普总统将缺少理性对应的判断力"。[10]这两位医生只是表达了当时的共识，但这一声明却意义重大，因为它打破了美国精神病学界长久以来的一个禁令，即不允许对与自己相隔很远的政治人物做公开的临床诊断。当然了，历史上早就有给政敌做诊断这种不光彩的事。但在现在这样极端的环境下，一些临床医生认为他们不得不在冒险重蹈覆辙和履行警告义务之间进行权衡。

政治预警——即这位候选人并没有把美国的利益放在心上，他也没打算让美国再次强大——并没有起作用，于是一些人感到有必要进一步请专家进行诊断，并将总统不称职的情况作为一个科学事实呈现出来，因为当这种情况不被当成科学事实，而被当成政治观点的时候，它就会被一次次地驳回。那些了解精神病学史并对科学有些大概认知的人会明白，这种达到了所谓事实层面的运动，其真正的目的只是在不同的语域谋求共同的公共话语。当在一个文化中，观点成了备受保护的私有财产，而不能同其他观点进行比较或进行交换的时候，只有不断推行一个观点，才能维护它。然而，让事情变得更复杂的是，这个文化认为别人提供给我们的事实甚至还不如他们自己的观点值钱，因此当利夫顿和赫尔曼花钱向大众传递他们了解到的情况时，他们使用的其实是一种已经贬值了的货币——这种货币就是科学专业知识，它们无论如何都会被当作党派偏见而遭到抵制，抵制他们的人无论他们说什么都不会相信。我们的政治观点对对手毫无影响，反对特朗普主义的人愤怒地说道。那么就让我们进入科学事实的层面吧，他们说道，结果却发现他们的对手在这方面仍然不为所动。

　　与做梦或虚构写作不同，撒谎多少带有一些毫无争议的非道德含义——尽管如我们所见，就连做梦和虚构写作也常常被认为在道德上至少是可疑的。如果一个人没有完全意识到自己在撒谎，那么他就又退回到了那片模糊的但在道德上又不是明显有罪的、标准的非理性王国里了，就像当有人谎称恐龙和人类同时在地球上行走时那样。有意识地撒谎就是（或者几乎总是）用一个短期对策来解决问题，但从长远来看，问题不但没有解决，这一行为自身还有可能产生出新问题。和其他在短期内获得满足的欲望一样，当撒谎者躲过惩罚时，他会感到既满足又悔恨，但后者很有可能会比前者持续的时间更长。有关天网恢恢的民间智慧肯定的就是这种普遍的观察。

　　然而，其他的民间智慧却告诉我们，向盖世太保隐瞒我们把犹太人藏在阁楼里是对的，对我们年老的姑妈说我们喜欢她的吉露果子冻食谱也是对的。这些谎言，如果成功的话，不会带来遗憾；相反，只有当听者不相信他们时，他们才会感到遗憾。但是，还有哪些人与我们的关系可以完全类比于我们与纳粹士兵的关系，或我们与姑妈的关系，以至于我们可以有理由对他们撒谎呢？这个问题显然很难回答，所以我们只能让每个人根据自己复杂的人际关系，来各自决定不诚实的道德效价是什么。康德这位哲学家的与众不同之处表现在他坚持认为任何人都没有权利撒谎，无论在什么情况下，即使在我刚刚引用过的那些例子中。这样的执念是基于他的道义伦理学，这一伦理学断然拒绝了以功利主义的方式考量我们的行为结果，而将重点完全放在行为本身的道德品质上。当然了，功利主义者会说，不考虑一个行为所产生的结果就没法衡量其道德品质。但如果你一开始就认定行为和结果是两件完全不同的事情，那么在某些情况下，完全否定撒谎的权利也就变得更容易理解了。

"决定就是否定。"斯宾诺莎在1674年给朋友雅里希·耶勒斯的信中写道，这个观点后来被黑格尔采纳了。[11] 为了具体解释一个事物，也就必须否认它的无限多属性，排除无数其他可能性。断言一件衬衫是红色的就是否认它是蓝色的。当然了，一个主词可以同时具备几个固有的特性；断言一件衬衫是红色的，显然也没否认它是长袖的。许多普通的推理就在于确定两个或多个特性究竟是相反的，如"红色的"和"蓝色的"，还是仅仅是不同的，如"红色的"和"长袖的"。我记得小时候，那些信口开河的成年人对我说"你能成为你想成为的任何人"，对这种陈词滥调我总是反驳道，我想同时成为脑外科医生**和**航天员**和**奥林匹克运动员……显然，这些成年人没有考虑到这些职业道路可以并置在"任何人"这个概念之下。我们也许能在一生之中最多兼容两个优秀的职业，但在大多数情况下，当一个人决定想要成为什么人时，也就排除了成为其他什么人的可能性。我们通常认为，判断一个人是否成熟的标志就是看她能否接受这种不可避免的排他性，并允许自己只从事一种事业，同时或许还能把她早期的理想弱化成

"爱好"。但是，我们必须弱化我们曾经希望奉献一生的事，仅仅是为了还能体面地参与它们，光是这一事实就在不断地提醒我们，斯宾诺莎的格言不仅仅与我们对日常事物（如衬衫）的描述有关，它也直接适用于我们自己的生活。

我们只要把这条格言改一下，就能明白谎言在哲学层面上的复杂性。在法律语境下，我们有时被要求说"真话、全部真话、除了真话别无其他"。说真话以外的话就是不折不扣地撒谎，因此前面三句短语中最后一句的意思是不言自明的。但是一个人真的能说出全部真话吗？既说真话又说出全部真话又是可能的吗？或者说，当一个人打算好说什么的时候，是不是就已经做出了某种决定，排除了说其他无数事情的可能性——这些事情，就其本身而言并非谎言，可在我们做决定的过程中，它们是否都被暗中否定了？每一次的叙述行为，无论是在证人席上提供证词，还是在篝火边虚构一个故事，都是一种雕塑行为，是对于要留下什么、削去什么所做出的选择。

既有实用的选择，又有道德的选择，让我们知道哪里要削掉，什么该留和什么该去。如果我们想向陪审团解释当厨房里发生案情时，我们正在洗手间，我们不会对我们当时的排便情况做没有必要的细节阐述。只要简单地斟酌一下，我们就不会说出全部真话。出于更严肃的道义上的原因，我们也会避免所谓的"多嘴"[12]。对别人的诚实批判若持续时间过长，超出某个分界点，也会从道德上的教化变成只是残忍，即使批评中所包含的观点在分界点之前和之后并无二致，真实性或准确性也相差无几。真话和历史也是如此。比如，如实讲述越战以及承担我们说出真相的责任，肯定涉及我们能否坦率而清醒地处理美莱村大屠杀事件。

　　我们以诚实之名提供的细节必须达到怎样清楚的程度呢？而超过了什么点，这些细节就会变成多余的，甚至会走向与原来的意图背道而驰的方向，让人把可怕的场景当成饕餮盛宴呢？2017年，在社交媒体上发布警察虐待美国黑人的视频越来越常见，可以说成了一种时尚。大多数的人在做这事的时候，都是本着诚实的精神，本着说出关于美国种族主义的"全部真话"的精神。正如在社交媒体上经常发生的一样——在一番认真的"吐槽"之后，随之而来的是一波逆向的评论，目的是让那些第一批到达现场的人羞愧难当——这些行为也很快引发了人们尖锐的反应。有些人认为，发布这样的视频，尤其当发布者是白人时，尽管多么无意，都会让人们想起从前那些残暴行径——白人制作和兜售印有私刑画面的明信片，画面中白人乡巴佬站在死去的黑人尸体前咧着嘴傻笑。

　　那么我们该怎样讲述全部事实呢？我们如何诚实地面对种族主义或战争恶行，而不越界使我们的行为变成卑鄙地哗众取宠，甚至沦为一些势力——这些势力根本不在意是否真的可以解决那些渴望说真话的人希望公众关注的社会问题，比如，一些煽风点火的定期更文一方面认同黑命贵，一方面又狂热地坚持警命贵的问题——的宣传工具？看起来，说出道义上的真话必然意味着**不要**说出全部真话，而要有技巧地讲出有说服力的真话——它来自一个人的道德情操，而不是想象中的关于事实的简单报道——这些真话留下了相当多的空白，涉及的被排除在外的事情远远多于正面的决定。

　　比如，我想向一群持怀疑态度的人说明美国的种族主义是一个严重的问题。我能否说服他们取决于我是否选择了正确的语域，是否契合了听众的微妙心理，满足了他们的期待。我能否说服他们在很大程度上还取决于我是谁，我自己的种族身份在别人眼里的样子，以及在别人看来我这么做和我自己的利益有什么关系，等等。绝不是在任何情况下，关于私刑最恶劣的、最残暴的影像或文字都会成为最有效的真相载体。然而，美国的种族主义确实是一个严重问题，无数的私刑确实曾经发生，如今还在继续发生。但是传递这一事实的最有效方法很可能是要放弃对于人们必须说出全部真相的期待。

全部真话意味着把几乎不相干的事实无限串联在一起，偶尔还会注入——用短信术语说，就是"TMI"——过多信息，比如，你反对工厂化养殖，可当你详细地描述切鸡嘴给鸡造成了怎样的痛苦时，听众马上就会把你屏蔽掉并努力思考别的事以分散注意力，于是你也就搞砸了。因此我们不会讲出全部真话；我们要小心翼翼地讲述精心编制的故事，即使当讲真话是我们的道义目的时，我们也要这样做。或许正是因为这个原因，"故事"和"历史"在大多数欧洲语言中都是同一个词，而且一直到最近，历史书写都被毫无疑问地当成是讲故事的一种方式。事实上，这种目的的一致性一直未被质疑，直到兰克的实证主义开始主导历史学术（见第六章），当"照实"而言并要做到言无不尽这一无法实现的理想成为历史学科的唯一要求——但这是根本不可能的。无论如何，承认这一点并不意味着就要放弃真相，而是要认识到追求真相就是追求道义，而不是单纯地在认知或举证方面进行数量上的叠加。

在1999年版的《撒谎》的前言中，西塞拉·博克援引了一些例子，在这些例子中，人们明显是在说假话，但也显然不是有意在说假话，正如阿尔茨海默病人"闲谈"时的状态。虽然编造的故事完全脱离现实，但在某种程度上似乎是以病人性格上的一些真实特征为根据的，反映了他们内心生活中的某些真实方面。[13]她也提到了一些被确诊为患有**幻想性谎言癖**的人，她说这种病症之于撒谎，同盗窃癖之于偷窃是一样的。[14]幻想性谎言癖患者编造了许多关于他们生活的假话，以至于他们似乎已经不能在认知上分清真话与假话了。

然而，博克认为可以区分真正的说谎者（她认为在这些人中有幻想性谎言癖患者，但没有阿尔茨海默病人）和不是故意说谎的人，而且她只对研究真正的说谎者感兴趣。[15]但设想存在着一个连续统一体或许更合适，在这个连续统上，喜欢撒谎的人和病理性说谎者之间并没有清晰的界限。换言之，在虚构和谎言之间也许没有清晰的界限，而文学和虚构世界的写作在道德层面上，可能确实——正如塞万提斯所理解的，而我们似乎已经忘记了的——值得与更加世俗的，显然也是更应遭到谴责的谎言事件放在一起加以研究。

类似于这种非真理性的事情——它开玩笑似地编织出了我们明知不存在的世界——在我们个人的成长史中似乎意义重大，根深蒂固，因为在塑造个性的过程中，我们会把追求和伪装混合起来。如果你还没有成为你想要成为的人，正如没有谁在一开始就能做到的那样，那么极具欺骗性地，通往这个目标的路径似乎就已经部分达成了。"装作你做到了，直到你真的做到了"就是民间智慧把这一洞见归纳而成的公式。当然了，这种欺骗并没有愚弄任何人，反倒为大家所包容，甚至得到了大家的鼓励，尤其是那些已经达成所愿的长者，因为他们知道这是走向成熟的必经之路。

生活就是模仿，因此只要它还处于追求的阶段，它就还没真正地成为它正在伪装的东西。而一旦目标实现了，它就变成货真价实的了，也就不能再成为别的什么东西了，当这一切真的发生时，如果是真真切切地，那么活着跟死了也没什么两样了。生活就是在伪装。或者，让我们预先提及一个将在下一章进一步探讨的理念，我们的生活体验就像是货物崇拜，我们敬拜和复制这些落入我们手中，或我们自己深陷其中，不太为我们所知晓的神秘货物——直到有一天我们理解了它。到那时神秘感也就消失了，我们发现自己已经打消了对货物的崇拜，从此以后我们就成了无聊的午夜保管员，为了最低的工资而看守着这些货物。高中橄榄球运动员会在返校节系上领带，但在那些把系领带当作日常身份的主要特征的人看来，这些高中生显然不是**真的**系了条领带，他们不过是在普通的高中校服上，在普通的高中生身份上，附上了一个异质元素。他们之所以要系上领带，是为了在特殊的日子里，让自己显得比实际上的自己更重要，因此从这个角度看，领带是在帮他们说谎。

在玩假装结婚的游戏时，孩子们为了努力把握婚姻这一概念，把他们所能理解的与之相关一些元素表演出来，而对于他们只能模糊界定的部分，靠的则是幻想。许多人到了十几岁、二十几岁还在用这种游戏的方式约会，因为这让他们感到愉悦，他们在某些方面模仿一夫一妻制的理想形态，但却没有深情的终生承诺或永恒的誓言。然后当这个过程发展到最后时，很多人发现他们真的结婚了，而且让他们没想到的是，他们发现用玩耍的心态交换来的正是我们经常听到的被说成是"很难"的东西。

特朗普在玩扮演总统的游戏时，就像一个孩子一样，痴迷于这个职务显而易见的伟大感，但他在认知或情感上都没有准备好去弄清楚这份工作所包含的全部内容。大多数美国总统在人生的某个时刻，对这个职位当然也有过孩童般的幻想，但在他们获得这份工作的过程中，他们年岁渐增，心态渐熟，而当他们坐上这个位置时，在大多数情况下，他们看起来也理解了这是一份真实世界的责任——他们知道这份工作"很难"，且绝不仅仅是让世界上的其他人为了迎合他们而调整自己，以便大家可以继续沉浸在某种完全的幻想中做游戏。

从这个角度看，特朗普的总统之职就是一个谎言，而且他已经远远超过了即使撒谎也可以被合理化成是在角色扮演，是在做游戏的年龄了。他撒谎的程度和他喜欢瞎扯的癖好结合在了一起，他说的话明明就是假的，而且经过证明也是假的，而他看起来真的以为它们是真的。瞎扯和博克所描绘的阿尔茨海默病在病原学上是否有相似之处，或者相反，它是一种与认知或神经退化没有关系的幻想性谎言癖，这些尚在商榷之中。但每个诚实的旁观者都可以肯定的是，他是个骗子，他的总统之职也是一个谎言。

特朗普的撒谎癖在撒谎属中属于一种恶毒型，但在撒谎属中也存在着对人类生活有益、有必要的类型。撒谎就是不停地幻想，不停地讲故事，充分发挥想象力，这些能力反过来也是让人之所以为人，使我们的生活之所以值得过的能力。特朗普显然也是人，也可能会在出席家庭聚会时受到欢迎：一个坐在沙发上的年长的伯伯，净说些粗俗打趣的俏皮话，虽还说得过去，但也让他那些年轻时尚的亲戚们不以为然、心照不宣地笑出声来。但问题是，特朗普最终坐的不是家庭聚会中的那个沙发。

结构性的非理性让特朗普最终坐到了他本不该坐的地方，这种非理性在某种程度上调动了社会个体成员的非理性，他们因非理性的意识形态聚集在一起，被那些只有在不经理性检测的情况下才说得通的幻想所吸引。但是他之所以能当选，部分原因还在于糟糕的制度设计和混乱的秩序：为一党私利，在民主的语境下毫无道理地改变选区；让选举团凌驾于民意之上；加上大众媒体让低资讯选民事实上无法理解选举中的相关政治议题究竟是什么。新闻媒体早就失去民心了，这反过来了促进了社交媒体的兴起，它取代了传统媒体在政治活动中所发挥的作用，然而新型社交媒体的管理者们却没有能力认清自己的新角色，也没有能力承担起他们误打误撞到的责任，以确保协商民主在数字超链接的时代继续存在。相反，他们允许秘密算法在每个个体所接收到的新闻中创造出一个量身定制的虚幻世界，这个虚幻世界在公民个体的微观层面上奇怪地反映出了总统所居住的幻想世界。在这方面，非理性被外化成了信息流系统和投票等个体行为的社会处理体系，而不是内化于我们个人的头脑中（关于这一区别的更全面的探讨参见第二章）。

这并不是说，为了让协商民主发挥作用，"自由派"的美国人需要去接触和接纳那些已经在共和党内占据主流的边缘思想。相反，在很大程度上，正是因为此前缺乏为了互惠而进行的接触和接纳，才让这些边缘思想竟然显得合理合法了。根据事情的是非曲直，我当然不会接纳民主党在华盛顿特区的一家比萨店里经营恋童癖团体的观点，也不会接纳最近从4chan网站最黑暗的角落里冒出来的QAnon阴谋论。我不会认真对待这些观点，而且我也不认为我因此就没有尽到去维护和恢复健康的协商民主的责任。结构上的非理性，算法无法保证严肃的政治辩论，这已经造成了这样的局面，即为政治阵营提供信息、为政治团体的目标赋予生命力的观点不再值得讨论；它们只能作为一个更大问题的症状来处理。

呱呱叫

特朗普有一种自我意识：事实上，他看起来纯粹就是一个不受拘束的意志和主张的集合体。但这不是那种据古希腊思想家，或文艺复兴时期的作家，如米歇尔·德·蒙田所说的有时伴随着"发现自我"的崇高意识。相反，它是艾米莉·狄金森在她最著名的一首诗歌中，巧妙地加以摒弃的一种自我意识（尽管之前已经引用过了，但此处值得更完整地引用一次）：

> 我是无名小卒！你是谁？
>
> 你——也是——无名小卒吧？
>
> 那么我们就成双配对了！
>
> 别告诉别人！他们会广而告之——你懂的！
>
> 当个大人物多无聊！
>
> 在大庭广众之下，像只青蛙
>
> 终日自报家门
>
> 面对满溢着崇拜的泥沼。[16]

在当前情况中出现的这个名字被恰当地描述为狄更斯式的人物命名法——它准确浓缩了叫这个名字的人的特征。[17]去"trump"在纸牌游戏中的意思是"拥有更好的牌"，但这又源于一个更深、更古老的含义，仍然由法语同根词tromper来表达，它可以有各种含义，"戏弄对手"，或者说白了，就是"欺骗"。在2017年的法国选举中，标语上经常打出的口号是Ne vous "trumpez" pas，意思是"不要骗自己"（投票给极右候选人玛丽娜·勒庞），不仅如此，多亏了这个短语在拼写上故意犯的小错误，它有时会变成"Don't 'Trump' yourselves"。这个篡权者的名字就清清楚楚地表明了他要搞什么鬼，这本应该为我们拉响警钟。但是自由派的美国人，像所有美国人一样，常常对被视为真理科学的词源学不感冒——因为这是"词源学"的词源学——他们更喜欢他们自作主张地从他德国祖先的姓氏Drumpf中挖掘到的一些老掉牙的笑料。但Drumpf有什么问题吗？这是一个再普通不过的德国名字。与此同时，这位电视真人秀演员变成了政治家，冲着沼泽大喊他的真名：他真名的字面意思是"欺骗"，但无人理睬。结果他就当选了。

圣保罗在《哥林多前书》中写道"知识叫人自高自大，惟有爱心能造就人"（《哥林多前书》8∶1）。特朗普既缺乏知识也缺乏爱，人们怀疑让他膨胀的更像是瘴气，正如牛蛙在沼泽中间就是靠呼入这种瘴气宣告它的存在一样。然而，保罗的信把我们带回到一个根本的问题，这个问题一直是我们关注的核心：即使我们饱读某种知识，包括我们碰巧认为我们是谁的知识（美国白人工人阶级、犹太人、罗马人、在名字后面加上"博士"的人），当我们显摆自己的知识或自知的假象时，我们实际上也只是在自我膨胀，出于连牛蛙都能表现出的那种粗鄙的骄傲，而这种膨胀和我们在什么都不懂的时候表现出的那种膨胀如出一辙。

《诗篇》告诉我们："人都是说谎的。"（《诗篇》116∶11）或者说得更深刻些，如有些译本翻译的那样："每个人都是一个谎言。"这听起来很极端，但对于正在讨论的问题，若辅之以狄金森和圣保罗的洞见，我们就会对问题有更加丰富的认识：一旦我们把自己当成了"重要人物"——因为我们的与众不同之处，我们获得的知识，我们在某种意义上获得的头衔，我们在电视上或在工作中所获得的支持率——我们对自己是谁，以及我们的价值从何而来的认知就会出错，因此我们的自我宣言就相当于呱呱叫。相反，我们的价值来源于我们对自己是"无名小卒"的认知，或至少不是什么特别的人物。换言之，无论真实的我们是什么，无论是什么让我们具有了些许的真实性，其他所有的人也同样都有，因此在每个重要的方面我们都可以和我们的邻居完全互换。这样的认识才是圣保罗所认为的"爱"的基础。

可是我们难道不能至少努力去认识事物，然后以真理的名义，把它们讲出来吗？还是说**所有**的认识和言说都仅仅是吹嘘和呱呱叫吗？1968年，W. H. 奥登在一首触目惊心的凄凉之诗中让我们见识了食人魔的样子：

> 食人魔做食人魔做的事，
> 所做之事人类难为，
> 但有个本领他力所不逮：
> 食人魔口不能言。
>
> 在被征服的原野上，
> 在绝望和杀戮中，
> 食人魔高视阔步，双手叉腰，
> 嘴中不断咕哝着傻话。[18]

"言"，就诗人在此处意欲使用的庄重含义来说，或许可以把它解读成对**逻各斯**的翻译，这个词在第一章开头就介绍过了。特朗普也有说话的能力，尽管他的句子和音节在不断减少。

"圣言"——回到《新约》对"**逻各斯**"的翻译上——指的一定是真话，否则它就不是它所宣称的那样。换言之，"言"所表述的人类理智反映的是世界的真正秩序，否则它就不是它所宣称的那样，而成了傻话。而能把傻话当成"言"的唯一方式就是镇压，无论是用坦克，还是用大量的虚假信息和愚民教育，或是二者的某种结合。

既然我们把这样一群杂七杂八的思想家和非思想家聚集在了一起，我们就应该注意到，与特朗普一样，圣保罗也是一个反智之人，以他自己的方式。但他在《哥林多前书》中对知识的拒绝绝非对真理的拒绝。相反，他之所以排斥知识，是因为世俗的知识有碍于我们理解那种唯一重要的终极真理，理解一种关于上帝之爱以及分享它的可能性的超验真理。因此保罗反对的"知识"（γνῶσις）不带有**逻各斯**的特点。在柏拉图哲学术语中，这种所谓的知识根本不是知识，不过是观点或 *doxa* 而已。

关于琐碎的世俗知识的知识，即使从严格的意义上讲是"真的"，当出于虚荣心或唯利是图的目的而被拿出来显摆时，从某种意义上说，也是谎言。同样如《诗篇》所言，这又是为什么一个人即使有时说实话，他本身也是"一个谎言"的原因。研究表明，虽然特朗普有时也会说实话，但这既不是源于他性格的真实性，也无法证明他若不是谎言还能是什么。傻话即使和事实混在一起，也不会改变傻话的本质，正如即使向沼泽中洒入新鲜的蔬菜，沼泽也不会变成一锅汤。

"口不能言"，就奥登的理解而言，不只是功能上的文盲，或相对拙嘴笨腮。它是指不能说真话，也就是不能根据事物的规律讲话。这个规律自古以来就常常被定义为**逻各斯**，而不能让自己的语言与这个规律相协调则被认为是"非理性"的根本定义。这样的非理性既是一个道德问题，也是一个认知问题。

第九章

死亡，不可能的三段论

"我们终究都是要死的"

在第一章，我们已经对以下观点提出了疑问：理性涉及个体行动者为改善自己的个人命运所下的决心，比如：追求个体长远的经济富裕和身体健康是理性的，诸如此类的观点。这一直是大多数经济学研究中默认的理性模式，也是所谓的理性选择理论的基石。尽管约翰·梅纳德·凯恩斯确实注意到"我们终究都是要死的"，[1]从而承认了对于改善个体自身的困境，我们所抱的希望或期待终究是有限的，但在大多数情况下，个体行为人的经济模式却常常把他或她（通常是他）想象成无限存在的生物，而不是终将面对生命尽头的有限个体。

尽管近代许多以英语为母语的哲学家已经在这方面向经济学家看齐了，但自古代起，其他哲学家往往更愿意把必死的命运视为人类存在的基本条件或局限，因此也认为它对于理解人类是什么来说至关重要。许多哲学家都认为，如果我们不是必死的，我们也就根本不是人了。人是必死的理性动物——如果这么说不啰唆的话，这或许可以成为最普遍的给人下定义的表述方式，因为只要是动物，都是由脆弱的、最终一定会消亡的有机体组成，所以当然是必死的。想要探讨人类的理性而不考虑人类的生命受制于死亡，就是在回避眼前的主题。哲学，正如苏格拉底和在他之后的蒙田所见，就是为死亡做准备。

苏格拉底独到的见解不仅仅与死亡有关，还与导致死亡的衰老有关，而且是基于这样一种意识，即当一个人逐渐衰老了，他在尘世的一切所得、他的荣誉和附着在他身上的一切都越发变得荒唐可笑。可笑的程度与死亡的临近成正比。爵高位显的老年人能有什么快乐呢？每隔一天就给你别上一枚奖章，像佩里·安德森对老年的尤尔根·哈贝马斯所描述的那样，打扮得像个干瘪的勃列日涅夫将军[2]。这样的荣誉看起来更像是在慰藉可悲的衰老，也是人类寿命的矛盾法则的体现，根据这个法则，奖励只有在接受它们既无益处又不体面时才会出现。当它们被颁给年轻人时，就像有时在音乐界和娱乐界会发生的，获奖的孩子们似乎不知该如何处理它们。仿佛他们得到了一大块铀，让人对他们的未来感到担忧。相反，任何有一定智慧的老人都不会在接受这些褒奖时沾沾自喜；如果她或他接受了这些褒奖，也只能是带着强烈的尴尬感。那么，如果不是年轻人，也不是老人，谁又会从这样的荣誉中获益呢？

当然了，当我们努力完成事情，在某个领域为自己扬名的过程中，我们自然是在争取那种最终会得到某种认可的成就吧？我们当然意识到了死亡的地平线，但这也不会阻止我们放弃所有注重外在的目标，或所有为了社会成就而使乖弄巧的策略，因为这些社会成就仅仅是浮名虚荣？毕竟，如果仅仅是出于对事情本身的热爱，那我们不妨写一部小说，然后就把它留在抽屉里，或者我们可以在洞穴里探讨哲学，而不是出版书籍和进行授课。但若是那样的话，不仅别到我们胸前的奖章减少了，其他人可读的书也会减少，思考的事儿也会减少。若是因做出了真正的贡献而得到认可，尴尬怎么会是恰当的反应呢？

有些人试图通过公开拒绝领奖来摆脱这一进退两难的窘境，例如经济学家托马斯·皮凯蒂，他在2015年拒绝了法国荣誉军团勋章；[3]或是性手枪乐队还健在的成员，他们在2006年为了拒绝进入滚石名人堂，给这个有名的协会胡乱写了一封适度恶俗的公告。[4]但显然，有机会这样公开拒绝本身就是一种褒奖，而且有机会这样做的人乐在其中，程度一点也不亚于其他人让比他们更年长的人在他们胸前别上勋章时所获得的快乐。如果皮凯蒂和约翰尼·罗顿得以公开展示他们的桀骜不驯，同时避免了他们在出席官方颁奖典礼时感到的尴尬，那么这或许只是另一种形式的自欺欺人，因为他们通过拒绝领奖来颠覆领奖仪式，这本身就不失为一种自我奖赏和自我膨胀。那我们最好怎么样？难道就不再颁奖啦？可那不正是一辈子碌碌无为的人的命运吗，而且**那**也绝不会是一个人最初的人生目标呀。

死亡的地平线，在任何情况下，都改变了我们的渴求，也改变了改变本身的意义。然而，没有什么人，在他或她的本质上能够符合理性行为人——他们通常被认为是长生不老的，而且通常正值壮年——的抽象经济模式。然而，一个人必须始终考虑，在人生道路上，他或她自己作为行为人，发现自己的阶段。这正是现代学术领域——无论是哲学、经济学还是现在在大学的人文学科中占有很大比重的各种"研究自我"的学科——没怎么考虑过的。过去的几十年里，我们无休无止地分析人类的多样性，但那种由我们的年龄各不相同，我们生命中也确实**存在**不同阶段导致的人类经验的多样性，在很大程度上被忽略了。[5]许多人为了消灭乡村俱乐部里的种族歧视而奋斗，为了综合性教室和女性在大学体育中的平等机会而奋斗。但是没有人想过要坚决要求，比方说，让八十或九十岁的人有读大一的权利。人们已经根据跨性别身份的情况理解了跨越种族主义的情况（虽然伴随巨大争议），但是没有人曾经试图为"跨代间主义"寻找合理性，比如说，一位声称自己"心理上很年轻"的长者，开始坚持要求别人认可她内在的感受，在方方面面都把她当年轻人对待。当一位三十三岁的女子被揭露伪造身份参加高中啦啦队时，她马上就遭受了普遍的谴责，而且当她被判入狱时很少有人觉得量刑过重。[6]她只不过比年龄最大的队友大十五岁，这个时间跨度看上去只不过是一眨眼的工夫，但这足以让人感觉到本质的差异：高中生是不同于成年人的生物。我知道如今四十多岁的我，已不再被大多数二十多岁的人常光顾的夜店所欢迎了，而且我根本没有任何办法对这种不公正进行上诉。我们可以通过自由选择，改变婚姻的定义，这样就可以不考虑婚姻中两个成员的性别了，但是除了极少数的特例，我们不能改变"领养"的定义，以允许养父母比被领养子女年龄小。

简而言之，一方面，我们对年龄这个能决定我们在社会中的不同角色的因素兴趣很小，另一方面，我们对性别、种族、性取向或其他身份载体兴趣极大，这二者之间存在着巨大的差异。[7]年龄与这些其他因素都不一样，但在某种程度上年龄应该引发更多的兴趣，而不是更少：对大多数人而言（当然也有许多特例），他们的性别身份、民族身份和性取向终其一生都不会改变，但我们所有人都一定会经历几个不同的年龄阶段。每代人都会以各种方式团结起来，在许多社会中，老年人都会聚集在一起，形成一个有组织的政治团体，比如在美国有美国退休人员协会。但退休人员并非生来如此，当他们做梦时，他们常发现自己仍耽于人生的早期阶段中：那些阶段依然存在，并构成了他们当前的身份。

衰老是奇怪的，也是独特的，而且和它的高潮死亡一样，构成了人类存在的基本参数。任何人类能动性或理性的模式，若是忽略了死亡，也根本不可能让我们对它们两者中的任何一个有过多的了解。正因为我们将会死去，正因为死亡的地平线随着我们的年龄增长塑造了我们的经验，我们才会开始喜欢经济模式告诉我们我们不可能喜欢的东西。我们常会优先考虑别人的利益，而不是我们自己的利益，比如孩子的利益，或社会的利益。这样的偏好在那些足够成熟的人身上是最典型的，因为他们明白不论他们现在如何顺风顺水，这种个人命运的不断改善也不可能永久地持续下去。鉴于这一基本的局限性，许多人就会很理性地放弃自我利益最大化，转而想办法优雅地，或许也是光荣地隐退。我们的理性典范，苏格拉底，就是这样做的，他在受审时讲出了关于自己的实话，并拒绝为自己做任何有说服力的辩护，因为"各位，逃避死亡并不难，但摆脱恶名却难得多，因为死亡也难逃恶名"。[8]苏格拉底认为哀叹和恳求都是邪恶的，好像只要这么想，他这个七十岁的老人就可以长生不老。

苏格拉底这样做是非理性的吗？我爸爸直到生命的最后一刻还在为自己的烟瘾辩护，他最喜欢说的就是："让我在八十多岁的时候多活五年，我不稀罕。我要的是以三十多岁的状态多活五年。"他这样说是非理性的吗？妄求绝对不可能的事或许是非理性的，比如回到过去，但这不是他的意思。他的意思更接近苏格拉底的意思：我们都会死，这个残酷的事实不可避免地限定了我们的选择，并决定了什么才算是理性的，以一种经济学和理性选择理论中最常用的，人类能动性中最简单的模式所不能理解的方式。

激进的选择

如果我们的文化中真有一个领域，致力于帮我们理解就连理性计算也无法拯救的我们终有一死的困境，我们也许有望在心理治疗行业找到它。当然了，存在主义心理治疗法有一个小小的传统，大概是试图把必死的命运作为我们获得幸福的核心条件来评估；最近出现了一种"哲学"（尽管绝对是非存在主义）疗法的趋势，它似乎从苏格拉底那儿吸取了宝贵的经验，即认为哲学就是为死亡做准备，但似乎也把大部分精力花在训练病人用批判的方式思考他们所拥有的选项，然后做出最佳选择。[9]事实上，大多数疗法都倾向于假定存在着一种正确的行动方案，而治疗师的作用就是利用他或她的专业技能帮你找到它。

我们在这些互动中经常体验到的实际上是一种见证性的引导，病人在这个过程中显然是进退维谷，但对两个选项——理性的或是非理性的——中的其中一个还是有着明显的潜在倾向性，而治疗师只需帮助病人把握住这个倾向性就可以了。因此如果某人去接受治疗，她清楚地意识到她的婚姻已经烂到根了，但同时也流露出对丈夫的一些残存的爱，以及对投入新的单身生活的一些恐惧，那么治疗师可能会试图强调在生活中活出自己很重要，主动与过去切割以便追求自己的命运很重要，等等。如果最开始病人的重心恰好相反，强调她多么爱自己的丈夫，最近的一些危机征兆以及对婚姻未来的重重疑虑让她多么惶恐不安，那么治疗师就可能努力强调坚持到底的重要性，履行承诺的重要性，等等。与此相比，一个人在人生的某个时刻可能真的会碰上客观上进退两难的情况，没有一个正确的解决方法能帮她摆脱困境，继续前行，而只能自由地在两个利弊没有可比性的选项中做出激进的选择。一般说来，治疗师不认为这种情况属于他的职责范畴。

如果一对夫妇中受委屈的一方向她的朋友求助，倾诉她的委屈，我们事先就会料到他们一定会发现这对夫妇中的另一方确实应该受到指责，而他们伤心的朋友，也就是向他们倒苦水的人，则堪称是头脑清晰，理性公正的典范。而就在同一时刻，在镇上别的什么地方，另一方与他的朋友们可能正在表演同样的场景，可这无人在意。与在治疗师的案例中一样，在上述案例中，几乎没有空间去探讨不存在正确路径，不存在正确行动的公式——只要我们遵循这个公式就能成功，幸福就会随之而至——的可能性。无论是专家，还是好心好意的友人，他们提供的心理疗法很少能解决真正的存在主义困境，在这样的困境中，行事之人一开始就明白，无论做什么决定，都不是在理智的指导下做出的。一个选择可能在被做出来的过程中和随后为它投入的热情中变得正确，但不能说这个选择是绝对正确或先验正确的。

这种困境正是像克尔凯郭尔这样的哲学家的核心兴趣所在，我们在第五章重点介绍过他，他花了好几年时间，讨论的问题不是分居，也不是离婚，而是一开始要不要结婚，而他最终得出的结论是不结婚，进而选择一种更艰苦的、苦行僧似的生活方式，在这样的生活中不可能有配偶的位置（而他的配偶就是备受煎熬的未婚妻蕾基娜·奥尔森）。[10]回顾他的一生，我们会发觉，可能正是这个决定让他的寿命大打折扣。他独自生活，与世隔绝，有好几年作品层出不穷，对人类的处境提出了独到的见解，但他四十二岁就去世了。他的作品至今还能带给我们安慰，但不是治疗那类的。它不会告诉你如何生活，或让你相信你的选择是正确的。没有正确的选择，有的只是激进的选择。反过来，你最终可能做出的激进选择可能会导致情况更迅速地恶化，或以各种方式让你陷于不利的境地，因此根据理性选择理论制定的标准来看，或在热心的治疗师看来，你的选择显得绝对错误。但这都不能成为反对激进选择的理由，同样地，即使相反的选择带了财富和名望也不能证明它才是事实上正确的选择。这种算法是克尔凯郭尔和那些愿意效仿他的人根本不会考虑的。

　　近年来，一些以英语为母语的分析哲学家们尝试着探讨存在主义的选择，这多少有些像克尔凯郭尔曾经深入研究过的那些选择——这些选择不能根据对预期结果的考量来评价，而且无论结果好坏，都与做决定时一个人的生命状态丝毫不相干，以至于无从对比选择前后的不同人生状况。这些选择让我们走上了一条所谓的"转变性经历"[11]的道路。然而，可能发表过相关文献的人对他们表面上要超越的理性选择理论授予了太多权力。这些文献喜欢用的例子是生孩子的决定，因为这些作者，与他们团体中的其他成员一样，想当然地认为生孩子**是**一个决定，而不是受环境或家庭成员所迫。[12]如果我真的有了孩子，根据他们的推理，我就会被这一经历彻底改变，以至于有孩子带给我的好处简直不能和不生孩子带给我的好处相提并论。从这个意义上说，它可以被视为一种解决存在问题的方法，这种方法从根本上混淆了自身的前提。

　　那么，我应不应该生孩子呢？果然不出所料，分析派的存在主义也是家庭化的存在主义。虽然克尔凯郭尔最终选择了苦行僧的生活方式，但在做出这个激进的选择时，他对此已经有了第一手经验，而在最近关于转变性选择这一主题的学术研究中，似乎已经有了一个定论，即做出这种选择确实是正确的——我们至少应该用几个孩子来填充我们的生活，以及一个在抚养他们方面可以承担同等责任的"配偶"，还要毫不吝啬地选择一些有教育功能的木制玩具，等等。据我所知，所有为这种学术文献提供了素材的父母们都为他们的决定感到高兴，并且似乎希望社群中的其他人也知道这一点。虚构的世界是可能的世界，不仅仅是在它们非现实的意义上。

青春和冒险

对70岁的苏格拉底而言，坚持真理和根据已知推导出正确的结论，要比再多活几年更值得他留恋。大概在同一年龄段，我父亲认为吸烟也有同样的价值。苏格拉底的信仰是理性的，因为对理性的信仰怎么可能不理性呢？而我父亲的信仰似乎不那么理性。但这是为什么呢？它的本质和苏格拉底的没什么两样：因为意识到了自己最终无法避免的死亡，所以与其一味地保存自己的性命，不如转而追求信仰。在我父亲的情况中，似乎他这个凡夫俗子所追求的信仰让我们再次回到了抽象的理性经济学模式：所谓理性就是把我们的个人利益最大化，而没有比用抽烟来加速自己的死亡更加背离这个目的的了。为什么在有些情况下我们会重新考虑这个模式，而在其他情况下却不会，这似乎取决于我们对于某个特别的事物、姿态或理想表达珍视或不珍视的方式，为了这些东西我们可以选择去死——鉴于我们反正都得死。事实上，大多数这样的理想或生死抉择都被设定在真理和享乐、理性和纵欲之间发生。

　　在小说和电影中经常被描绘为英雄主义的一种常见的退出策略是为了下一代赴死。事实上，根据传统礼仪，当需要有人主动赴死时——比如当救生艇里的座位有限，而在这条沉船上有无数前途光明的年轻人的时候——年长者就应该挺身而出，自愿赴死。而战争中经常出现的情况却与此相反：年轻人要为老人献出生命。许多这样做的人努力说服自己相信这是理性的安排，不是因为若他们不这样做就不会活得长久且幸福，而是因为以牺牲国家的荣耀，甚至是存亡为代价，来换取个人长久的幸福生活是不值得的。这是一种浪漫主义的理想，也与谋求个人利益最大化的抽象理性经济学模式相矛盾。

　　当然了，如果说不这样做祖国就会遭到残酷的占领的话，那么保家卫国可能确实是理性的表现。但战争很少，甚至从来都不曾这样泾渭分明过。一个士兵，尤其是在遥远的异国作战的士兵，他对战争输赢所起的作用太小，以至于很难被评估和体现出来。即使他或她从战争中归来，也不能证明祖国长富久安的生活条件是由于他们的努力而被创造和维护的。然而，激励人们为国捐躯的浪漫理想往往很难转换成理性的计算公式："假如你珍视自由，那就要感谢士兵。"这样的公式经不起仔细推敲，尤其当它被理解为任何一个士兵都是我与非自由之间的全部障碍时。但有趣的是，竟然有人接受了这样的公式。在《第一哲学沉思集》中，笛卡尔在致索邦神学院的信里向该学院的神学人员保证，他要做的是用理性的方式证明宗教的真理，而他这样做是为了这样一群人着想，这群人不像神学人员和其他真正的信徒一样充满缺乏依据却无比虔诚的信仰。同样，那些车尾贴和T恤衫上提醒我们要感谢士兵的话，似乎也是用成本-收益的方式，替没有信仰的人表达他们对军事生活方式的支持。

《狼厅》是希拉里·曼特尔的一本畅销小说，讲述了托马斯·克伦威尔的一生。当年老的克伦威尔回顾年轻时的兵旅生涯时——和16世纪的大多数士兵一样，他打仗不是为了自己的国家，而是去给外国当雇佣兵——他记起了在战场上面对死亡时的想法。他想，如果现在就死了，那是多么可惜啊，有那么多的事我还没做呢。一般来说，青春本身就是漫长而暴力的剧痛，如果在那一刻一下就被抛入死亡的暴力中，而无法经历多年之后的平静踏实，那么这似乎远比从来不曾存在过还没有意义。然而，如果他没有死，参战就变得有价值了吗？有人可能会认为——除了保卫祖国，尽管这不是克伦威尔参战的原因，肯定也不是整个人类历史中大多数年轻人上战场的原因——如果一个人躲过一劫，也没有留下太大的后遗症，他的意志品格可能会因当过兵而更加坚强。

青春，由于灵长目固有的特质，好像和冒险有着特殊的关系：开快车、滥交、争吵、决斗，大概就是要试出自由的底线在哪里。生命是最宝贵的，充满了无限可能，也因为这样的考验而扑朔迷离。上战场只是又增加了一项考验而已。所有这些行为从其自身的短期利益来看，都是有悖理性的。但当我们把镜头拉远，纵观整个人生，它们看起来可能就不一样了，任何有助于塑造生命，给予生命以意义的早期冒险，若让生命提早结束，那就很容易变得毫无意义。如果镜头拉得再远一点，纵观整个人类，或从人类历史上看，人生在某个阶段，选择投入一场非理性冒险的理由就会更加凸显，成了一种选择性的力量。

但是，现在我们先不必把镜头拉得那么远。目前重要的是，我们所有人大概都认为有些风险符合人类崇高的精神。如果冒险所追求的目标对自我认知至关重要，那么即使风险很高，人们还是会认为这样做是值得的。但由于我们对于构成个体目标的认知大相径庭，所以我们发现关于究竟什么是理性上值得冒的风险这个问题，也是众说纷纭。2017年阿利克斯·霍诺德冒着极高的风险徒手攀上了约塞米蒂国家公园的酋长岩。他若没有去攀酋长岩，有可能可以活得更长，但这样的未来有悖于他的自我认知，因此他甘冒丧命之险。[13] 对于外界而言，他们依赖的生命形式不需要冒这样大的风险，所以霍诺德的决定很可能看起来极度非理性。对于那些把自己的生活和霍诺德的安危紧密联系起来的人来说，比如他的妈妈，这样的举动可能令她非常痛苦，也是不孝的（显然他事先没有告诉她攀岩的计划）。[14]

没有固定的标准可以衡量这种努力是否恰当，因为关于生命的价值是由什么或不是由什么构成的，没有统一固定的概念。尽管霍诺德令人惊叹的壮举博得了美誉和敬佩（他毕竟成功了呀），但其他年轻人的莽撞之举——超速、斗殴、当雇佣兵、决斗——大概都会招来谴责，即便所有这些行为同样都是在试探自由的边界在哪儿。而这些尝试之所以有意义，也只能是在自由受到死亡的束缚的时候，如果霍诺德所冒之险不过是碰了头，就像每次掉下悬崖的大笨狼怀尔那样，那他的成就也就微不足道了。只有在死亡的阴影下，人才能体验到自由。

但是如此纵情地体验自由——至少对那些寻求自我认知的人而言——与爱国者冒着生命危险为国捐躯不一样，后者不是为了陶冶情操，或追求个人的人生理想，而是因为他认为个体利益必须服从国家利益。但至少就他甘冒丧命之险而言，他和雇佣兵或攀岩者也有相似之处，他若不这样做，可能活得更长，但他觉得那样活没有价值。然而，他与那些斗殴、超速之人又不一样，因为那些人在试探自由的界限时没想过未来，没想过活着是否有价值。

自由和理性之间的关系是复杂的，大大超出了我们在这一章所探讨的范围。值得注意的是，非理性就是在一定程度上未能或拒绝客观地认识自我，从而也不承认令自己身处困境的力量也控制着其他处于类似境地的人。这样的拒绝有时是值得歌颂的，比如当一个人冲锋陷阵，知道自己接下没有生还的希望，也知道他的结局只是在死后博得"勇敢的"美名的时候。冲锋陷阵需要的是不去客观地考量可能出现的预期结果的能力。一般情况下，在幸存的旁观者看来，评价这种情况与看问题的角度有关。有人会说他是勇敢的士兵，也有人会说他有勇无谋，说他由于错误的冲动丧了命，他还不如躲在散兵坑里静待时机，或再等一天，这样可能会更好地发挥他的战斗技能。

但双方在一件事上可以达成共识：把士兵从散兵坑里拽出来的不是他的理性，而是更深层的力量，是我们和其他动物共有的，被希腊人称为"thumos"（内在的激情），有时也被译为"精神性"的力量。它是一种无须深思熟虑就能驱动我们身体的能力。当我们受它驱动时，我们就会被欲望蛊惑，从而纵身跃入舞池，或者和我们不太信赖的人上床。它让我们感到自己更像是喝醉了，或生气了，或因为与一群喊着号子的人团结在一起而找到了归属感，从而兴奋不已。

很显然，如常言所说，这些非理性的表现超越了善恶。如果它们被完全压抑了，生命也就丧失了价值。但又该对它们容忍，或许也可以说，鼓励到什么程度才好呢？如果不咸不淡地说一句应该把它们控制"在合理的范围内"，或者说它们"程度要适中"，那就跟没说一样。因为完美的适度来自理性，而当理性与非理性较量时，让理性来决定它该在人类的生活中占多少分量，显然是不公平的。所以如果我们不想消除非理性，也不能断定为了人类的兴旺，多少非理性才是完美的，那么我们或许只能接受永远对此争论不休，只能承认人类永远不能，或拒绝依据对预期结果的理性计算来采取行动，也只能任由旁观者、批评家和搬弄是非之人各持己见，褒贬人类所采取的行动。

　　超速者、决斗者和其他人的过错，似乎在于他们为了使个人利益最大化，根据已知得出了正确的结论。更准确地说，他们的情况否认了生命的意义在于将个体的长远利益最大化。他们之所以这样认为，是因为他们抱有一个信念（且不说是对是错），即他们认为没有长远利益这回事，或者压根不存在任何理由能证明我们应当规避当前的危险或自我毁灭的行为。以这种方式行事可能是非理性的，但苏格拉底已经让我们看到，以为自己会永生同样是非理性的。一端是后者这种极端的非理性，另一端是那种冲动莽撞的自毁行为的非理性，在它们之间存在着无限大的灰色地带，有着无数种可能的行动路线，它们可能被一个人视为理性的，而被另一个人视为非理性的。所有这些不确定性，以及在两个极端的非理性之间的这种永久的平衡，都是在毫不隐讳地暗示我们是必死的这一事实，使我们感觉到我们所做的所有决定，借用纳博科夫的话来讲，都处于两个永恒的黑暗之间。[15]

不可能的三段论

一般来讲，非理性并非只是无知。如果你没有相关信息，那么你就不会因为没有得出正确推论而遭到责备。更准确地说，非理性是指一个人没能对已知信息进行最好的处理。

然而，这样的失败往往很难说清楚是由于真的不知情而犯下的特定的错误，还是利用确实已知的信息犯了无法原谅的错。因托马斯·弗兰克2004年的畅销书《堪萨斯怎么啦？》而得名的所谓"堪萨斯非理性"，就是一个典型案例。[16] 如果有什么可以算是这种非理性的加强版的话，那就是普通的堪萨斯选民在知情的情况下做出了有悖于他们利益的选择。但在过去的几年中，我们不是经常听到为这类选民发出的特殊恳求吗（无论是来自堪萨斯州、老工业区，还是其他拥护特朗普的典型的美国红色地带），说他们不应受到指责，他们只是被操纵的大众媒体和失败的公共教育系统的受害者，而不是他们自己的代理人吗？而如果他们自己并不知道他们投的票有悖于自己的利益，那么怎么能说他们是非理性的呢？

一端是在完全不知情的情况下采取了行动，而另一端是明知做什么最好，却做了相反的事，在这两者之间存在着广阔的中间地带，一个人可能会处于自相矛盾的境地，既知而又不知——他在"内心深处"是知道的，但却拒绝承认知道。比如一个人在内心深处可能知道单一付款人的医保在理性上是更好的选择，因为根据理性模式，至少它能让个人利益最大化。同时这个人也可能知道失去保险会对他非常不利，但他仍然可能屏蔽这些想法，只为维护一种观点，这种观点认为获取这样的医保相当于丧失自由，等同于独裁，或者更糟糕的，等同于全球邪恶势力策划的阴谋。

我记得在我少年时代的朋友圈里，总能听到一个人用方言斥责另一人："You ain't trying to hear me!"（你没有试图听我讲话！）这个奇怪的句子结构反映出受控方的复杂境遇，有点类似我正试图描述的这种非理性。它不是指一个人不知道或没听到，甚至也不是指一个人**试图不去**知道或听到，而是一种与后者可能略有不同的可能性：一个人没有**试图去**知道或听到。一个人拒绝做必要的努力，拒绝给予必要的关注。然而推导正确的结论确实需要努力。做不到这一点有时在道德上是会受到谴责的，同时在认知上也是非理性的。

哲学上有个主要与苏格拉底有关的悠久传统，认为**所有**知性上的失败同时也是道德上的失败，反之亦然：不义之举是由于知性上的错误判断，反过来，犯错误，就是没有找到使一个人不犯错的知识，致使其在道德上受到指责。[17]正如米莱什·伯恩耶特总结的："一直妨碍人们在知性上和道德上追随苏格拉底的巨大障碍是人们不愿面对他们的无知。"[18]这指的不是一个人因为在《危险边缘》节目中没能正确回答问题而要受到惩罚，因为记住那些琐碎之事真的无关紧要，所以根本不算知性上的努力。更准确地说，我们之所以在道德和知性上失败，是因为我们表现出了不愿从我们的已知推导出正确的推论的意思。

不仅如此，由于对政治信念是如何形成的和如何加以维护的有一定的了解，这些了解足以让我们至少能够对这个时代公开讨论的关键议题做出正确推论。给特朗普投票的人拒绝单一付款人模式，不单单是因为他们没有读过某个保险分析师所做的这样或那样的研究，这些研究指出了对于个体公民而言，单一付款人模式实际上更划算，或更有助于长期健康。人们不是基于上述事实才决定反对单一付款人医保的。同样的道理，也不太可能有什么新的信息能说服他改变想法。这种拒绝是在对群体利益产生归属，对群体外的利益则产生敌视的层面上进行的。它是非理性的，但不是无知的。

共和党选民反对被他们视为公费医疗制度的理由之一是，当被问到他们自己的医保是否健全时，据说他们否认他们个人需要医保，因为他们家每代人都很健康。就像之前提到的，在奥巴马选举的中期，据说一些进行抗议的茶党人士还曾推荐替代疗法，比如美洲土著疗法和中医疗法，以此来应付没有医保的情况。这可真是胆大妄为的提议。第二种观点不仅是反社会主义，严格说来，更是反现代之举：它不仅反对医疗费用的公有制；它还反对在过去几百年中形成的对医疗本身的理解。这暗示着它拒不承认现代科学研究确实取得了成就，从而改善了人类的健康，提升了人类的幸福。

第一种观点认为一个人之所以不需要医疗，是因为他在任何情况下都健康，这就更胆大妄为了：它主张一种不受死亡束缚的自由，这种自由完全摆脱了身体和身体最终无法避免的腐朽。它没能理解"健康"并非每个生命体与生俱来的特质。没有哪个身体，或哪个家庭生来就是健康的，就好像没有哪个日子本来就是阳光灿烂的，没有哪片大海本来就是风平浪静的。当我们享受着健康，或享受着晴朗的好天气时，想象一切本来就是这样的确实很美妙。但这样的想法也太过孩子气了，因为对于这些美好的事物的成熟的认识还蕴含着对它们会转瞬即逝的认知。那些坚持认为自己不需要医保，因为他们认为自己生来就健康且会永远健康的人，若是考虑其实际情况，很可能发现她大脑发育不良，产生了幻觉，不然就是不诚实。或许还有第三种可能：这两种状态并非二分法，而是代表了一个范畴的两端，在这两端中间还有些不同的状况。换言之，在自欺欺人和欺骗他人之间，没有清晰的界限。反对者可能仅仅是在言辞上或观念上不想面对她的身体状况与他人并无二致这个残酷的事实，因此不惜损害自身利益，也要想办法排斥一个本可以为她提供医保的制度。

和茶党运动中的其他人一样，她的反对表面上看是在捍卫自由：不受各种强制的集体化的束缚。我们把她否认自己身体状况的不确定性断定为一种道德上的错误或许有些太过仓促。但如果这种否认是出于一种浪漫的冲动，就像令士兵为国出征的冲动一样，而非仅仅是一种幻想，那么我们或许就不得不收回自己的判断了。妄想正是那些人所行使的自由，他们错误地认为自己已经脱离了集体，成功地对抗了决定了我们出身的社会阶层、社群或物种的天然因素。相比之下，拥抱死亡，或是愿意踏上速死之途的浪漫人士，虽然在这样做的时候对自己所面临的危险有清醒的认识，但她相信为了某种社群归属感，或某种美好的愿景而放弃自己的生命，比其他一些妥协更可取，那些妥协虽然会延长她的个人生命，但也会把她附在让她感到陌生的集体生命形式中。这种浪漫观点的丑陋版本现在倒是非常常见。它真正要说的是："我怎么能接受一个黑人总统提出的医保呢？"它的"温和"版本——其温和的程度就像是赫尔德所倡导的温和的民族主义之于希特勒的"强硬"派——则是："为啥那些八竿子打不着的衣冠楚楚的官僚们总想告诉我们该如何生活，不让我们吃油炸食品，不让我们喝玉米糖浆，把我们喜欢的东西拿走了，还把让我们因爱而团结在一起的东西也拿走了呢？"

显然，反对者既要求这个大政府和它维护的社会——这个社会包括了她不认同的少数裔和生活在沿海地区的精英——承认她的个体自由，又要求它承认她所认同的社群，这是一个苦苦挣扎的白人工人阶级，或是随她怎么想的一个社群。反过来，这个社群对成员在言论上、服装上和举止上的束缚，在很大程度上与充分的个体自由是不相容的，而且尤其配不上这样一位如此与众不同，竟然不受肉体灭亡束缚的人。反对者在表达她的个体自由时，同时也表达出了她渴望融入一个让她的个体完全消失的社群的意愿，就像一个士兵在战场上倒下时或是驾驶着战斗机飞入敌方的战舰时，他的个体完全融入了他的国家之中（或许在他生命的最后时刻，他还背诵着荷尔德林的浪漫诗歌，我们听说至少一些日本神风号的飞行员是这样做的）。[19] 所以奥巴马医疗的反对者终究是浪漫的：幻象出来的浪漫。

但是一个成年人真的不知道自己一定会死吗？1886年，列夫·托尔斯泰在小说《伊凡·伊里奇之死》中描写了一个布尔乔亚，他从不反思自己的生活，直到他在壮年患上了致命的疾病。临终之时，他回忆起他在学生时代学的著名三段论，即所有的人都一定会死；盖尤斯是人，因此盖尤斯一定会死。伊凡·伊里奇，这位垂死之人，意识到他从小就知道这个论证的每个步骤，也知道推论是正确的，但不知为什么，他就是没意识到盖尤斯这个名字可以被替换成他自己的名字，也没意识到这个论证很早以前就为他备下了终将到来的不幸：

　　他心里明白，他快要死了，但他不仅没有习惯这个想法，而且他没有，也不能真正理解这个想法。

　　他从基斯韦帖尔的逻辑学中读过这个三段论："盖尤斯
是人，人是必死的，因此盖尤斯是必死的。"他一直认为这
只适用于盖尤斯，绝不适用于他。盖尤斯——一个抽象意义
的人——是必死的，这完全正确，可他不是盖尤斯，不是抽
象意义的人，而是与众不同的人。他曾经是小万尼亚，有妈
妈和爸爸，还有米迪亚和瓦洛佳，有玩具、马车夫和保姆，
后来还有卡嘉和许多童年的、少年的和青年的喜怒哀乐。[20]

　　在伊凡·伊里奇一生大部分的时光中，他不知道他曾经知道
的一些事情。他没有让自己根据已经掌握的事实推导出恰当的结
论，以便尽可能过上那种最好的生活：一个理解了死亡的人是不
会害怕死亡的，而会在认识了死亡的情况下自由地制定自己的人
生计划。托尔斯泰把这种失败看作布尔乔亚的主要特征，在19世
纪俄国的知识分子看来，这一阶级的成员执着于用琐碎之事、用社
会礼仪、用挑选壁纸图案和类似的消遣来打造自我形象。近些年，
文化历史学家，如彼得·盖伊[21]，和经济历史学家，如迪尔德丽·麦
克洛斯基[22]用不同的方法提出了有力的，甚至是可爱的解释，完整
而有深度地从内部说明了18、19世纪出现在整个欧洲的布尔乔亚
阶层。你不必认同他们所有的观点，就能明白托尔斯泰对他创造
的伊凡·伊里奇或许过于严苛了，不仅如此，或许你还能明白这
个人物对于死亡的否定不是因为他的阶级属性，而仅仅是因为在
他的内心深处，他很难接受我们自身即将不复存在的命运。

　　最近我们看到，在否认死亡的人里，有美国工人阶级中被剥
夺了选举权的人，也有那些从腐朽的底层掉下去的人，这一阶层

在美国不叫布尔乔亚（大概是害怕唤醒无产阶级的阶级意识），而被叫作"中产阶级"。不真实的生活是指在生活中对死亡抱着自欺欺人的态度，那么这显然不局限于某个社会阶级。本质上，它既不是特权的结果，也不是绝望的产物。它可能是个体的失败，比如托尔斯泰作品中的主人公的遭遇，也可能是由公共性失灵导致的能够影响或毒害政治的运动。伊凡·伊里奇没能践行三段论这件事，看起来并没伤害到任何人，除了他自己。那些参加茶党抗议的人不仅希望自己摆脱奥巴马医保，还要剥夺其他支持该医保的人享受医保，他们对社会公益造成了更大的威胁，其破坏力跟那些反对打疫苗的人对群体免疫的破坏一样。这种非理性有时是个体的，有时是公共的，同一个非理性观念既可以在某种环境下被一个人安安静静地带进自己的坟墓而不产生任何社会效应，又可以在另一种社会环境下作为种子，发展成一种非理智的和自我毁灭性的社会政治风气。

即使现在，在我写这本书时，我也不确定自己是否完全理解了古老的死亡三段论所具有的力量。我也知道所有人都会死，我也知道盖尤斯是人。我知道这一切意味着什么……对盖尤斯而言。此外，我还认为盖尤斯早就死了。但所有这一切究竟对我意味着什么，我似乎，不知为什么，既知道又不知道。如果完全的理性需要我完全地接受我的死亡，而且要根据这一事实行事，那么恐怕我目前离完全理解理性还差得远呢。我所能做的一件事就是写一本关于一个人拒绝承认自己会死的非理性的书。但是我不能理解，不能完全理解，自己的死亡。我不能用自己的名字替换那个三段论里的名字。当我感到无比骄傲，感到常是源自恐惧的骄傲时，尤其觉得自己不会死，觉得自己徒劳的、微不足道的努力无比重要。我发现自己的感觉在这种自我膨胀和与其相反的感觉之间变来变去；正如威廉·巴特勒·叶芝所写的，"白昼的虚荣"意味着"夜晚的悔恨"。[23] 我和那位否认她需要医保的女士没有什么不同，和伊凡·伊里奇也没有什么不同。

伊凡·伊里奇因为没能弄明白什么才是更真实的，所以只好把生活看成是由布尔乔亚式的舒适的、简单的但最终也毫无意义的享乐所组成的。但更真实的生活（虽然这个话题不是本短篇要探讨的观点），在托尔斯泰看来，是指一种饱含精神厚度的生活，是由和平主义的、与派别无关的基督教所建构的生活，也是托尔斯泰本人所践行的生活。然而在19世纪末，对于那些放弃了布尔乔亚式的自鸣得意的人而言，更为常见的生活不是精神上的静止沉寂，而是更加大胆的犯禁行为。因此夏尔·波德莱尔唤起了人们的渴望，向往那"无聊沙漠中的恐怖绿洲"。[24] 有意义的人生憧憬反过来将激发许多20世纪的人，在战争中，在暴力中看到唯一的解脱之道，以此来摆脱自我欺骗式的自鸣得意。潘卡吉·米什拉曾详细地描写了有关加布里埃尔·邓南遮的事，他是意大利贵族、诗人和战斗机飞行员，在1919年曾短暂地占领了阜姆，宣称自己为il Duce（领袖），这个头衔后来自然与贝尼托·墨索里尼联系在了一起。"他发明的那种僵着胳膊敬礼的动作，"米什拉说道，"后来被纳粹采用了，除此以外，他还设计了黑色的制服，上面有海盗骷髅和交叉的骨头；他醉心于谈论殉道、牺牲和死亡。"[25]

为了避免在小安小适、否定死亡中度过苍白人生，而转向暴力犯禁，一般被理解为是非理性主义的表现。它是一种浪漫的、反启蒙的倾向，而且很可能在20世纪的进程中成为全球公正和平等的巨大障碍。在今天的特朗普时代，在土耳其、印度和其他的民族主义重新抬头的地方，它已经成为巨大障碍。然而，它至少有一点是对的，而我们认为伊凡·伊里奇正是错在没有看到这一点，而且我们似乎有理由认为这正是他的非理性所在。邓南遮直面死亡，伊凡·伊里奇则因为害怕而转过脸去。邓南遮认识到了人类生命的基本条件。这难道不是理性吗？难道苏格拉底，这位理性的典范，在接到自己的死亡宣判时，不也是这样做的吗？

"不要拉扯上别人"——之所以得出这样的结论，或许正是因为我们必须承认死亡是人生的尽头，从而必须在生活中不把小安小适当回事，并为生命的终结做好准备。斯多葛学派常把自杀视为合情合理的决定，而且认为它本身并非绝对不好。[26]但他们不会为杀人辩护。我们到底怎么才能通过承认自己是必死的（如托尔斯泰和苏格拉底证明我们必然如此）来证明，甚至是赞美他人的英年早逝（如波德莱尔、邓南遮和许多其他以身试法的人），这是一个难题。它也是作为个体心智功能缺陷的非理性与作为运动中的大众的政治或社会现象的非理性之间的关系问题的症结所在。

把我绑起来

我们已经看到，对非理性的看法往往是不恰当的，好像它只是一种知性上的错误，即没能从已知事实推出正确结论。如果仅此而已，它也就不会特别有趣了。当人们犯了推论上的错误时，他们如果把这些错误说出来，就会有好心人帮他们纠错，然后也就到此为止了。事情之所以复杂，正是因为我们认为非理性是判断和行动的综合体现。事实上，当我们把注意力集中在行动上时，我们会发现大多数被视为非理性的行为，常常不是根据错误的推论所采取的行动，与其说这些非理性的行为基于不知道我们所知，不如说是基于不要我们所要。

事实上，人们所做的许多非理性的事，是在他们完全清楚这些事是非理性的情况下做的。吸烟就是最典型的，也是我们最熟悉的例子。我们听到过多少吸烟者，在点烟时说，他们真不应该这样做，他们事实上也不想这样做呀？这种非理性常常被叫作"akratic"（无自制力的），来自希腊语akrasia，通常被翻译成"意志薄弱"。它与从已知事实得出错误的推论无关，而是绝对不按照一个人所得出的正确推论来行事。

我们不能一开始就简单地把吸烟认定为是非理性的。吸烟者可能经历了严谨的成本收益分析，然后冒着吸烟对未来可能造成的风险，选择了及时行乐——或许不仅是尼古丁在血液里产生的快乐，还有作为烟民，因拥有了某种社会形象而获得的抽象快乐，他们成了活在"当下"的人，或者非常单纯、酷得无可否认的人。还有一种可能是，经过了对必死命运的反思，他相信了人们常说的那句老话：我们要"找到喜欢的事物，让它慢慢杀死我们"。苏联有个关于吸烟的老笑话，背后隐藏的就是这个智慧。当时在苏联开展了一场抵制吸烟的广告宣传活动，谴责吸烟是"慢性死亡"。一个人看到这个广告，对自己说，"说得对，我确实不着急"，然后就点了一支烟。如果一定要解释的话，这个笑话的意思是，这个人认为广告之所以要向我们宣传抵制吸烟，仅仅是因为它是一种**效率很低的**自杀方式。用它自杀太费时间了，因为你如果真想自杀，就一定要来个痛快。这个人，虽然误解了这个广告，但就吸烟和必死的命运而言，他的心智似乎非常理性：生命，即使处于死亡的阴影中，也并不是太糟糕；一个人可以想做什么就做什么，只要不让死亡来得**太早**。

相比之下的另一个常态是，一个人对吸烟或其他类似行为的态度与上述情况完全不同，即他把吸烟当成是她非常不想做，但不管怎样还是会做的事。那么，这样的困境究竟如何可能呢？善于分析的马克思主义者和理性选择理论学家约·埃尔斯特在两本具有开创性的书中，巧妙地分析了非理性在实践中的一些主要特征。1979 年在《尤利西斯与海妖》中，他重点关注了一个有趣的现象，即个体因预料到自己将来可能做出非理性之事，而主动选择用与自己当下的愿望相互抵触的条件限制自己。[27]他们就像荷马故事中的那位英雄，要他的同伴把自己绑在船的桅杆上，为的是不被海妖的召唤所诱惑。接下来，在 1983 年的著作《酸葡萄》中，埃尔斯特引用了由让·德·拉·封丹翻译的一个有关狐狸的传统寓言：狐狸发现自己吃不到最甜的葡萄，因此认定自己反正不想吃葡萄，因为它们 "trop verts...et faits pour des goujats"（太绿了……而且只适合傻子吃）。[28]

因此，在一部作品中，我们可能会遇到这样的问题，即人们知道如果没有约束条件，自己就会怎样做，因此为了不那么做而事先采取行动；而在另一部作品中，我们又遇到另一个问题，即人们已经知道自己受到了约束，因此他们修正自己的喜好，使自己相信即使没有这些约束，自己也不会做出不一样的事来。后一种行为给我的感觉不是明显的非理性。它只是一开始有自我欺骗的成分，但这只是为了适应现实，而不是为了否认现实。事实上，至少有一位理性主义哲学家，如莱布尼茨，会认为，根据定义，现实存在的就是最好的，而且除此以外再无事实可言。如果我们没有体会出它是最好的，那只是因为我们没能明智地从世界的整体理性秩序的角度去理解现实。

那些我够不到的葡萄，就其内在的品质而言，有可能确实是最好的，而且如果我试图说服自己它们不是最好的，我可能确实在对自己撒谎。但这并不意味着，如果我吃了这些葡萄，这个世界或是我个人的生活就会变得更好；只有孩子和不成熟的成年人才会以为生活会因为吃到一口好吃的事物，或得到一个可爱的玩具，就变得更美好。一个人若是能对自己做一些工作，导致自己拥有这样一种看待生活的视角，即明白葡萄对自己的幸福而言并不是必需品，更别提对世界的福祉而言了，那是很了不起的。这种对自己不诚实的手段，在道德哲学上可能是有问题的——也就是说，让自己相信够不到的葡萄的内在品质并不如它们看起来那么好——而且，或许采用诚实的手段，让自己真情实感地不把葡萄当回事儿其实才是更好的做法。但在这个故事中，起作用的似乎仍然不是非理性。

与之相比，在尤利西斯的情况中，我们要解决的问题不是让某人争取克制自己去谋取他所无法得到的东西的欲望，而是让某个人即使一开始就有能力得到某事，也要设法不去得到这个他想要的东西。我们怎样才能理解这种奇怪的情形呢？事实上，这一点儿也不难理解。若想领会荷马故事中的玄机，我们就要认清尤利西斯所做之事，并要能在他的身上看到我们自己：比如说，如果我们料到自己晚上会喝得酩酊大醉，我们就会事先让朋友把我们的烟藏起来。相反，只有当我们开始分析正在发生的事情时，当我们明确指出人类的特殊事实，即他们可以对同一件东西既想要又不想要时，理解上的困难才会浮现出来。

在有关一阶欲望和二阶欲望对立的文献中，这样的情况常常被讨论。我的一阶欲望是抽烟；我的二阶欲望是活得健康长寿。尤利西斯的一阶欲望是立刻扑向海妖们；而他的二阶欲望只是活到明天。可能有人会认为这也没什么问题，因为现在的我和未来的我完全不同，所以想要的东西不同，兴趣不同，采取的对自己有利的行动路线也不同。这里，我们可能会对时间和流逝时间中的个人身份的形而上学感到困惑，但在认识共享相同记忆、共享相同身体的这两个（也许还有无限多的其他个体，每个人只存在一小段时间）不同的人之间的差异时，不存在任何内在的非理性。就政治哲学而言，这可能会产生实际问题：比如，人们是否应该被允许和自己签合同，以便当未来的自己没有遵守现在的自己所认同的计划或行为路线时，现在的自己可以惩罚将来的自己。[29]尽管如此，这些问题大体上似乎与非理性无关。

正如伊凡·伊里奇知道一些他不知道的事，尤利西斯想要一些他不想要的东西。伊凡·伊里奇非理性地认为他不会死——或者，更准确地说，不认为他会死——而这种看法之所以完全是非理性的，正是因为事实上他非常清楚地知道他会死。他**能**运用三段论，其中第一句就是"所有的人都是必死的"，然而接下来当让他用自己的名字替换盖尤斯时，他却拒绝这样做。反过来，尤利西斯知道他想要的是他不想要的，而且在任何意义上，他都不会不知道自己拥有这点知识。因此他采取了必要的步骤，避免得到他想要又不想要的东西。在某种程度上，可以把他的方法理解为是最理性的，尽管他心里同时存在的一阶欲望和二阶欲望证实了他的非理性本质。他的理性就是培养一种有效手段来制服他的非理性。干得漂亮，尤利西斯。

货物崇拜

正如我们已经讨论过的，"酸葡萄"这种现象让我们逐渐相信，我们在受限的条件下所得的要好过我们无法得到的。事实上，拉封丹的寓言和埃尔斯特对它所做的分析与我们今天通常对这个短语的理解截然不同。这个短语的意思常让我们联想到一个吃了"酸葡萄"的人，他的脸因为酸得难受而揪了起来，同时心里肯定在想在别的地方有什么人可能得到了更好的东西。与之相比，拉封丹的狐狸至少是斯多葛派学派所谓的"ataraxia"的或泰然若素的，它深信自己最佳的状态就在当下，而非在别处。这只狐狸或许真的是理性的典范，与它形成鲜明对照的是根据我们刚刚想到的"酸葡萄"的另一个意思而活的人：这些人，借用一句老话来说，总觉得邻家芳草绿。

事实上，在这两种看法——一种认为像自己家这样的就是好的，另一种认为我们要更加努力去把更甜蜜的果实带回家——之间的左右摇摆似乎就是对现代欧洲史的较为全面的概括，由此可以总结出成对出现的，也是明显朝相反方向发展的两个趋势：一个是以血统-国土为本的民族主义，另一个则是帝国主义扩张。

自进入现代以来，欧洲人在全世界的扩张，无论是为了商业、战争还是殖民，当然很少会受制于够不到这个或那个果子。事实上，我们看到的是一种可能完全不同的非理性：不是因欲望受限而节制欲望的非理性，而是打破限制，以便创造新欲望的非理性。总而言之，这是许多研究探险和贸易的历史学家所提出的观点，尤其值得注意的是西敏司，他于1985年在《甜与权力：糖在近代历史上的地位》这本颇具影响力的著作中提出了上述观点。[30]

早期的全球化并非像我们想象的那样，认为必需品在欧洲已经出现了短缺，这迫使欧洲人走出欧洲去寻找必需品。相反，对奢侈品的搜寻才在相当程度上驱动了全球化进程，这些奢侈品包括香料、丝绸、咖啡、烟草、糖和其他商品，在知道这些东西存在之前，欧洲人并不知道他们需要这些。

罗马人即使不曾大批量生产过蔗糖，过得也挺好；他们用蜂蜜和水果做添加剂就已经使食物足够甜了。但早在欧洲人这一自我概念形成以前，欧洲人就已经开始寻找新欲望了。10世纪，斯堪的纳维亚的异教徒就打通了进入东欧的内路，最终到达了中亚和中东，目的是用他们的毛皮和皂石交换异国的奢侈品。[31]埃及人在给法老制作葬仪面具时使用的天青石是一种稀有的石头，必须从遥远的阿富汗运来。[32]事实上，有大量的证据表明，作为身份标志的奢侈品长途运输早在旧石器时代晚期就开始了。[33]自人类诞生以来，我们就不满足于从近在咫尺的周边获得所需，而是要长途跋涉，或委托他人长途跋涉，去寻找那些只有到了那儿我们才知道自己需要的东西。我们当然不需要这些东西，因为即使没有这些东西，作为个体的我们也会消亡。但是人类文化似乎就是需要非必需品，如果没有它们，文化就会消亡。

只有人才会需要他们不需要的东西，显然，这正如只有人才会知道他们不知道的，只有人才会想要他们不想要的一样。

如此说来，我们或许可以说文化是非理性的。文化的存在依靠着来之不易的商品所体现出的象征性价值，但就物质意义而言，文化就算没有它们也完全可以存在。在当代，这种象征性意义常常不是由从远方进口而来的商品体现的——因为不再有遥远的地方了——而是由明确地以作为奢侈品出售为目的才被制造出来的商品体现的，而且这些商品往往只是被营销包装成奢侈品而已。许多食品被认为是高级的，因此标价更高，其原因与它们相对的稀缺性毫无关系。举一个人类学家马歇尔·萨林斯提出的很有名的例子，我们如果根据切好的牛肉在牛身上所占的分量给它们标价，那么我们可能会认为牛舌最贵，但事实上，在我们的文化中它的价值最低，售价也最低。[34]我们可以假装这样的标价纯粹是因为吃牛舌的口感与吃其他更高级的牛肉的口感不同，但实际上这是文化一手造成的，因为我们在划分事物时，依靠的是从内在看来有意义，从外在看来则很武断的标准。

当然了，在奢侈品身上多多少少会有一些因素，让它们看起来品质更好，更能唤起人们的欲望，由此让人觉得它们即使更难得到也合情合理：从机械学的角度看，一辆兰博基尼确实比一辆克莱斯勒的 K 型车强得多，而且开起来也确实更令人愉悦。但把文化中的高价商品归因于它的内在品质，其结果至多只是触及了问题的表面。现在许多人都认为最糟糕的食品增甜剂是精糖。他们又重新吃起蜂蜜和水果来，用这些自古就有的添加剂来增甜。那么，几个世纪以来种植园里的强迫劳作、千百万人的死去和背井离乡、肥胖症和糖尿病以及牙齿腐烂又都是为了哪一桩呀？这种虽然甜蜜但也乏味、幼稚至极的蔗糖为什么能如此长久地让我们大动干戈呢？这难道不是非理性的巅峰吗？

然而，如果我们说这是非理性，我们就不能只把它归罪于现代欧洲人，而要归罪于整个人类，因为到头来，这不过是把人类一贯如此的所作所为又向前推进了一步而已。但如果仅仅因为人类把他们在严格意义上并不需要的东西当作贵重物品，所以就说他们的文化是非理性的，那似乎过于言重了，因为除此之外的唯一选择就是一种纯粹的"动物性"存在，这种存在只关注当下的需要，除此不作他想，而这种存在形式通常**也**被我们贬为非理性。糖、香料和丝绸，它们本身不是必需品，但它们带给我们的蕴于文化之中的满足感，在根本上来说是很符合人性的，也是无法被抹杀的。

我们之所以能品尝蔗糖和代糖的龙舌兰糖浆，或吃到里海的鱼子酱和安第斯藜麦，全都是由全球经济和历史的力量所决定的，这些力量大大超出了我们对食物感官特性的直接认知。不能超越这些直观的特性的认识——要明白我们消费的这些商品，在被我们消费之前就已经有了属于自己的历史，这段历史可能涉及人力的消耗，还可能涉及人类、动物和环境所遭受的苦难——就是一种非理性的认识，马克思主义者称之为"虚假的认识"。这同样是不知道自己知道什么。根据一些解释，比如皮埃尔·布迪厄，这位具有开拓精神的法国马克思主义哲学家在1979年的著作《区分：判断力的社会批判》[35]中提出的解释，彻底克服错误的认识需要我们承认，我们作为消费者，对食物、音乐、家具、打包的度假产品等表现出的偏爱，是我们对阶级身份的纯粹表达，而这些商品的一切内在属性，尽管无法否认它们是那么可爱，却与我们挑选它们的真实的和具体的原因，一丁点儿关系都没有。

人类学家一直对他们所谓的"货物崇拜"很感兴趣。[36]这个术语的产生源于二战期间人们在新几内亚观察到的一种文化现象。土著的美拉尼西亚人，利用当地现成的原材料，模仿英军给当地驻军运输的货物，制造了一种仿制品。他们甚至复制了跑道，而且在跑道上建造了类似飞机的东西，而这些东西实际上只是他们惟妙惟肖地仿照飞机的样子制作出的与飞机同等大小的木雕。这些作品并非出于战略原因而打造的蒙骗敌军的诱饵，而且它们其实也没有任何实际的作用。或它们至少不被用于外人所能理解的目的。由此可以得出的结论是，它们是类似崇拜对象一样的东西，是"土著人"自发进行的新的宗教活动中的象征符号，人们认为土著人是在不由自主地仰慕英国人高超的科技水平。

说货物崇拜是所有文化的普遍模式其实也不为过。我最近去的一家餐厅，里面盐和胡椒的调味瓶就有着拟人的智能手机的形状：它们的外观是微笑着的人，它们也像是可以随身携带的通信设备，然而它们却是调味瓶。这是什么逻辑？也许早在2005年左右，手机的新颖和高端就为手机带来了文化声望，紧接着许多其他文化产品的生产就开始借用这种声望，包括像盐和胡椒的调味瓶这种已经被使用了好几个世纪的产品，借用的方法很简单，就是让这些物品看起来像是时髦的新型手机的衍生品。可为什么还要给它们一张人的面孔呢？想象一下，估计新几内亚人早就知道了，这是为了提醒我们人造物品也具有制造者的人性。

可能还会有人进一步指出，货物崇拜的作用也会体现在某个遥远村落的"博物馆"里，在那儿我们碰巧看到的，除了为数不多的几个本地的历史物件外，还有一些压膜的信息纸张和从互联网上打印的老照片。让我有同感的是，当我去到世界上某个遥远偏僻的小城，在城里的一家被大肆宣传的高级餐馆就餐时，我觉得我不是在高级餐馆就餐，而是在当地人模仿他们心目中遥远的首都城市的高级餐馆应有的样子而建造出来的餐馆就餐。萨特认为**甚至**巴黎的侍者在某种意义上也是在模仿巴黎的侍者——也就是说，他做作地用他的手势和动作表现出以他这样身份的人应该表现出的完美形象。他甚至可能表现得太过火了，以至于因为过于像他应该像的那个人而显得自相矛盾。让这种模仿显得尤为扎眼和夸张的场合可能还是在巴黎以外的地方，比如在内布拉斯加或德涅斯特的一家起着法国名字，或听起来像法国名字的餐馆里。由于地理位置上的差距，当巴黎的礼仪出现在这种地方时，这种礼仪就显得更滑稽可笑了：为什么侍者如此讲究地给我倒水？他怎么知道什么时候该拿着一个巨大的胡椒研磨器来到我的桌前，并且提出撒点儿胡椒呢？高级餐馆做的所有事情都很荒谬，但当参与其中的人参照某个遥远地方的行为方式——丝毫不差地、完全彻底地、满怀敬意地——做过之后，它们就被理性化了，然后这似乎又平添了一层非理性，因为这是在毫无根据地想象着别的地方的人这样做一定**有**理由，而且我们只要进行模仿就也有了这样做的理由。

接下来的例子似乎就是顺理成章的了。几年前，我在老家的朋友们花了很长时间，费了很多气力，为是否赞同市政府用公共基金购买杰夫·昆斯（或是他的雇员）的雕塑作品而争论不休。所有赞成购买的人，或多或少地都认为摆上一件这样的艺术品，那真是为城市的形象增光添彩呀。当时很少，或者可以说没有人探讨过要买的这件艺术品的美学价值或意义；他们只是非常清楚一个既定的事实：这件艺术品的意义在别的什么地方已经被创造出来了。这个意义可能是玄妙莫测的，但在我们市，这件艺术品的意义不由我们来决定，更别提创造可能作为其他意义的物质提炼而呈现给世界的艺术作品了。在我们市，意义是现成的，只需从别的地方输入进来，之后，我们市就能在更广阔的意义地图上获得一席之地，就像一个小镇刚刚与大都市通过新的铁路干线连接在一起一样。然而，无论在伦敦或纽约花钱买杰夫·昆斯的作品是多么地非理性，在萨格拉门托做同样的事，也是在此之上又添了一层非理性，因为人们这么做的原因仅仅是他们知道伦敦人或纽约人就是这样做的。

但我们许多人都想要参与的行动究竟图的**是**什么呢？昆斯的雕塑或完美的墙纸，它们究竟有什么与众不同之处呢？是什么让我们坚持说我们万分喜欢蔬菜汤或是丰田普锐斯，或侍者转动胡椒研磨器的方式？又是什么让我们坚持说我们每年不能不去法国蓝色海岸做一次康复之旅呢？把布迪厄和托尔斯泰的深邃见解结合起来，我们会发现，不知道我们事实上已经知道的事情以一种特别的形式蕴含在这些说法中——就像伊凡·伊里奇醉心于挑选壁纸——这种形式与我们无法面对我们一定会死有一定的关系。布迪厄和托尔斯泰都认为，人类之所以无法正视这个困难，是因为他们没能充分发挥生命的潜能。其他人，包括萨林斯在内，则常常把这种失败本身看作无法抹杀的人性，认为我们一心一意地喜欢这块肉胜过那块肉，一心一意地认为这个胸针或这种握手的方式比我们那些奇怪的邻居强，就是那部分包裹在人类文化之中的、作为人类而拥有的意外之喜。这真是太不可思议了，我们竟能如此沉迷于这些事物而忘了自己会死！这哪里是失败，分明是胜利呀！

那些人想要把着了迷的我们从人类文化的琐事中拽出来，迫使我们直面我们必死的事实，他们这样做的动机是为清醒之后的我们备下远大目标，目的是对社会进行翻天覆地的，也常常是乌托邦式的改造。一般情况下，人们知道这样的改造一定会付出巨大的代价，甚至是生命的代价，因此他们必须准备好为了更伟大的事业而放弃他们的小安小逸。许多人确实愿意进行这样的交易，用壁纸换取一个隐居的社群，或是放弃消费而去参加圣战。那些赞同这种交易的人认识到了他们一定会死，这没有错，而且不论错没错，他们得出的结论都是他们最好**为了**某事而死。而其他人在直面死亡时，则发现他们虽唾弃那些否认死亡的日常琐碎之事，但仍不愿意参与任何特别大胆的或超越自我的活动。他们可能希望像克日什托夫·基耶斯洛夫斯基宣称的那样，等他退休了，不再拍电影了，他只想找间黑屋子坐下来抽烟。基耶斯洛夫斯基说这话时是1994年，两年后他死于心脏病，享年54岁。[37]

怎么做都行不通：应对死亡幽灵的每一个措施都可能因为它的非理性而遭到批评。如果我们专注于家里的装修，我们就没能意识到我们事实上知道的事；如果我们跑去从事什么光荣的事业，我们就没能把我们的个人利益最大化；如果我们独自坐在那儿，让我们喜欢的事情慢慢地（或迅速地）杀死我们，那么我们的朋友和家人就会对我们讲，我们没能充分地发挥自己生命的价值，力所能及地去做每一件事情。1968年，托马斯·伯恩哈德，这位刻薄恶毒、诚实得让人难以置信，同时又具有自知之明的奥地利作家获得了奥地利文学奖，他的获奖感言引发了轩然大波：他通过领奖，做到了皮凯蒂和（如今还在世的）性手枪乐队成员希望通过拒绝领奖所做的事。他在致辞时一开始便说："没有什么可表扬的，没有什么可谴责的，也没有什么可批评的，但所有的一切都是荒谬可笑的（lächerlich）；一想到死亡，一切就都成了荒谬可笑的。"[38]

怀着爱不断地重复

在整本书中，我们有好几次提到了要使我们的生活"有序"，而且我们把"有序"这个概念理解为kosmos（和谐，宇宙），认为它与理智在历史上和概念上关系密切；还把它理解为logos（逻辑）。许多人认为，由于宇宙在某种程度上是有序的，所以有序本身也是理性的。许多人还认为人类的生活之所以具有理性，部分原因就在于我们之所以能使生活归于有序，与其说是由于我们的信仰，不如说是由于我们的所作所为。对于许多人而言，宗教仪式就是使万物有序的一种形式，就像我们在第四章见到的，诗人莱斯利·穆雷，参照他自己的天主教信仰，将其描述成"怀着爱不断地重复"。

可能因为现代哲学和现代思想从整体上已迁移到了语言上，以此作为人类生命意义的核心，从而导致重复似乎背离了皮娜·鲍什的观点（见第四章），成了"简单的重复"。哲学家弗里茨·斯塔尔（他在几十年来潜心研究婆罗门教的仪式）发展出了一套仪式理论，把仪式看作"没有意义的规则"体系，他最终认为，如果不是作为概念工具，仪式在为人类的存在规定秩序和指明方向方面，其实比语言更悠久。[39]许多在新教世界中长大的人，他们所受的教育让他们相信宗教的本质是个人与上帝的关系，当这些人旅行时，比如去意大利或巴尔干半岛时，他们会感到很惊诧，因为他们第一次意识到在宗教概念中，仪式——在经过街上的教堂时迅速地画十字，斋戒和开斋的循环往复，点还愿蜡烛以及默默地祷告——是宗教信仰存在的必要条件。一些人遇到这样的事，会嗤之以鼻，坚决认为这样的宗教信仰者信仰的不是宗教，而是迷信。

托尔斯泰肯定会毫不含糊地拒绝受仪式束缚的宗教，而他提出的著名观点是"上帝的国在你心里"，因此，真正的虔诚在于凭借反思来认识神。但是如果斯塔尔是正确的，那么用希望来取缔伴随宗教的仪式，以此来抵达某种纯粹的宗教核心则是徒劳的，因为事实上正是仪式把宗教定义成了人类生命中的一个领域。换个角度看，人们发现事实上当仪式被剔除的时候，信仰反倒只剩下了迷信的内核：仪式本身不可能是迷信的，因为，正如斯塔尔所说的，它们没有任何意义，而对于和超验能力或来生有关的信仰而言，情况却并非如此。因此在斯塔尔看来，仪式不仅不是我们想要从理性化的宗教小麦中筛除的迷信麦麸，而是宗教本身的理智，尽管这个"理智"比我们通常所理解的具有更深的含义，它表达的是秩序而非概念。曾经有人觉得，正是仪式把世界连接在了一起。

我在巴尔干半岛住了很久才理解，我曾经以为的与死亡有关的愚蠢迷信——在巴尔干文化中，人们往往会细心照料所爱之人的坟墓，为纪念逝者而定期举行盛宴和仪式，时间长达七年之久，最后以挖出和清洗尸骸为高潮——实际上是一种复杂而有效的文化活动。有位熟悉这一地区丧葬方式的法国人口学家注意到，在巴尔干，死亡在公共生活中所处的核心位置，堪比性在西方文化中的位置。[40]把死亡和间隔进行的丧葬仪式放在社会生活中的重要位置，使得这些文化找到了某种方式来理解本身无法被理解的神秘之物，这些神秘之物在我所处的那类文化中也同样是神秘的，但在那类文化中，人们只是委婉地"赞美生命"，赞美那些我们爱过的和失去的人的生命，而不必真的面对他们死亡的全部事实，尤其是他们骇人的尸骨。

　　爱德华·埃斯特林·卡明斯有一首描写炽热爱情的诗，认为深爱着的人"创造了奇迹，令天上的星星无法彼此靠近"，也就是说，让星星待在原处，阻止它们相互碰撞。但如果生活中没有遇到能体现这种奇迹的人，许多人则会努力通过自己的行动，调节或解决这个问题。人们也不必非得信仰某种带有既定仪式的宗教，才能得出结论，认为是仪式把世界连接了起来，是仪式让星星无法彼此靠近。因此，安德烈·塔可夫斯基1986年的电影《牺牲》中的主人公，在世界濒临核战引发的大灾难时一直抱有一个念头，那就是如果他每天只是尽职尽责地做某件事，即使是在同一时间冲厕所，也许世界也会因此而不崩溃了：这当然是很荒谬的想法，但产生这个想法的根源却比恐惧和绝望更深刻。如果理智就是有序，那么为了建立个体的有序生活，没有比重复更有效的方法了。但在托尔斯泰，实际上还有马丁·路德和此后大多数新教的神学家看来，没有比一个人甘愿受宗教仪式的强制束缚更明显的非理性了。在这种情况下，我们往往发现同一个事物既可以是极度理性的，又可以是极度非理性的，而这只取决于我们的评价体系。

　　这一切都太荒谬了，只要我们能，我们就竭尽所能，通过挑选漂亮的新墙纸，尊重节日和斋戒日，按祖先亲自设计的节奏和间隔来敬拜他们，来为它强加一份秩序；还可以通过努力理解他们，甚至超过他们对自身理解的程度，从而用他们不曾想到的方式纪念他们。[41]

结　论

非理性是无法消除的。我们别无选择，只能在晚上睡着时，松开紧握着的排中律。醒来时，我们总会不由自主地觉得，我们在梦中经历的一切，无论与社会向我们展示的如何相反，即使从严格意义上讲完全不可能发生，也还是有些许的真实性。在关系到切身利益的事情上，我们也会置自己于不利的境地。这个问题很严重。不仅仅是因为我们没有把事情做好。更准确地说，我们觉得如果只做对自己有好处的事情，那么这么做本身对我们是没好处的。因为我们所有人终究会死，由此我们知道我们期望理性行为产生的作用最终都会落空，生命本身也很容易露出非理性的本质，不仅如此，越是一心一意地践行理性，就会变得越加非理性。

这本书的主题——其一是非理性既有潜在的有害性，也有人性上的无法根除性，其二是根除非理性的努力本身也是极其非理性的——绝不是什么新鲜事。你不必非从我这儿了解到这些。到目前为止，这一主题显然已经存在了至少几千年。然而，反对把过去神化，同时反对认为我们有能力把理性秩序强加在未来之上的痴心妄想，这两种做法总能从温故知新中受益良多，因为明明几千年来，它们一直完全被当作显而易见的事，却还是在不断地滑落到那个我们知道却也不知道的巨大范畴中。

许多其他著作，以不同的程度和不同的方法，为本书树立了榜样。最明显的非伊拉斯谟 1511 年的《愚人颂》莫属了。因为愚人，或是疯子，都是非理性的一种。但是，对于这位伟大的荷兰人文主义者所赞美和颂扬的东西，我们在这本书里只是本着一种既不支持也不反对的精神来寻求理解，并在必要时进行调整。这本书并不是在给德语里的一种文学体裁添砖加瓦，这种题材，为了有助于理解，姑且称之为 Narrenliteratur，即 "傻瓜文学"，它通过漫画和夸张来赞扬人类的弱点。事实上，至少在某种程度上，我更想追随的是米歇尔·福柯的精神，1961 年在《疯癫与文明：理性时代的疯狂史》中，他认为世界上之所以会出现傻瓜，主要是由于社会把这一类型强加在他们身上，而非由于他们的想法和行为本身是愚蠢的。本书与福柯的书一样，也是一部 "历史"，因为它试图在一个广阔的背景中呈现出当今世界是如何形成的，同时省掉了严格的年代表和任何所谓的因果顺序（再次重申一次，在法语里 "历史" 和 "故事" 是一个词）。但在福柯的书中，作者集中讨论的是在宽泛类型中的几个令我们感兴趣的相对狭窄的类别，并且他关于疯癫的历史偶然性得出的结论最终在某种程度上与人文主义者的看法有着严重的分歧，后者认为不能把我们这一物种的愚蠢本性仅仅分析成一种成分或偶然性。本书也反映了威廉·巴雷特在《非理性的人：存在哲学之研究》（1958 年）中所表达的观点，尽管这本书有很多优点，但它与当时的历史议题联系得过于紧密，过分依赖它身处的 20 世纪中期的时代情绪，以至于它要么看似在当时很有用，要么就是一种永恒的洞见，使我们脱离了当下。不仅如此，本书中的很多观点也继承了托马斯·布朗于 1646 年写的那本神经错乱的书《常见的错误》（*Pseudodoxia epidemica*），这位英国作家用他那令人心荡神驰的迷人手法，记录了他所处的革命年代中像"流行病"一样流行的错误观点。我们当今时代的最大矛盾是,所有人类知识,尽管比以往任何时期都唾手可得,却因为地球上几十亿人的兜里都揣着很容易了解到这些知识的特殊设备,而导致错误观点还像以往一样流行。

或许还有一点值得一提,但得事先解释一下。本书主要写于2016年到2018年,在此期间我戒了酒,买了一个无线健康跟踪器和一个血压监控器,关闭了我的脸书账户(对人类而言这是比毒品更可怕的流行病),我终于能够诚实地面对我生命中的每一个人了,我也把长期以来一塌糊涂的财务理顺了。我鼓起勇气,对自己说:最后终于要践行"不可能的三段论"了,因此我意识到我只能用有限的时间做我想做的每一件事。我变得理智了,在有限的方面、以相对的方式。在这方面,我自己知道,我遵循的是理查德·克莱恩的做法,他在写《香烟:一个人类癖习的文化研究》这本书时,对这个陋习大加赞美,最终却意想不到地戒了烟。事实证明,真正的自救不是靠那些自救专业人士和骗子传授的简单易行的方法,而是要彻底弄清楚在我们憎恨和想要摆脱的事物中,所有那些好的和令我们喜欢的部分:疯癫和幻觉、热情、滥用、狂热、编造神话、疯狂想象、固执己见和自我颠覆,所有这些,无论好坏,都成就了生活本身。

致　谢

　　这本书处于专业性研究和散文式探索、欢乐剧和严肃剧、理智和想象之间的奇异交叉点上。我与许多人的谈话充实了本书的内容，他们有的是我的同事，有的是我的朋友，有的则既是朋友又是同事，其中一些人与我共处过数不清的时间，还有一些人与我至今素未谋面。这些人有 Noga Arikha、D. Graham Burnett、Emanuele Coccia、James Delbourgo、Philippe Descola、Jeff Dolven、Jerry Dworkin、Rodolfo Garau、Jessica Gordon-Roth、Geoffrey Gorham、Catherine Hansen、Philippe Huneman、Gideon Lewis-Kraus、Stephen Menn、Richard Moran、Yascha Mounk、Ohad Nachtomy、Steve Hadler、Sina Najafi、Paolo Pecere、S. Abbas Raza、Anne-Lise Rey、Jessica Riskin、Jerry Rothenberg、Adina Ruiu、Jesse Schaefer、Kieran Setiya、J. B. Shank、Jean-Jacques Szczeciniarz 以及 Charles T. Wolfe。我与朋友们在很久之前的一些谈话和邂逅决定了这部书最终的模样，其中尤其要感谢 Jack Goody；也要感谢第一位教我如何阅读诗歌的人 Daniel Rancour-Laferriere［我们读的是亚历山大·勃洛克的《十二个》（"ДВЕНАДЦАТЬ"）］；还有 Catherine Wilson 和 Richard Wollheim，他们二人在很早以前，就让我看到了一个人可以怎样全身心地投入哲学研究。我也非常感谢我的代理人——Andrew Stuart，在我还不确定这个题目是否适合我的时候，是他说服了我

将研究继续下去；还有我的编辑——普林斯顿大学出版社的Rob Tempio，他对书籍的热爱和关于书籍出版的专业知识总是令我惊叹不已，让我感觉自己就像一个音乐家，有着也许一点点的才华和许多未加工的能量，而只有当他遇到一位有远见的、知道如何把所有材料整合起来的制作人时，这位音乐家才能够制作出像样的专辑。

第五章第一节的大部分内容曾以《蜗牛互联网》（"The Internet of Snails"）为题，于2016年在《内阁杂志》（*Cabinet Magazine*）第58期第29—37页上发表。第八章的开始部分也曾以《排气》（"Punching Down"）为题，于2017年秋季在《点杂志》（*The Point Magazine*）第14期第117—123页上发表。

注 释

序 言

1. Iamblichus, *Life of Pythagoras*, trans. Thomas Taylor (London, 1818), 65.

2. Pappus of Alexandria, *The Commentary of Pappus on Book X of Euclid's Elements*, ed. and trans. William Thomson (Cambridge, M. A.: Harvard University Press, 1930).

3. James Merrill, *The Changing Light at Sandover* (New York: Knopf, 1982), 55.

引 言

1. Paul Hazard, *La crise de la conscience européenne, 1680–1715* (Paris: Fayard, 1961 [1935]), 117.

2. Theodor W. Adorno and Max Horkheimer, *Dialectic of Enlightenment*, trans. John Cumming (London: Verso, 1997 [1944]).

3. Pascal Bruckner, *The Temptation of Innocence: Living in the Age of Entitlement* (New York: Algora Publishing, 2007 [1995]), 19.

4. Zeev Sternhell, *Les anti-Lumières. Une tradition du XVIIIe siècle à la guerre froide* (Paris: Fayard, 2006), 17；英文版本为 *The Anti-Enlightenment Tradition*, trans. David Maisel (New Haven, C. T.: Yale University Press, 2009)。

5. Pankaj Mishra, *Age of Anger: A History of the Present* (New York: Farrar, Straus and Giroux, 2017), 147.

6. Steven Pinker, *Enlightenment Now: Reason, Science, Humanism, and Progress* (New York: Penguin Random House, 2018).

7. Germaine de Staël, *De la littérature, considérée dans ses rapports avec les institutions so-ciales*, in *Oeuvres complètes de Madame de Staël, publiées par son fils*, vol. 4 (Brussels: Louis Hauman et Co., 1830), 360.

8. Paul Lewis, " 'Our Minds Can Be Hijacked' : The Tech Insiders Who Fear a Smart-phone Dystopia," *Guardian*, October 6, 2017. https://www.theguardian.com/

technology/2017/oct/05/smartphone-addiction-silicon-valley-dystopia.

9. See, e.g., Sam Kestenbaum, "Got Nazis? Milk Is New Symbol of Racial Purity for White Nationalists," *Forward*, February 13, 2017. https://forward.com/fast-forward/362986 /got-nazis-milk-is-new-symbol-of-racial-purity-for-white-nationalists/.

10. Virginia Woolf, "The Lady in the Looking Glass: A Reflection," in *Virginia Woolf: Selected Short Stories*, ed. Sandra Kemp (London: Penguin Classics, 1993 [1929]), 78.

第一章　逻辑，自噬的章鱼

1. See Justin E. H. Smith, *The Philosopher: A History in Six Types* (Princeton, N. J.: Princeton University Press, 2016), chap. 3.

2. See Roger Bigelow Merriman, ed., *The Life and Letters of Thomas Cromwell: Letters from 1536* (Oxford: Clarendon Press, 1902).

3. See Walter J. Ong, *Ramus, Method, and the Decay of Dialogue: From the Art of Discourse to the Art of Reason* (Cambridge, M. A.: Harvard University Press, 1958).

4. Cited in ibid., 27.

5. See Stephen Jay Gould, "Nonoverlapping Magisteria," *Natural History* 106 (March 1996): 16–22.

6. Herman Melville, *The Confidence-Man: His Masquerade*, and *Billy Budd, Sailor* (London: Penguin, 2012 [1857]), 30.

7. Cicero, *Tusculan Disputations* 2.12.29.

8. Lucian of Samosata, *Thirty Conferences of the Dead: Diogenes and Pollux*, in *Lucian of Samosata*, trans. and ed. William Tooke, 2 vols. (London: Longman, Hurst, Rees, Orme, and Brown, 1820), 1:383–384.

9. Themistius, *Orations 14*, cited in Pierre Gassendi, *Syntagma Philosophicum*, in *Opera Omnia in sex tomos divisa* (Lyon: Laurence Anisson and Jean-Baptiste Devenet, 1658), 1: 88.

10. Aulus Gellius, *Attic Nights*, trans. J. C. Rolfe, Loeb Classical Library 212 (Cambridge, M. A.: Harvard University Press, 1927), 3:162, bk. 16, chap. 9.

11. Cicero, *Tusculan Disputations* 3.10.22, citing Plutarch, *De sollertia animalium*, Loeb Classical Library 12 (Cambridge, M. A.: Harvard University Press, 1957), 359.

12. Leibniz, *Projet d'un art d'inventer*, in Louis Couturat, *La logique de Leibniz, d'après des socuments inédits* (Paris: Félix Alcan, 1901), 176.

13. Gassendi, *Syntagma Philosophicum*.

14. Anton Wilhelm Amo, *Tractatus de arte sobrie et accurate philosophandi* (Halle, 1738). 这个论据更适合用拉丁语表达，因为拉丁语里没有不定冠词，而且"你的"和"你的东西"的拼写完全一样："Haec capra est tua; haec capra est mater; ergo, haec capra est tua mater"。

15. Immanuel Kant, *Kritik der Urtheilskraft,* § 54, AA 5, 332.

16. Ludwig Wittgenstein, *Tractatus Logico-Philosophicus*, trans. C. K. Ogden (London: Kegan Paul, Trench and Trübner, 1922). "But all propositions of logic say that same thing. that is, nothing" (5.4.3).

17. Martin Heidegger, *Logic: The Question of Truth*, trans. Thomas Sheehan (Bloomington: Indiana University Press, 2010), 10.

18. Gassendi, *Syntagma Philosophicum* (Pars Prima: Logica), 80.

19. See in particular Robert Nozick, "Newcomb's Problem and Two Principles of Choice," in *Essays in Honor of Carl G. Hempel*, ed. Nicholas Rescher (Dordrecht: Reidel, 1969), 114–146; David H. Wolpert and Gregory Benford, "The Lesson of Newcomb's Paradox," *Synthese* 190, no. 9 (2013): 1637–1646; Arif Ahmed, "Infallibility in the Newcomb Problem," *Erkenntnis* 80, no. 2 (2015): 261–273.

20. See André Vauchez, *Francis of Assisi: The Life and Afterlife of a Medieval Saint*, trans. Michael F. Cusato (New Haven, C. T.: Yale University Press, 2013).

21. See e.g., Karigoudar Ishwaran, ed., *Ascetic Culture: Renunciation and Worldly Engagement*, International Studies in Sociology and Social Anthropology (Leiden: Brill, 1999).

22. See Jean-Jacques Rousseau, *Discours sur l'origine et les fondements de l'inégalité parmi les hommes* (Amsterdam: Marc Michel Rey, 1762), 122–124.

23. Aristotle, *Metaphysics*, ed. W. D. Ross (Oxford: Clarendon Press, 1924), 1074b33.

24. Porphyry, "Life of Plotinus", in *The Essence of Plotinus: Extracts from the Six Enneads and Porphyry's Life of Plotinus*, ed. Grace H. Turnbull, trans. Stephen MacKenna (New York: Oxford University Press, 1934), 10.

25. Ibid.

26. 美国学术界对不可捉摸的法国哲学的理解有着奇怪的历史，这一点见 François Cusset, *French Theory. Foucault, Derrida, Deleuze et Cie et les mutations de la vie intellectuelle aux États-Unis* (Paris: La Découverte, 2005)。

27. Perry Anderson, "Dégringolade," *London Review of Books* 26, no. 17 (September 2, 2004): 3–9.

28. 此处内容主要来源于我对巴迪欧的一次公开讲座的记忆，讲座的题目是 "Les attributs de l'Absolu"，讲座地点是巴黎美国大学，时间为 2015 年 6 月 17 日。

29. "Leibniz to Foucher", 1692, in G. W. Leibniz, *Lettres et opuscules inédits de Leibniz*, ed. A. Foucher de Careil (Paris: Libraire Philosophique de Ladrange, 1854), 89. Cited in Jorge Luis Borges, "Pierre Menard autor del Quijote," in Jorge Luis Borges, *Cuentos Completos* (Barcelona: Lumen, 2015), 110.

30. Barry Meier, "Inside a Secretive Group Where Women Are Branded," *New York Times*, October 17, 2017. https://www.nytimes.com/2017/10/17/nyregion/nxivm-women-branded-albany.html.

第二章　自然的理智，"无须用脑"

1. See John McDowell, *Mind and World* (Cambridge, M. A.: Harvard University Press, 1996 [1994]).

2. 我此处的观点得益于 D. Graham Burnett（在我们的私人通信中）。

3. Les Murray, "The Meaning of Existence," in *Poems the Size of Photographs* (Sydney: Duffy & Snellgrove, 2002), 104.

4. Carlos Fraenkel, *Philosophical Religions from Plato to Spinoza: Reason, Religion, and Autonomy* (Cambridge: Cambridge University Press, 2012), 128.

5. Benedictus de Spinoza, *Theological-Political Treatise* 5.45, in *The Collected Works of Spinoza*, trans. and ed. Edwin Curley, vol. 2 (Princeton, N. J.: Princeton University Press, 2016); Spinoza, *Ethics* 4, Proposition 68, Scholium, in *The Collected Works of Spinoza*, trans. and ed. Edwin Curley, vol. 1 (Princeton, N. J.: Princeton University Press, 1986).

6. Peter Godfrey-Smith, *Other Minds: The Octopus, the Sea, and the Deep Origins of Consciousness* (New York: Farrar, Straus and Giroux, 2016).

7. 为了更好地理解这两种现象之间的区别——茎化腕分离、自割、自食手臂或自体吞噬，见 B. U. Budelmann, "Autophagy in Octopus," *South African Journal of Marine Science* 20, no. 1 (1998): 101–108。

8. Godfrey-Smith, *Other Minds*, 76.

9. Girolamo Rorario, *Hieronymi Rorarii ex legati pontificii, Quod animalia bruta ratione utantur melius homine*, libri duo (Amsterdam: Apud Joannem

Ravesteinium, 1654 [1555]).

10. René Descartes, *Méditations*, in *Oeuvres de Descartes*, ed. Charles Adam and Paul Tannery (Paris: Léopold Cerf, 1904 [hereafter "AT"]), 9: 48.

11. Jean-Paul Sartre, *Being and Nothingness: A Phenomenological Essay on Ontology*, trans. Hazel Barnes (New York: Washington Square Press, 1956 [1943]), 785.

12. Pierre Bayle, *Dictionnaire historique et critique*, 3rd ed., vol. 3 (Rotterdam, 1715 [1697]).

13. Ibid., 441.

14. Ibid.

15. Dennis Des Chene, "'Animal' as Category: Bayle's 'Rorarius,'" in *The Problem of Animal Generation in Early Modern Philosophy*, ed. Justin E. H. Smith (Cambridge University Press, 2006), 215–234, 219.

16. Francisco Suárez, *De anima* 1,c.5,no.2, in *Opera omnia*, ed. Charles Berton (Paris: Apud Ludovicum Vivès, 1889), 3:500. Cited in Des Chene, "'Animal' as Category: Bayle's 'Rorarius.'"

17. Francisco Suárez, *Disputationes metaphysicae* 23.10.14, in *Opera omnia*, vol. 24.

18. Emanuele Coccia, *La vie des plantes. Une métaphysique du mélange* (Paris: Bibliothèque Rivages, 2016), 137.

19. Ibid., 133.

20. Eduardo Kohn, *How Forests Think: Toward an Anthropology beyond the Human* (Berkeley: University of California Press, 2013).

21. See Richard Marshall, "Why You Don't Need Brain Surgery to Change Logic" (interview with Hartry Field), *3:AM Magazine*, May 3, 2018. http://www.3ammagazine.com/3am/why-you-dont-need-brain-surgery-to-change-logic/.

22. Isidore of Seville, *Etymologies*, trans. and ed. Stephen A. Barney, W. J. Lewis, J. A Beach, and Oliver Berghof (Cambridge: Cambridge University Press, 2006), 81.

23. Hugo Mercier and Dan Sperber, *The Enigma of Reason* (Cambridge, M. A.: Harvard University Press, 2017).

24. Ibid., 7.

25. Descartes, AT, 6: 2; cited in Mercier and Sperber, *The Enigma of Reason*, 16.

26. Mercier and Sperber, *The Enigma of Reason*, 203.

27. Ibid.

28. 有关这项研究的总结，见 Justin E. H. Smith, *Nature, Human Nature, and Human Difference: Race in Early Modern Philosophy* (Princeton, N. J.: Princeton

University Press, 2015), chap. 1。

29. Edouard Machery and Luc Faucher, "Why Do We think Racially? Culture, Evolution and Cognition," in *Categorization in Cognitive Science*, ed. Henri Cohen and Claire Lefebvre (Amsterdam: Elsevier, 2005), 1009–1033.

30. See Sam Frank, "Come with Us If You Want to Live," *Harper's Magazine*, January 2015, 26–36. 正如Gideon Lewis-Kraus所做的透彻剖析，这种趋势不过是硅谷诸多文化中的一种而已，尽管它吸引了大量的、多少有些哗众取宠的媒体报道。在硅谷，普遍的政治文化仍然是被动的自由主义，与民主党的核心理念相当接近，而且这种文化未经反复思考，就认为科技进步和创新从总体上看对民主有利（来自私人谈话内容）。

31. Peter Thiel, "The Education of a Libertarian," *Cato Unbound: A Journal of Debate*, April 13, 2009. https://www.cato-unbound.org/2009/04/13/peter-thiel/education-libertarian.

32. http://www.imitatio.org/about-imitatio/.

33. http://www.imitatio.org/team/.

34. http://rationality.org/workshops/upcoming.

35. http://lesswrong.com/lw/ouc/project_hufflepuff_planting_the_flag/.

36. Ibid.

37. Jean-Paul Sartre, *No Exit, and Three Other Plays* (New York: Vintage Books, 1955 [1944]), 47.

第三章　梦，理智之眠

1. "Relation de ce qui s'est passé de plus remarquable . . . ès années 1670 et 1671, envoyé au Reverend Père Jean Pinette, Provincial de la Province De France," in *Relations des Jésuites, contenant ce qui s'est passé de plus remarquable dans les missions des pères de la Compagnie de Jésus dans la Nouvelle France* (Quebec City: Augustin Côté, 1858), 3:22.

2. Bruce Trigger, *The Children of Aataentsic: A History of the Huron People to 1660* (Montreal: McGill-Queens University Press, 1987), 504.

3. Aristotle, *On Prophecy in Sleep*, in *On the Soul. Parva Naturalia. On Breath*, trans. W. S. Hett, Loeb Classical Library 288 (Cambridge, M. A.: Harvard University Press, 1957), 462b13–14, 375.

4. Ibid., 1.462b20–22, 375.

5. Johannes Kepler, *Somnium: The Dream, or, Posthumous Works on Lunar Astronomy*, trans. Edward Rosen (Mineola, N. Y.: Dover Publications, 1967).

6. Sor Juana Inés de la Cruz, *Obras completas*, vol. 1, *Lírica personal*, ed. Alfonso Méndez Plancarte (Mexico City: Fondo de Cultura Económica, 1951).

7. Denis Diderot, *Le rêve de d'Alembert*, in *Oeuvres complètes de Diderot*, vol. 2, ed. Assézat Tourneux (Paris: Garnier Frères, 1875).

8. Gaston Bachelard, *La terre et les rêveries du repos* (Paris: José Corti, 1948), 11.

9. Ibid.

10. Saxo Grammaticus, *The First Nine Books of the Danish History of Saxo Grammaticus*, trans. Oliver Elton (London: David Nutt, 1894), 26.

11. Ibid.

12. See Jack Goody, *The Logic of Writing and the Organization of Society* (Cambridge: Cambridge University Press, 1986).

13. Jacob and Wilhelm Grimm, *Kinder-und Hausmärchen* (Göttingen, 1812).

14. A. N. Afanas'ev, *Narodnye russkie rasskazy A. N. Afanas'eva*, 2nd ed., 4 vols. (Moscow:K. Soldatenkov, 1873).

15. Elias Lönnrot, *Kalevala* (Helsinki: J. C. Frenckellin ja Poika, 1835).

16. Kant, *Träume eines Geistersehers, erläutert durch Träume der Metaphysik*, in *Immanuel Kants gesammelte Schriften*, ed. Prussian Academy of Sciences (Berlin, 1902 [hereafter "AA"]), 2:317.

17. Ibid., 315.

18. Ibid., 349.

19. G. W. Leibniz, "The Body-Machine in Leibniz's Early Medical and Physiological Writings: A Selection of Texts with Commentary," ed. and trans. Justin E. H. Smith, *Leibniz Review* 27 (2007): 141–179.

20. Mary Douglas, *Natural Symbols: Explorations in Cosmology* (London: Barrie & Rockliff, 1970).

21. G. W. Leibniz, *Directiones ad rem medicam pertinentes*, appendix 1 to Justin E. H. Smith, *Divine Machines: Leibniz and the Sciences of Life* (Princeton, N. J.: Princeton University Press, 2011), 286.

22. Woolf, *Selected Short Stories*, 58.

23. Julian Jaynes, *The Origin of Consciousness in the Breakdown of the Bicameral Mind* (Boston: Houghton Mifflin, 1976), 75.

24. Ibid., 73–74.

25. Ibid., 82.

26. See in particular G. E. R. Lloyd, *The Ideals of Inquiry: An Ancient History* (Oxford: Oxford University Press, 2014).

27. Walter J. Ong, *Orality and Literacy: The Technologizing of the Word* (London: Taylor & Francis, 2002 [1982]).

28. James C. Scott, *Against the Grain: A Deep History of the Earliest States* (New Haven, C. T.: Yale University Press, 2017).

29. E. R. Dodds, *The Greeks and the Irrational* (Berkeley: University of California Press, 1951), 105.

30. Ibid., 106.

31. Ibid., 107.

32. Ibid.

33. Ibid.

34. Ibid.

35. Ibid., 108–109.

36. See Aristotle, *On Dreams* 3, 461b5–8; cited in Dodds, *The Greeks and the Irrational*, 115.

37. Dodds, *The Greeks and the Irrational*, 112.

38. Ibid.

39. Ibid.

40. See W. V. O. Quine, "Two Dogmas of Empiricism" (1951), in W. V. O. Quine, *From a Logical Point of View* (Cambridge, M. A.: Harvard University Press, 1953), 20–46.

41. Sigmund Freud, *The Interpretation of Dreams*, trans. A. A. Brill (London: Wordsworth Classics, 1997 [1899]), 278–279.

42. Ibid., 183. 译者声称这个例子是自己添加的，因为弗洛伊德本人举的例子"无法翻译"。然而，我们不清楚这个例子是否弗洛伊德最初从病人那里听来的，或者纯粹是编造的。

43. Ibid., 184.

44. Vladimir Nabokov, "Conclusive Evidence," *New Yorker*, December 28, 1998–January 4, 1999, 124–133, 133. See also Leland de la Durantaye, "Vladimir Nabokov and Sigmund Freud, or a Particular Problem," *American Imago* 62, no. 1 (2005): 59–73.

45. Vladimir Nabokov, *Speak, Memory: An Autobiography Revisited* (New York: Vintage International, 1989 [1951]), 20.

第四章 艺术，梦想成真

1. David Hume, *Treatise of Human Nature*, ed. L. A. Selby-Bigge, rev. P. H. Nidditch (Oxford: Clarendon Press, 1975 [1739–1740]), T II.3.3 415.

2. Maxim Gorky, cited in Karen Petrone, *The Great War in Russian Memory* (Bloomington: Indiana University Press, 2011), 122. 我无法找到这句英语引文的俄语出处。

3. A. A. Zhdanov, "Report on the Journals *Zvezda* and *Leningrad*, 1947," in *On Literature, Music, and Philosophy* (New York: Lawrence and Wishart, 1950), 19–35.

4. Mikhail Zoshchenko, *Prikliucheniia obez'iany* (Moscow: Eksmo, 2017 [1945]).

5. Zhdanov, "Report on the Journals *Zvezda* and *Leningrad*, 1947."

6. Jorge Luis Borges, "Tlön, Uqbar, Orbis Tertius," in Borges, *Cuentos completos*, 105.

7. 我记得第一次读到这个观点是在 Arthur C. Danto 写的什么作品中，但是当我重新翻看他的书时，却无法在书中找到确切的或类似的来源。

8. Baruch Spinoza, *Treatise on the Emendation of the Intellect*, in *The Collected Works of Spinoza*, ed. and trans. Edwin Curley, vol. 1 (Princeton, N. J.: Princeton University Press, 1985).

9. Descartes, *Méditations*, AT, 58: "Que s'il est question de considerer un Pentagone, il est bien vray que ie puis concevoir sa figure, aussi bien que celle d'un Chiliogone, sans le secours de l'imagination."

10. Blaise Pascal, *Pensées de Blaise Pascal*, ed. J.-M.-F. Frantin, 3rd ed. (Paris: Lagny, 1870), chap. 4, article 3, 70.

11. Ibid.

12. Cicero, *Tusculan Disputations*, trans. J. E. King, Loeb Classical Library 141 (Cambridge, M. A.: Harvard University Press, 1927), 3.1.2.

13. Descartes, *Discourse on Method*, AT, 6:1–2.

14. Descartes, *Rules*, AT, 10:373.

15. Kant, *Critique of the Faculty of Judgment,* § 46, AA, 5:308.

16. Antoine Galland, *Les mille et une nuits, contes arabes traduits en François, par M. Galland*, 12 vols. (Paris: La Veuve Claude Barbin, 1704–1706 [vols. 1–7]; Paris: Claude Barbin, 1709 [vol. 8]; Paris: Florentin Delaulne, 1712 [vols. 9, 10]; Lyon: Briasson, 1717 [vols. 11, 12]). See also Marina Warner, *Stranger Magic: Charmed*

States and the Arabian Nights (Cambridge, M. A.: Harvard University Press, 2012).

17. Kant, *Kritik der Urtheilskraft,* § 46, AA, 5: 307.

18. Ibid., 309.

19. Mary MacLane, "I Await the Devil's Coming" (1902), in *Human Days: A Mary MacLane Reader* (Austin, TX: Petrarca Press, 2014), 77.

20. Descartes, AT, 10:219; see also *Discourse* pt. 4, AT, 6:139; *Principles of Philosophy*, pt. 1, art. 37, AT, 8:205.

21. Dodds, *The Greeks and the Irrational*.

22. See Arthur C. Danto, *The Transfiguration of the Commonplace: A Philosophy of Art* (Cambridge, M. A.: Harvard University Press, 1981).

23. Dodds, *The Greeks and the Irrational*, 1.

24. Anna Kisselgoff, "Pina Bausch Dance: Key Is Emotion," *New York Times*, October 4, 1985. http://www.nytimes.com/1985/10/04/arts/pina-bausch-dance-key-is-emotion.html?pagewanted=all.

25. See Nelson Goodman, *Languages of Art: An Approach to a Theory of Symbols*, (Indianapolis, I. N.: fte Bobbs-Merrill Company, 1968).

26. Kieran Cashell, *Aftershock: The Ethics of Contemporary Transgressive Art* (London: I.B. Tauris, 2009), 1;cited in Angela Nagle, *Kill All Normies: Online Culture Wars from 4chan and Tumblr to Trump and the Alt-Right (Winchester, U. K.: Zero Books, 2017)*, 28.

27. See Danielle Spera, *Hermann Nitsch: Leben und Arbeit* (Vienna: Brandstätter, 2005).

28. Christopher Smart, *The Poetical Works of Christopher Smart*, vol. 1, *Jubilate Agno*, ed. Karina Williamson (Oxford: Clarendon Press, 1980), 89.

29. Louis Riel, "Dissertation on Monads," trans. Justin E. H. Smith, *Cabinet Magazine* 49 (2013): 26–27, 26.

30. See Karl Popper, "Philosophy of Science: A Personal Report," in *British Philosophy in Mid-Century*, ed. C. A. Mace (Crows Nest, N. S. W.: Allen and Unwin, 1951), 155–191.

31. Larry Laudan, "The Demise of the Demarcation Problem," in *Physics, Philosophy and Psychoanalysis*, ed. R. S. Cohen and Larry Laudan (Dordrecht: Reidel, 1983), 111–127.

32. See Massimo Pigliucci, "The Demarcation Problem: A (Belated) Response to Laudan," in *Philosophy of Pseudoscience: Reconsidering the Demarcation Problem*,

ed. Massimo Pigliucci and Maarten Boudry (Chicago: University of Chicago Press, 2013), 9–28.

33. Hazard, *La crise de la conscience européenne, 1680–1715*, pt. 2, chap. 1.

34. See Richard Yeo, *Defining Science: William Whewell, Natural Knowledge, and Public Debate in Early Victorian Britain* (Cambridge: Cambridge University Press, 1993).

35. See Bertrand Lemoine, "L'entreprise Eiffel," *Histoire,* économie *et société* 14, no. 2 (1995): 273–285.

36. Jules Verne, *De la terre à la lune. Trajet direct en 97 heures 20 minutes* (Paris: Bibliothèque d'éducation et de récréation, 1872 [1865]).

37. Friedrich Nietzsche, *Die fröhliche Wissenschaft* 2.84, in *Philosophische Werke in sechs Bänden* (Hamburg: Felix Meiner Verlag, 2013), 5: 95.

38. Charles Baudelaire, *Les petits tronçons du serpent. Pensées choisies et précédées d'une introduction* (Paris: Sansot, 1918), 26.

39. See Matthew Arnold, *Culture and Anarchy: An Essay in Political and Social Criticism*(London: Smith, Elder and Co., 1869).

40. Johann Wolfgang von Goethe, "Maximen und Reflexionen", no. 863, in *Werke*, vol. 12 (Hamburg: Deutscher Taschenbuch Verlag, 1953), 487.

第五章 伪科学，"唯其荒谬，我才信仰"

1. G. W. Leibniz, *Die philosophischen Schriften von G. W. Leibniz*, ed. C. I. Gerhardt (Berlin, 1849–1860), 3: 562.

2. Theodor W. Adorno, *The Stars Down to Earth, and Other Essays on the Irrational in Culture*, ed. Stephen Crook (London: Routledge, 1994).

3. Amanda Hess, "How Astrology Took Over the Internet," *New York Times*, January 1, 2018. https://www.nytimes.com/2018/01/01/arts/how-astrology-took-over-the-internet.html?hp&action=click&pgtype=Homepage&clickSource=story-heading&module=second-col- umn-region&region=top-news&WT.nav=top-news&_r=0.

4. Jim Lindgren, "The Six Political Groups Least Likely to Believe That Astrology Is Scientific," *Washington Post*, February 20, 2014.

5. See "The Tea Party & the Circus—Final Healthcare Reform Protest," particularly 5:18–5:54, published on YouTube March 18, 2010. https://www.youtube.com/

watch?v=pilG7PCV448&t=26s.

6. M. Dacke et al., "Dung Beetles Use the Milky Way for Orientation," *Current Biology* 23 (2013): 298–300.

7. Cited in Kendrick Frazier, "Science and Reason, Foibles and Fallacies, and Doomsdays," *Skeptical Inquirer* 22, no. 6 (1998): 6.

8. Kathy Niakan，"Using CRISPR/Cas9-Mediated Genome Editing to Investigate Mechanisms of Lineage Specification in Human Embryos"，该论文在"Les natures en questions"会议上发表，法兰西公学院，2017年10月20日。

9. 关于普罗米修斯式的野心这个概念和它对于科学历史的意义，见 William R. Newman, *Promethean Ambitions: Alchemy and the Quest to Perfect Nature* (Chicago: University of Chicago Press), 2004。

10. Paul Feyerabend, "How to Defend Society against Science," *Radical Philosophy* 11, no. 1 (Summer, 1975): 3–9.

11. 关于李森科和李森科主义，见 Dominique Lecourt, *Lyssenko. Histoire réelle d'une 'science prolétarienne'* (Paris: Presses Universitaires de France, 1995 [1976])。

12. 关于博物馆的批判性研究，以及它在美国社会和历史中的位置，见 Susan L. Trollinger and William Vance Trollinger, Jr., *Righting America at the Creation Museum* (Baltimore: Johns Hopkins University Press, 2016)。

13. 对他的观点所做的总结的相关情况，见 Ken Ham, *Six Days: The Age of the Earth and the Decline of the Church* (Green Forest, A. R.: Master Books, 2013)。

14. 关于进化论学者对这一过程的科学解释的例子，见 D. C. Garcia-Bellido and D. H. Collins, "Moulting Arthropod Caught in the Act," *Nature* 429, no. 40 (May 6, 2004): 6987。关于创世论者对同一过程的伪科学的解释，见 David Catchpoole, "Moulting Arthropod Fossilized in a Flash!" *Creation* 27, no. 2 (March, 2005): 45。叹号通常不是科学著作常见的标点，此处可能是一种简单的区分法，用来区分科学和模仿它们的伪科学。

15. Harun Yahya, *Atlas of Creation* (Istanbul: Global Kitap, 2006); translation of Harun Yahya, *Yaratılış Atlası* (Istanbul: Global Kitap, 2006).

16. Richard Dawkins, "Venomous Snakes, Slippery Eels and Harun Yahya," Richard Dawkins Foundation 的网站，在2006年之前可以访问（之后就被移除了）。相关的鱼饵图片可以在《创世论图谱》第244页上查到。

17. 事实上，Tertullian 的表达大不相同，原文是"Prorsus credibile est, quia ineptum est"，直译就是，"It is altogether credible, because it is absurd"。见 *Tertullian's Treatise on the Incarnation*, ed. and trans. Ernest Evans (Eugene, O. R.: Wipf and

Stock, 1956), 18。

18. 近期对特朗普政府的虚伪性，以及促进其产生的政治和文化上的变化的特别令人信服的解释，见 Michiko Kakutani, *The Death of Truth: Notes on Falsehood in the Age of Trump* (New York: Tim Duggan Books, 2018)。

19. See Harry G. Frankfurt, *On Bullshit* (Princeton, N. J.: Princeton University Press, 2005).

20. G. E. R. Lloyd, *Aristotle: The Growth and Structure of His Thought* (London: Cambridge University Press, 1968), 162.

21. See Joseph Lehman, "A Brief Explanation of the Overton Window," Mackinac Center for Public Policy. http://www.mackinac.org/OvertonWindow#Explanation.

22. Nabokov, *Speak, Memory*, 125.

23. 关于这一反思的进一步发展，见 Justin E. H. Smith, "The Art of Molting," *RES: Anthropology and Aesthetics* 67/68 (2016/17): 1–9。

24. Nadja Durbach, *Bodily Matters: The Anti-Vaccination Movement in England, 1853–1907* (Durham, N. C.: Duke University Press, 2005).

25. Donald J. Trump (@realdonaldtrump), Tweet dated March 28, 2014. https://twitter.com/realDonaldTrump/status/449525268529815552.

26. Alain Fischer, "La médecine face à la nature, un combat acceptable?" 该论文发表于专题讨论会 "Les Natures en questions: Colloque de rentrée 2017–18," Collège de France, Paris, October 20, 2017。

27. Tom Nichols, *The Death of Expertise: The Campaign against Knowledge and Why It Matters* (New York: Oxford University Press, 2017), 5.

28. Ibid.

29. Richard Hofstadter, "The Paranoid Style in American Politics," *Harper's Magazine*, November 1964, 74–86.

30. Martin Heidegger, *Being and Time: A Translation of Sein und Zeit*, trans. Joan Stambaugh (Albany: SUNY Press, 1996 [1953]), 96.

31. Ibid.

32. See Margaret Wertheim, *Physics on the Fringe: Smoke Rings, Circlons, and Alternative Theories of Everything* (New York: Bloomsbury, 2011).

33. See Ron Suskind, "Faith, Certainty, and the Presidency of George W. Bush," *New York Times Magazine*, October 17, 2004. 目前普遍的看法是萨斯金德引用了卡尔·罗夫（Karl Rove）的话，但卡尔予以否认。

第六章　神话，启蒙运动

1. Eliot A. Cohen, "Two Wounded Warriors," *Atlantic*, October 22, 2017. https://www.theatlantic.com/politics/archive/2017/10/two-wounded-warriors/543612/.

2. 此处是一个很恰当的机会，可以让读者意识到"or"至少有两个基本含意，每一个意思都对应包括拉丁语在内的其他语言中的一个单独的词，比如sive就是"or"的同义词，表示对同一事物的不同表达，而seu则表示纯粹的分离，迫使人们在两个不同的事物中做出选择，要么是这个，要么是那个。

3. See Jonathan I. Israel, *Radical Enlightenment: Philosophy and the Making of Modernity, 1650–1750* (Oxford: Oxford University Press, 2002); *Enlightenment Contested: Philosophy, Modernity, and the Emancipation of Man, 1670–1752* (Oxford: Oxford University Press, 2006); *Democratic Enlightenment: Philosophy, Revolution, and Human Rights, 1750–1790* (Oxford: Oxford University Press, 2013).

4. See particular Nick Nesbitt, *Universal Emancipation: The Haitian Revolution and the Radical Enlightenment* (Charlottesville: University of Virginia Press, 2008).

5. See René Girard, "Mimesis and Violence: Perspectives in Cultural Criticism," *Berkshire Review* 14 (1979): 9–19.

6. Mishra, *Age of Anger*, 98.

7. Hazard, *La crise de la conscience européenne*, 117–118.

8. Ibid., 118.

9. Ibid., 126.

10. Ibid.

11. Franklin Perkins, *Leibniz and China: A Commerce of Light* (Cambridge: Cambridge University Press, 2005).

12. See Marc Fumaroli, *Quand l'Europe parlait français* (Paris: Éditions de Fallois, 2001).

13. J. G. Herder, "An die Deutschen," in *Johann Gottfried von Herder's sämmtliche Werke*, vol. 14 (Tübingen: In der J. G. Cotta'schen Buchhandlung, 1815), 174.

14. See Holger Nowak et al., *Lexikon zur Schlacht bei Jena und Auerstedt 1806. Personen, Ereignisse, Begriffe* (Jena: Städtische Museen, 2006).

15. G. W. F. Hegel, *Hegel: The Letters*, ed. and trans. Clark Butler and Christiane Seiler (Bloomington: Indiana University Press, 1984), 114; see also David P. Jordan, "Entr'acte: A Sighting in Jena," in *Napoleon and the Revolution* (New York:

Palgrave Macmillan, 2012), 112–124.

16. Hegel, *The Letters*, 114.

17. Klaus Brinkbäumer, Julia Amalia Heyer, and Britta Sandberg, "Interview with Emmanuel Macron: 'We Need to Develop Political Heroism,' " *Der Spiegel Online*, October 13, 2017. http://www.spiegel.de/international/europe/interview-with-french-president-emmanuel-macron-a-1172745.html.

18. Ibid.

19. Ibid.

20. See Jean-François Lyotard, *The Postmodern Condition: A Report on Knowledge* (Manchester: Manchester University Press, 1979).

21. Brinkbäumer, Heyer, and Sandberg, "Interview with Emmanuel Macron."

22. "Trump Praises Macron, Considers July 4 Military Parade Like One He Saw in Paris," Reuters, September 18, 2017. https://www.reuters.com/article/us-usa-trump-macron/trump-praises-macron-considers-july-4-military-parade-like-one-he-saw-in-paris-idUSKCN1BT2GX.

23. "投降派的猴子"最初出现在《辛普森一家》1995年的一集中，为的是埋汰法国人。第一次把它的含义加以引申的好像是Jonah Goldberg, "Cheese-Eating Surrender Monkeys from Hell," *National Review Online*, April 16, 1999。https://web.archive.org/web/20150130235956/ http://www.nationalreview.com/articles/204434/cheese-eating-surrender-monkeys-hell/jonah-goldberg.

24. See Justin E. H. Smith, "The Ibis and the Crocodile: Napoleon's Egyptian Campaign and Evolutionary theory in France, 1801–1835," *Republic of Letters* 6, no. 1 (March, 2018): 1–20.

25. 关于右翼黑格尔主义的起源，见 Michael H. Hoffheimer, *Eduard Gans and the Hegelian Philosophy of Law* (Dordrecht: Kluwer, 1995)。

26. See in particular Franz Boas, *Race, Language, and Culture* (Chicago: University of Chicago Press, 1940).

27. Giambattista Vico, *The New Science of Giambattista Vico*, unabridged translation of the third edition (1744) with the addition of "Practic of the New Science," ed. and trans. Thomas Goddard Bergin and Max Harold Fisch (Ithaca, N. Y.: Cornell University Press, 1948).

28. See Michel Pastoureau, *L'ours. Histoire d'un roi déchu* (Paris: Éditions du Seuil, 2007).

29. Vico, *The New Science*, 118.

30. Ibid.

31. See Leopold von Ranke, *Geschichte der romanischen und germanischen Völker von 1494 bis 1514*, 3rd ed. (Leipzig: Verlag von Duncker & Humblot, 1885 [1824]).

32. See in particular Frances Yates, *Giordano Bruno and the Hermetic Tradition* (London: Routledge, 1964).

33. See in particular D. P. Walker, *The Ancient Theology* (Ithaca, N. Y.: Cornell University Press, 1972), esp. 1–21. 沃克引用的这句名言出自居住在阿帕米亚（Apamea）的二世纪著名柏拉图主义者奴默尼（Numenius）："What is Plato but Moses talking Attic Greek?"（柏拉图不就是一个说古希腊语的摩西吗？）这个观点在意大利文艺复兴时期十分有名，尤其是在马尔西利奥·费奇诺（Marsilio Ficino）的著作中。

34. See Athanasius Kircher, *China monumentis* (Amsterdam: Apud Jacobum à Meurs, 1667 [repr. Frankfurt: Minerva, 1966]).

35. See Giuliano Gliozzi, *Adamo e il nuovo mondo. La nascità dell'antropologia come ideologia coloniale: della genealogie bibliche alle teorie razziale (1500–1700)* (Florence: Franco-Angeli, 1977).

36. 比如见 Roxanne Dunbar-Ortiz, *An Indigenous Peoples' History of the United States* (Boston: Beacon Press, 2015)。

37. 这些谣言，尽管看起来合情合理，但普遍没有得到证实，就连讲这些话的人也好像是在开玩笑。事情最早发生于1881年，《纽约时代》刊载了一篇文章，在这篇文章中一位单纯的农夫问了一个问题："詹姆斯国王钦定版《圣经》有啥不好？圣保罗用着挺好，我用着也挺好。"（"Preaching on the Bible; Pulpit Opinions of the New Version," *New York Times*, May 23, 1881, 8.)最近，在2014年初出现了一个表情包，这个表情包把下述言论错误地归因于共和党的国会女议员米歇尔·巴克曼："如果耶稣能用英语写《圣经》，可口可乐就不该觉得英语不够用。"据说这一观点针对的是可口可乐的一个多语种广告。See W. Gardner Selby, "Michele Bachmann Didn't Say Bible Written in English," *Politifact*, December 23, 2014. http://www.politifact.com/texas/article/2014/dec/23/michele-bachmann-didnt-say-bible-written-english/.

38. Matthew Arnold, "Empedocles on Etna: A Dramatic Poem," in *The Oxford Authors: Matthew Arnold*, ed. Miriam Farris Allott and Robert Henry Super (Oxford: Oxford University Press, 1986), 98.

39. Melville, *The Confidence-Man*, 135.

40. Giuseppe Tomasi di Lampedusa, *The Leopard*, trans. Archibald Colquhoun

(London: Collins Harvill Press, 1960), 40.

41. Molly Jackson, "Are Open Carry Protesters Fueling Fear outside a Texas Mosque?" *Christian Science Monitor*, November 22, 2015. https://www.csmonitor.com/USA/ USA-Up date/2015/1122/Are-open-carry-protesters-fueling-fear-outside-a-Texas-mosque.

42. "En prison, Breivik se dit 'torturé' et réclame une Playstation 3," *Le Monde* with Agence France Presse, February 14, 2014. http://www.lemonde.fr/ europe/article/2014/02/14/en-prison-breivik-se-dit-torture-et-reclame-une-playstation-3_4366976_3214.html.

43. Isidore of Seville, *Etymologies* 1.12, 46.

44. See Robert Cohen, *Freedom's Orator: Mario Savio and the Radical Legacy of the 1960s*(New York: Oxford University Press, 2009).

45. 关于夏洛茨维尔集会相关事件及演员的全面报道，见Joe Heim, "Recounting a Day of Rage, Hate, Violence, and Death," *Washington Post*, August 14, 2017. https://www.washingtonpost.com/graphics/2017/local/charlottesville-timeline/?utm_term=.a083a7b926fd。

46. See, e.g., Gaëlle Dupont, "Pour La Manifpourtous, 'c'estlemomentdesefaire entendre,'" Le Monde, October 15, 2016. http://www.lemonde.fr/famille-vie-privee/article/2016/10/15/pour-la-manif-pour-tous-c-est-le-moment-de-se-faire-entendre_5014280_1654468.html.

47. See especially Steven Heller, *The Swastika: Symbol beyond Redemption?* (New York: Allworth Press, 2000).

48. 关于这一文献的杰出研究，见 Keith Allan and Kate Burridge, *Forbidden Words: Taboo and the Censoring of Language* (Cambridge: Cambridge University Press, 2006)。

49. 这一特别说法来自阿勒姆·布哈里和米罗·雅诺波鲁斯的臭名昭著的帖子，名为 "An Establishment Conservative's Guide to the Alt-Right," Breitbart News, March 29, 2016. http://www.breitbart.com/tech/2016/03/29/an-establishment-conservatives-guide-to-the-alt-right/。

50. See in particular Linda Gordon, *The Second Coming of the KKK: The Ku Klux Klan of the 1920s and the American Political Tradition* (New York: W. W. Norton, 2017).

51. Nagle, *Kill All Normies*.

52. See in particular Alexander A. Guerrero, "Against Elections: The Lottocratic

Alternative," *Philosophy & Public Affairs* 42, no. 2 (2014): 135–178.

53. Jason Brennan, *Against Democracy* (Princeton, N. J.: Princeton University Press, 2016).

第七章　互联网，人兽

1. 这个文本上标明的日期是1850年10月17日，它匿名发表在《新闻报》(*La Presse*)上，是由两部分组成的，分别发表于1850年10月25日和26日，题目是"Communication universelle et instantanée de la pensée, à quelque distance que ce soit, à l'aide d'un appareil portatif appelé Boussole pasilalinique sympathique"。法国国家博物馆存有该报纸的电子版档案。相关的问题还可以在相关网站找到：http://gallica.bnf.fr/ark:/12148/bpt6k475317s 和http://gallica.bnf.fr/ark:/12148/bpt6k4753185。

2. Allix, "Communication universelle." October 25, 1850.

3. Ibid.

4. Ibid.

5. 关于阿利克斯的二次文献特别少，但他的传记可以通过从不同渠道得到的信息拼凑出来，尤其值得注意的是 J. Clère, *Les hommes de la Commune*, 5th ed. (Paris: Dentu, 1872); Charles Chincholle, *Les survivants de la Commune* (Paris: Boulanger, 1885)。此处关于朱尔·阿利克斯以及他的蜗牛机器的故事的早期版本，见 Justin E. H. Smith, "The Internet of Snails," *Cabinet Magazine* 58 (2016): 29–37。

6. 见 Gustave Simon, *Chez Victor Hugo. Procès-verbaux des tables tournantes de Jersey*(Paris: Louis Conard, 1923)，尤其是1854年9月3日的降神会。

7. Allix, "La communication universelle," October 26, 1850.

8. Ibid.

9. Ibid.

10. Ibid.

11. See Nathan Tempey, "Cops Arrest Subway Riders for 'Manspreading.' " *Gothamist*, May 28, 2015. http://gothamist.com/2015/05/28/manspreading_crackdown.php.

12. Lewis, " 'Our Minds Can Be Hijacked' " (see introduction, n.8).

13. Jonathan Franzen, "Is It Too Late to Save the World?" *Guardian*, November 4, 2017. https://www.theguardian.com/books/2017/nov/04/jonathan-franzen-too-late-

to-save-world-donald-trump-environment.

14. See John Bingham, "How Teenage Pregnancy Collapsed after Birth of Social Media," *Telegraph*, March 9, 2016. http://www.telegraph.co.uk/news/health/news/12189376/How-teenage-pregnancy-collapsed-after-birth-of-social-media.html.

15. See Scott, *Against the Grain*, chap. 1.

16. 关于对推特和其他社交媒体在埃及和突尼斯的解放运动中，以及在 2009 年和 2012 年中东的相关事件中发挥的作用所做的全面评估，见 Philip N. Howard and Muzammil M. Hussain, *Democracy's Fourth Wave? Digital Media and the Arab Spring* (Oxford: Oxford University Press, 2013)。目前对社交媒体在政治抗争中的前景和局限所作的最好的解释，见 Zeynep Tufekci, *Twitter and Tear Gas: The Power and Fragility of Networked Protest* (New Haven, C. T.: Yale University Press, 2017)。还可见 David Patrikarakos, *War in 140 Characters:How Social Media Is Reshaping Conflict in the Twenty-First Century* (New York: Basic Books, 2017)。

17. Mark Fisher, "Exiting the Vampire Castle," *North Star*, November 22, 2013. https:// www.opendemocracy.net/ourkingdom/mark-fisher/exiting-vampire-castle.

18. Jeet Heer (@heerjeet), Tweet dated December 20, 2017. https://twitter.com/heerjeet/ status/943496646515556352?lang=en. Heer 此处对应的是 Jonathan Haidt, "The Age of Outrage: What the Current Political Climate Is Doing to Our Country and Our Universities," *City Journal*, December 17, 2017。https://www.city-journal.org/html/age-outrage-15608.html.

19. Hannah Arendt, *Eichmann in Jerusalem: A Report on the Banality of Evil* (New York: Viking Press, 1963).

20. José María Gómez, Miguel Verdú, Adela González-Megías, and Marcos Méndez, "The Phylogenetic Roots of Human Lethal Violence," *Nature* 538 (October 13, 2016): 233–37.

21. Terence, *Heautontimouremos: The Self-Tormentor*, in *The Comedies of Terence*, ed. and trans. Henry Thomas Riley (New York: Harper and Brothers, 1859), 139.

22. See "Syllabus on Sex and Gender Differences: How to Disprove Sexist Science," at librarycard.org, August 14, 2017. http://librarycard.org/2017/08/14/syllabus-sex-gender-differences-disprove-sexist-science/.

23. Hannah Trees, "Normalizing Pronoun-Sharing at Philosophy Conferences," *Blog of the APA*, March 20, 2018. https://blog.apaonline.org/2018/03/20/normalizing-the

-use-of-preferred-pronouns-at-philosophy-conferences/.

24. Walt Whitman, *Leaves of Grass—1860*, "Proto-Leaf," in *Walt Whitman: Selected Poems, 1855–1892*, ed. Gary Schmidgall (New York: Stonewall Inn Editions, 1999), 50.

25. See Pastoureau, *L'Ours. Histoire d'un roi déchu*.

26. 关于认为这种说法可能有意义的万物有灵论的本体论，详见 Philippe Descola, *Par-delà nature et culture* (Paris: Gallimard, 2005)。

27. Rebecca Tuvel, "In Defense of Transracialism," *Hypatia: A Journal of Feminist Philosophy* 32, no. 2 (2017): 263–278.

28. Lewis R. Gordon, "Thinking Through Rejections and Defenses of Transracialism," *Philosophy Today* 62, no. 1 (Winter, 2018): 11–19, 12.

29. Ibid., 12.

30. See chapter 3, n.20.

31. Melville, *The Confidence-Man*, 146.

32. Jean-Paul Sartre, interview with *Actuel*, February 28, 1973. "Les révolutionnaires de 1793 n'ont probablement pas assez tué."

33. Margaret Atwood, "Am I a Bad Feminist?" *Globe and Mail*, January 14, 2018. https:// www.theglobeandmail.com/opinion/am-i-a-bad-feminist/article37591823/.

第八章　玩笑和谎言，爆炸

1. Justin E. H. Smith, "The Gravity of Satire: Offense and Violence after the Paris Attacks," the Pierre Bayle Lecture, Pierre Bayle Foundation, Rotterdam, the Netherlands, November 27, 2015.

2. 这一言论最早出现在2015年初勒庞父亲接受俄罗斯报纸 *Komsomol'skaya Pravda* 采访时说的话中。See Dar'ia Aslamova, "Zhan-Mari le Pen— 'KP'： Nam nuzhna edinaia Evropa ot Parizha do Vladivostoka," *Komsomol'skaya Pravda*, January 15, 2015. https://www.kp.ru/daily/26329.4/3212604/.

3. 见2015年至2017年间《雅各宾》杂志上有关这一话题的文章，这些文章非常令人不安，例如，Manus McGrogan, "Charlie Hebdo: The Poverty of Satire," *Jacobin Magazine*, January 7, 2017。https://www.jacobinmag.com/2017/01/ charlie-hebdo-satire-islamophobia-laicite-terrorism-free-speech/。

4. Eliot Weinberger, "Charlie, encore une fois ... ," *LRB blog*, April 28, 2015. https:// www.lrb.co.uk/blog/2015/04/28/eliot-weinberger/charlie-encore-une-fois/.

5. 关于全面的、可以利用关键词检索到的档案，见 "Donald Trump: The Howard Stern Interviews, 1993–2015," *Factbase*。https://factbase/topic/howard-stern-interview。

6. Emily Nussbaum, "How Jokes Won the Election," *New Yorker*, January 23, 2017. https:// www.newyorker.com/magazine/2017/01/23/how-jokes-won-the-election.

7. Cited in ibid.

8. Rudolph Herzog, "Laughing All the Way to Autocracy," *Foreign Policy*, February 8, 2017. http://foreignpolicy.com/2017/02/08/laughing-all-the-way-to-autocracy-jokes-trump-dictatorship/.

9. Judith L. Herman and Robert Jay Lifton, Letter to the Editor, *New York Times*, March 8, 2017. https://www.nytimes.com/2017/03/08/opinion/protect-us-from-this-dangerous- president-2-psychiatrists-say.html.

10. Ibid.

11. Benedictus de Spinoza, *Opera*, ed. Carl Gebhardt (Heidelberg: Carl Winter Verlag, 1925), Letter 50, 4, 240, 6–15. 关于斯宾诺莎最先对这个短语所做的全面介绍以及后来黑格尔对该短语的挪用，见 Yitzhak Y. Melamed, "'Omnis determinatio est negatio' —Determination, Negation, and Self-Negation in Spinoza, Kant, and Hegel," in *Spinoza and German Idealism*, ed. Eckart Förster and Yitzhak Y. Melamed (Cambridge: Cambridge University Press, 2012), 175–196。

12. 这个术语是精神病学家威尔·盖林发明的，但它有限的名气是由 Sissela Bok 所著的 *Lying: Moral Choice in Public and Private Life* (New York: Vintage Books, 1999 [1978])第三版的前言赋予的。

13. Ibid.

14. Ibid.

15. Ibid.

16. Emily Dickinson, "I'm Nobody! Who are you?" *The Poems of Emily Dickinson*, ed. Ralph W. Franklin (Cambridge, M. A.: Belknap Press of Harvard University Press, 1998), no. 260.

17. See Tom Bissell, "Who's Laughing Now? The Tragicomedy of Donald Trump on *Saturday Night Live*," *Harper's Magazine*, October 2017. https://harpers.org/archive/2017/10/whos-laughing-now/2/.

18. W. H. Auden, "August 1968," in *Collected Poems* (New York: Faber, 2007), 804.

第九章 死亡，不可能的三段论

1. John Maynard Keynes, *A Tract on Monetary Reform* (1923), in *The Collected Writings of John Maynard Keynes*, vol. 4, ed. Donald Moggridge (London: Macmillan, 1981), 65.

2. Perry Anderson, "After the Event," *New Left Review* 73 (January–February, 2012): 49– 61, 51.

3. "Thomas Piketty refuse la Légion d'honneur," *Le Monde*, January 1, 2015. http://www.lemonde.fr/culture/article/2015/01/01/l-economiste-thomas-piketty-refuse-la-legion-d-honneur_4548309_3246.html.

4. David Sprague, "Sex Pistols Flip Off Hall of Fame," *Rolling Stone*, February 24, 2006. http://www.rollingstone.com/music/news/sex-pistols-flip-off-hall-of-fame-20060224.

5. 西蒙娜·德·波伏娃在其1970年的著作《衰老》(英语版译为 *The Coming of Age*) 中强烈建议将衰老视为分析人类存在的核心问题。对于这部著作，佩内洛普·多伊彻，在 *The Philosophy of Simone de Beauvoir: Ambiguity, Conversion, Resistance* (Cambridge: Cambridge University Press, 2008)中进行了细致且透彻的研究。

6. Jeff Maysh, "Why One Woman Pretended to Be a High-School Cheerleader," *Atlantic*, July 6, 2016. https://www.theatlantic.com/health/archive/2016/07/wendy-brown/486152/.

7. 在英语哲学界中跟这一概括有关的著名特例是基兰·塞蒂亚的深刻的作品 *Midlife: A Philosophical Guide* (Princeton, N. J.: Princeton University Press, 2016)。然而这表明对于像塞蒂亚这样有成就的哲学家来说，探讨这样的话题，多少是中断了他自己的正常工作，为了尝试"自助"。

8. Plato, *Apology,* 39a–b.

9. See in particular Lou Marinoff, *Therapy for the Sane: How Philosophy Can Change Your Life* (Argo-Navis, 2013).

10. See Søren Kierkegaard, *Either/Or: A Fragment of Life*, trans. Alastair Hannay (New York: Penguin, 1992 [1843]).

11. See L. A. Paul, *Transformative Experience* (New York: Oxford University Press, 2014).

12. 哲学反思把生儿育女看作自我转变，关于这一点常被引证的权威文章是劳丽·安·保罗的 "What You Can't Expect When You're Expecting," *Res*

Philosophica 92, no. 2 (2015): 1–23。据我所知，是埃里克·施利瑟在他 2014 年和 2015 年间发表的一系列博文中，把英语哲学界对自我转变重新做的反省命名为"分析存在主义"。

13. See Tom McCarthy, "The Edge of Reason: The World's Boldest Climb and the Man Who Conquered It," *Guardian*, September 10, 2017. https://www.theguardian.com/sport/2017/sep/10/climbing-el-capitan-alex-honnold-yosemite.

14. Mike McPhate, "California Today: An 'Incomprehensible' Climb in Yosemite," *New York Times*, June 6, 2017. https://www.nytimes.com/2017/06/06/us/california-today-alex- honnold-el-capitan-climb.html.

15. Nabokov, *Speak, Memory*, 19.

16. Thomas Frank, *What's the Matter with Kansas? How Conservatives Won the Heart of America* (New York: Henry Holt and Co., 2004).

17. See in particular Plato, *Protagoras*, 345c4–e6.

18. M. F. Burnyeat, "Socratic Midwifery, Platonic Inspiration," in *Explorations in Ancient and Modern Philosophy*, vol. 2 (Cambridge: Cambridge University Press, 2012), 21–35, 33.

19. 关于他们的故事，见 Emiko Ohnuki-Tierney, *Kamikaze, Cherry Blossoms, and Nationalisms: The Militarization of Aesthetics in Japanese History* (Chicago: University of Chicago Press, 2002)。

20. L. N. Tolstoy, *Smert' Ivana Il'icha* (Saint Petersburg, 1886), chap. 6.

21. See Peter Gay, *The Bourgeois Experience: Victoria to Freud*, 5 vols. (New York: Oxford University Press, 1984–1998).

22. See in particular Deirdre McCloskey, *Bourgeois Equality: How Ideas, Not Capital or Institutions, Enriched the World* (Chicago: University of Chicago Press, 2016).

23. William Butler Yeats, "The Choice," in *The Winding Stair and Other Poems* (New York: Macmillan and Co., 1933), 39.

24. Charles Baudelaire, "Un voyage," in *Les fleurs du mal* (Boston: David R. Godine, 1983), 334.

25. Mishra, *Age of Anger*, 1.

26. See Epictetus, *Discourses*, 2.6.17–19.

27. Jon Elster, *Ulysses and the Sirens: Studies in Rationality and Irrationality* (Cambridge: Cambridge University Press, 1979).

28. Jon Elster, *Sour Grapes: Studies in the Subversion of Rationality* (Cambridge: Cambridge University Press, 1983), 109, citing La Fontaine, *Fables*, 30, 11.

29. 在任何情况下，这都是合同法的根本前提，即一个人不会和自己签合同。See Charles Fried, *Contract as Promise: A Theory of Contractual Obligation* (New York: Oxford University Press, 2015 [1981)], chap. 4.

30. Sidney W. Mintz, *Sweetness and Power: The Place of Sugar in Modern History* (New York: Penguin Books, 1985).

31. See Anders Winroth, *The Conversion of Scandinavia: Vikings, Merchants, and Missionaries in the Remaking of Northern Europe* (New Haven, C. T.: Yale University Press, 2012).

32. See Yusuf Majidzadeh, "Lapis Lazuli and the Great Khorasan Road," *Paléorient* 8, no. 1 (1982): 59–69.

33. See Rahul Oka and Chapurukha M. Kusimba, "The Archaeology of Trading Systems, Part 1: Towards a New Trade Synthesis," *Journal of Archaeological Research,* 16 (2008): 339–395.

34. Marshall Sahlins, "La Pensée Bourgeoise: Western Society as Culture," in *Culture and Practical Reason* (Chicago: University of Chicago Press, 1976), 166–204.

35. Pierre Bourdieu, *La distinction. Critique sociale du jugement* (Paris: Les Éditions de Minuit, 1979).

36. 关于这一现象的早期描述，见 Peter Worley, *The Trumpet Shall Sound: A Study of 'Cargo Cults' in Melanesia* (New York: Schocken Books, 1957)。关于一种更具批判性的分析，即认为货物崇拜的观点起源于西方认为社会生活以商品为中心的理念，见 Lamont Lindstrom, *Cargo Cult: Strange Stories of Desire from Melanesia and Beyond* (Honolulu: University of Hawai'i Press, 1993)。当前人类学的普遍观点在大部分方面都与林德斯特伦·阿契贝（Lindstrom Achebe）保持一致，尽管如此，"货物崇拜"还是不断地在更广阔的领域中被更自由地改写和使用，已经超越了狭窄的美拉尼西亚人的人种志语境——在这一语境中，这个短语主要是由尼日利亚小说家钦努阿·阿契贝（Chinua Achebe）在描写非洲发展中国家领导人的心态时第一次提出的。See Achebe, *The Trouble with Nigeria* (Oxford: Heinemann, 1983), 9.

37. See Derek Malcolm, "Krzysztof Kieslowski—Obituary," Guardian, March 14, 1996. https://www.theguardian.com/film/2011/nov/09/krzysztof-kieslowski-obituary.

38. See Thomas Bernhard, Es ist alles lächerlich. Acht philosophische Mauerhaken (Frankfurt: Suhrkamp, 2008).

39. Frits Staal, *Ritual and Mantras: Rules without Meaning* (New York: Peter Lang,

1990).

40. 这一见解源自克里斯托夫·Z. 吉尔莫托（Christophe Z. Guilmoto），来自私人谈话内容。

41. 人类学家，不同于哲学家、经济学家、其他的社会科学家以及人文主义学者，对于"祖先"这一类别在人类社会现实秩序中所起的重要作用有着尤其深刻的认识。详见Jack Goody, *Death, Property and the Ancestors: A Study of the Mortuary Customs of the Lodagaa of West Africa* (London: Tavistock, 1959)。

参考文献

纸质资源

AA. See under Kant.

Achebe, Chinua. *The Trouble with Nigeria*. Oxford: Heinemann, 1983.

Adorno, Theodor W. *The Stars Down to Earth, and Other Essays on the Irrational in Culture*. Edited by Stephen Crook. London: Routledge, 1994.

Adorno, Theodor W., and Max Horkheimer. *Dialectic of Enlightenment*. Translated by John Cumming. London: Verso, 1997 [1944].

Afanas'ev, A. N. *Narodnye russkie rasskazy A. N. Afanas'eva*. 2nd ed. 4 vols. Moscow: K. Soldatenkov, 1873.

Ahmed, Arif. "Infallibility in the Newcomb Problem." *Erkenntnis* 80, no. 2 (2015): 261–273.

Allan, Keith, and Kate Burridge. *Forbidden Words: Taboo and the Censoring of Language*. Cambridge: Cambridge University Press, 2006.

Allix, Jules. "Communication universelle et instantanée de la pensée, à quelque distance que ce soit, à l'aide d'un appareil portatif appelé Boussole pasilalinique sympathique." *La Presse*, October 25 and 26, 1850.

Amo, Anton Wilhelm. *Tractatus de arte sobrie et accurate philosophandi*. Halle, 1738.

Anderson, Perry. "After the Event." *New Left Review* 73 (January–February, 2012): 49–61.

———. "Dégringolade." *London Review of Books* 26, no. 17 (September 2, 2004): 3–9.

Arendt, Hannah. *Eichmann in Jerusalem: A Report on the Banality of Evil*. New York: Viking Press, 1963.

Aristotle. *Metaphysics*. Edited by W. D. Ross. Oxford: Clarendon Press, 1924.

Aristotle, "On Prophecy in Sleep." In *On the Soul. Parva Naturalia. On Breath*, translated by W. S. Hett. Loeb Classical Library 288. Cambridge, M. A.: Harvard University Press, 1957.

Arnold, Matthew. *Culture and Anarchy: An Essay in Political and Social Criticism*.

London: Smith, Elder and Co., 1869.

———. *The Oxford Authors: Matthew Arnold*. Edited by Miriam Farris Allott and Robert Henry Super. Oxford: Oxford University Press, 1986.

AT. *See under* Descartes.

Auden, W. H. *Collected Poems*. New York: Faber, 2007.

Augustine. *The Confessions of Saint Augustine*. Edited and translated by Frank J. Sheed. London: Sheed & Ward, 1944.

Bachelard, Gaston. *La terre et les rêveries du repos*. Paris: José Corti, 1948.

Barrett, William. *Irrational Man: A Study in Existential Philosophy*. New York: Doubleday, 1958.

Baudelaire, Charles. *Les fleurs du mal*. Boston: David R. Godine, 1983.

———. *Les petits tronçons du serpent. Pensées choisies et précédées d'une introduction*. Paris: Sansot, 1918.

Bayle, Pierre. *Dictionnaire historique et critique.* 3rd ed. Vol. 3. Rotterdam, 1715 [1697].

Bernhard, Thomas. *Es ist alles lächerlich. Acht philosophische Mauerhaken*. Frankfurt: Suhrkamp, 2008.

Boas, Franz. *Race, Language, and Culture*. Chicago: University of Chicago Press, 1940.

Bok, Sissela. *Lying: Moral Choice in Public and Private Life*. 3rd ed. New York: Vintage Books, 1999 [1978].

Borges, Jorge Luis. *Cuentos completos*. Barcelona: Lumen, 2015.

Bourdieu, Pierre. *La distinction. Critique sociale du jugement*. Paris: Les Éditions de Minuit, 1979.

Brennan, Jason. *Against Democracy*. Princeton, N. J.: Princeton University Press, 2016.

Brie, Michael. *Die witzige Dienstklasse. Der politische Witz im späten Staatssozialismus*. Berlin: Karl Dietz Verlag, 2004.

Browne, Thomas. *Pseudodoxia Epidemica; or, Enquiries into very many Received Tenents, and commonly Presumed Truths*. London, 1648.

Bruckner, Pascal. *The Temptation of Innocence: Living in the Age of Entitlement*. New York: Algora Publishing, 2007 [1995].

Budelmann, B. U. "Autophagy in *Octopus*." *South African Journal of Marine Science* 20, no. 1 (1998): 101–108.

Burnyeat, M. F. *Explorations in Ancient and Modern Philosophy*. Vol. 2. Cambridge: Cambridge University Press, 2012.

Cashell, Kieran. *Aftershock: The Ethics of Contemporary Transgressive Art*. London: I.

B. Tauris, 2009.

Catchpoole, David. "Moulting Arthropod Fossilized in a Flash!" *Creation* 27, no. 2 (March, 2005): 45.

Cervantes, Miguel de. *Don Quijote de la Mancha*. Edited by John Jay Allen. 27th ed. Madrid: Ediciones Cátedra, 2008. English edition: *Don Quixote*. Translated by Edith Grossman. New York: Harper Collins, 2003.

Chincholle, Charles. *Les survivants de la Commune*. Paris: Boulanger, 1885.

Cicero. *Tusculan Disputations*. Translated by J. E. King. Loeb Classical Library 141. Cambridge, M. A.: Harvard University Press, 1927.

Clère, Jules. *Les hommes de la Commune*. 5th ed. Paris: Dentu, 1872.

Coccia, Emanuele. *La vie des plantes. Une métaphysique du mélange*. Paris: Bibliothèque Rivages, 2016.

Cohen, Robert. *Freedom's Orator: Mario Savio and the Radical Legacy of the 1960s*. New York: Oxford University Press, 2009.

Couturat, Louis. *La logique de Leibniz, d'après des documents inédits*. Paris: Félix Alcan, 1901.

Cusset, François. *French Theory. Foucault, Derrida, Deleuze et Cie et les mutations de la vie inellectuelle aux États-Unis*. Paris: La Découverte, 2005.

Cyrano de Bergerac, Savinien. *Les états et empires de la Lune*. Paris, 1665.

Dacke, M., et al. "Dung Beetles Use the Milky Way for Orientation." *Current Biology* 23 (2013): 298–300.

Danto, Arthur C. *The Transfiguration of the Commonplace: A Philosophy of Art*. Cambridge, M. A.: Harvard University Press, 1981.

Descartes, René. *Oeuvres de Descartes*. Edited by Charles Adam and Paul Tannery. 13 vols. Paris: Léopold Cerf, 1897–1913. [AT]

Des Chene, Dennis. "'Animal' as Category: Bayle's 'Rorarius.'" In *The Problem of Animal Generation in Early Modern Philosophy*, edited by Justin E. H. Smith, 215–234. Cambridge University Press, 2006.

Descola, Philippe. *Par-delà nature et culture*. Paris: Gallimard, 2005.

Deutscher, Penelope. *The Philosophy of Simone de Beauvoir: Ambiguity, Conversion, Resistance*. Cambridge: Cambridge University Press, 2008.

Dickinson, Emily. *The Poems of Emily Dickinson*. Edited by Ralph W. Franklin. Cambridge, M. A.: Belknap Press of Harvard University Press, 1998.

Diderot, Denis. *Le rêve de d'Alembert*. In *Oeuvres complètes de Diderot*, edited by Assézat Tourneux, vol. 2. Paris: Garnier Frères, 1875.

Dodds, E. R. *The Greeks and the Irrational*. Berkeley: University of California Press, 1951.

Dougherty, Tom, Sophie Horowitz, and Paulina Sliwa. "Expecting the Unexpected." *Res Philosophica* 92, no. 2 (April, 2015): 301–321.

Douglas, Mary. *Natural Symbols: Explorations in Cosmology*. London: Barrie & Rockliff, 1970.

Dunbar-Ortiz, Roxanne. *An Indigenous Peoples' History of the United States*. Boston: Beacon Press, 2015.

Durantaye, Leland de la. "Vladimir Nabokov and Sigmund Freud, or a Particular Problem." *American Imago* 62, no. 1 (2005): 59–73.

Durbach, Nadja. *Bodily Matters: The Anti-Vaccination Movement in England, 1853–1907*. Durham, N. C.: Duke University Press, 2005.

Elster, Jon. *Sour Grapes: Studies in the Subversion of Rationality*. Cambridge: Cambridge University Press, 1983.

———. *Ulysses and the Sirens: Studies in Rationality and Irrationality*. Cambridge: Cambridge University Press, 1979.

Erasmus, Desiderius. *The Praise of Folly*. Translated by John Wilson. London, 1668.

Feyerabend, Paul. "How to Defend Society against Science." *Radical Philosophy* 11, no. 1 (Summer, 1975): 3–9.

Fischer, Alain. "La médecine face à la nature, un combat acceptable?" Colloquium paper delivered at "Les Natures en questions: Colloque de rentrée 2017–18," Collège de France, Paris, October 20, 2017.

Foucault, Michel. *Madness and Civilization: A History of Insanity in the Age of Reason*. New York: Vintage Books, 1988 [1961].

Fraenkel, Carlos. *Philosophical Religions from Plato to Spinoza: Reason, Religion, and Autonomy*. Cambridge: Cambridge University Press, 2012.

Frank, Sam. "Come with Us If You Want to Live." *Harper's Magazine*, January 2015, 26–36.

Frank, Thomas. *What's the Matter with Kansas? How Conservatives Won the Heart of America*. New York: Henry Holt and Co., 2004.

Frankfurt, Harry G. *On Bullshit*. Princeton, N. J.: Princeton University Press, 2005.

Frazier, Kendrick. "Science and Reason, Foibles and Fallacies, and Doomsdays." *Skeptical Inquirer* 22, no. 6 (1998): 6.

Freud, Sigmund. *The Interpretation of Dreams*. Translated by A. A. Brill. London: Wordsworth Classics, 1997 [1899].

Fried, Charles. *Contract as Promise: A Theory of Contractual Obligation*. New York: Oxford University Press, 2015 [1981].

Fumaroli, Marc. *Quand l'Europe parlait français*. Paris: Éditions de Fallois, 2001.

Galland, Antoine. *Les mille et une nuits, contes arabes traduits en François, par M. Galland*. 12 vols. Paris: La Veuve Claude Barbin, 1704–1706 (vols. 1–7); Paris: Claude Barbin, 1709 (vol. 8); Paris: Florentin Delaulne, 1712 (vols. 9, 10); Lyon: Briasson, 1717 (vols. 11, 12).

Garcia-Bellido, D. C., and D. H. Collins. "Moulting Arthropod Caught in the Act." *Nature* 429, no. 40 (May 6, 2004): 6987.

Gassendi, Pierre. *Syntagma philosophicum*. In *Opera omnia in sex tomos divisa*. Lyon: Laurence Anisson and Jean-Baptiste Devenet, 1658.

Gay, Peter. *The Bourgeois Experience: Victoria to Freud*. 5 vols. New York: Oxford University Press, 1984–1998.

Gellius, Aulus. *Attic Nights*. Vol. 3. Translated by J. C. Rolfe. Loeb Classical Library 212. Cambridge, M. A.: Harvard University Press, 1927.

Girard, René. "Mimesis and Violence: Perspectives in Cultural Criticism." *Berkshire Review* 14 (1979): 9–19.

Gliozzi, Giuliano. *Adamo e il nuovo mondo. La nascità dell'antropologia come ideologia coloniale: della genealogie bibliche alle teorie razziale (1500–1700)*. Florence: Franco Angeli, 1977.

Godfrey-Smith, Peter. *Other Minds: The Octopus, the Sea, and the Deep Origins of Consciousness*. New York: Farrar, Straus and Giroux, 2016.

Goethe, Johann Wolfgang von. *Werke*. Vol. 12. Hamburg: Deutscher Taschenbuch Verlag, 1953.

Gómez, José María, Miguel Verdú, Adela González-Megías, and Marcos Méndez. "The Phylogenetic Roots of Human Lethal Violence." *Nature* 538 (October 13, 2016): 233–237.

Goodman, Nelson. *Languages of Art: An Approach to a Theory of Symbols*. Indianapolis, I. N.: The Bobbs-Merrill Company, 1968.

Goody, Jack. *Death, Property and the Ancestors: A Study of the Mortuary Customs of the Lodagaa of West Africa*. London: Tavistock, 1959.

———. *The Logic of Writing and the Organization of Society*. Cambridge: Cambridge University Press, 1986.

Gordon, Lewis R. "Thinking Through Rejections and Defenses of Transracialism." *Philosophy Today* 62, no. 1 (Winter, 2018): 11–19.

Gordon, Linda. *The Second Coming of the KKK: The Ku Klux Klan of the 1920s and the American Political Tradition*. New York: W. W. Norton, 2017.

Gould, Stephen Jay. "Nonoverlapping Magisteria." *Natural History* 106 (March, 1996): 16–22.

Grimm, Jacob and Wilhelm. *Kinder-und Hausmärchen*. Göttingen, 1812.

Guerrero, Alexander A. "Against Elections: The Lottocratic Alternative." *Philosophy & Public Affairs* 42, no. 2 (2014): 135–178.

Ham, Ken. *Six Days: The Age of the Earth and the Decline of the Church*. Green Forest, AR: Master Books, 2013.

Hazard, Paul. *La crise de la conscience européenne, 1680–1715*. Paris: Fayard, 1961 [1935].

Hegel, G.W.F. *Hegel: The Letters*. Edited and translated by Clark Butler and Christiane Seiler. Bloomington: Indiana University Press, 1984.

Heidegger, Martin. *Being and Time: A Translation of Sein und Zeit*. Translated by Joan Stambaugh. Albany: SUNY Press, 1996 [1953].

———. *Logic: The Question of Truth*. Translated by Thomas Sheehan, Bloomington: Indiana University Press, 2010.

Heller, Steven. *The Swastika: Symbol beyond Redemption?* New York: Allworth Press, 2000.

Herder, J. G. *Johann Gottfried von Herder's sämmtliche Werke*. Vol. 14. Tübingen: In der J. G. Cotta'schen Buchhandlung, 1815.

Hoffheimer, Michael H. *Eduard Gans and the Hegelian Philosophy of Law*. Dordrecht: Kluwer, 1995.

Hofstadter, Richard. "The Paranoid Style in American Politics." *Harper's Magazine*, November, 1964, pp.74–86.

Holt, Jim. *Stop Me If You've Heard This: A History and Philosophy of Jokes*. New York: W. W. Norton, 2008.

Howard, Philip N., and Muzammil M. Hussain. *Democracy's Fourth Wave? Digital Media and the Arab Spring*. Oxford: Oxford University Press, 2013.

Hume, David. *Treatise of Human Nature*. Edited by L. A. Selby-Bigge. Revised by P. H. Nidditch. Oxford: Clarendon Press, 1975 [1739–1740].

Iamblichus. *Life of Pythagoras*. Translated by Thomas Taylor. London, 1818.

Ishwaran, Karigoudar, ed. *Ascetic Culture: Renunciation and Worldly Engagement*. International Studies in Sociology and Social Anthropology. Leiden: Brill, 1999.

Isidore of Seville, *Etymologies*. Translated and edited by Stephen A. Barney, W. J.

Lewis, J. A Beach, and Oliver Berghof. Cambridge: Cambridge University Press, 2006.

Israel, Jonathan I. *Democratic Enlightenment: Philosophy, Revolution, and Human Rights, 1750–1790*. Oxford: Oxford University Press, 2013.

———. *Enlightenment Contested: Philosophy, Modernity, and the Emancipation of Man, 1670–1752*. Oxford: Oxford University Press, 2006.

———. *Radical Enlightenment: Philosophy and the Making of Modernity, 1650–1750*. Oxford: Oxford University Press, 2002.

Jaynes, Julian. *The Origin of Consciousness in the Breakdown of the Bicameral Mind*. Boston: Houghton Mifflin, 1976.

Jordan, David P. *Napoleon and the Revolution*. New York: Palgrave Macmillan, 2012.

Sor Juana Inés de la Cruz. *Obras completas*. Vol. 1, *Lírica personal*. Edited by Alfonso Méndez Plancarte. Mexico City: Fondo de Cultura Económica, 1951.

Kakutani, Michiko. *The Death of Truth: Notes on Falsehood in the Age of Trump*. New York: Tim Duggan Books, 2018.

Kant, Immanuel. *Immanuel Kants gesammelte Schriften*. Edited by the Prussian Academy of Sciences. Berlin, 1902. [AA].

Kepler, Johannes. *Somnium: The Dream, or, Posthumous Works on Lunar Astronomy*. Translated by Edward Rosen. Mineola, N. Y.: Dover Publications, 1967.

Keynes, John Maynard. *The Collected Writings of John Maynard Keynes*. Edited by Donald Moggridge. Vol. 4. London, 1981.

Kierkegaard, Søren. *Either/Or: A Fragment of Life*. Translated by Alastair Hannay. New York: Penguin, 1992 [1843].

Kircher, Athanasius. *China monumentis*. Amsterdam: Apud Jacobum à Meurs, 1667. Reprint, Frankfurt: Minerva, 1966.

Klein, Richard. *Cigarettes Are Sublime*. Durham: Duke University Press, 1993.

Kohn, Eduardo. *How Forests Think: Toward an Anthropology beyond the Human*. Berkeley: University of California Press, 2013.

Laudan, Larry. "The Demise of the Demarcation Problem." In *Physics, Philosophy and Psychoanalysis*, edited by R. S. Cohen and Larry Laudan (Dordrecht: Reidel, 1983): 111–127.

Lecourt, Dominique. *Lyssenko. Histoire réelle d'une 'science prolétarienne.'* Paris: Presses Universitaires de France, 1995 [1976].

Leibniz, G. W. "The Body-Machine in Leibniz's Early Medical and Physiological Writings: A Selection of Texts with Commentary." Edited and translated by Justin E. H. Smith. *Leibniz Review* 27 (2007): 141–179.

————. *Directiones ad rem medicam pertinentes*. Appendix 1 to Justin E. H. Smith, *Divine Machines: Leibniz and the Sciences of Life*, 286. Princeton, N. J.: Princeton University Press, 2011.

————. *Lettres et opuscules inédits de Leibniz*. Edited by A. Foucher de Careil. Paris: Libraire Philosophique de Ladrange, 1854.

————. *Die philosophischen Schriften von G. W. Leibniz*. Edited by C. I. Gerhardt. 7 vols. Berlin, 1849–1860.

Lemoine, Bertrand. "L'entreprise Eiffel." *Histoire, économie et société* 14, no. 2 (1995): 273–285.

Lindgren, Jim. "The Six Political Groups Least Likely to Believe That Astrology Is Scientific." *Washington Post*, February 20, 2014.

Lindstrom, Lamont. *Cargo Cult: Strange Stories of Desire from Melanesia and Beyond*. Honolulu: University of Hawai'i Press, 1993.

Lloyd, G.E.R. *Aristotle: The Growth and Structure of His Thought*. London: Cambridge University Press, 1968.

————. *The Ideals of Inquiry: An Ancient History*. Oxford: Oxford University Press, 2014.

Lönnrot, Elias. *Kalevala*. Helsinki: J. C. Frenckellin ja Poika, 1835.

Lucian of Samosata. *Lucian's True History*. Translated by Francis Hickes. London: A. H. Bullen, 1902.

————. *Thirty Conferences of the Dead: Diogenes and Pollux*. In *Lucian of Samosata*, translated and edited by William Tooke. 2 vols. London: Longman, Hurst, Rees, Orme, and Brown, 1820.

Lyotard, Jean-François. *The Postmodern Condition: A Report on Knowledge*. Manchester: Manchester University Press, 1979.

Machery, Edouard, and Luc Faucher. "Why Do We Think Racially? Culture, Evolution and Cognition." In *Categorization in Cognitive Science*, edited by Henri Cohen and Claire Lefebvre. Amsterdam: Elsevier, 2005.

MacLane, Mary. *I Await the Devil's Coming* (1902). In *Human Days: A Mary MacLane Reader*. Austin, TX: Petrarca Press, 2014.

Majidzadeh, Yusuf. "Lapis Lazuli and the Great Khorasan Road." *Paléorient*, 8, no. 1 (1982): 59–69.

Marinoff, Lou. *Therapy for the Sane: How Philosophy Can Change Your Life*. Argo-Navis, 2013.

McCloskey, Deirdre. *Bourgeois Equality: How Ideas, Not Capital or Institutions,*

Enriched the World. Chicago: University of Chicago Press, 2016.

McDowell, John. *Mind and World.* Cambridge, M. A.: Harvard University Press, 1996 [1994].

Melamed, Yitzhak Y. "'Omnis determinatio est negatio'—Determination, Negation, and SelfNegation in Spinoza, Kant, and Hegel." In *Spinoza and German Idealism,* edited by Eckart Förster and Yitzhak Y. Melamed, 175–196. Cambridge: Cambridge University Press, 2012.

Melville, Herman. *The Confidence-Man: His Masquerade,* and *Billy Budd, Sailor.* London: Penguin, 2012 [1857].

Mercier, Hugo, and Dan Sperber. *The Enigma of Reason.* Cambridge, M. A.: Harvard University Press, 2017.

Merrill, James. *The Changing Light at Sandover.* New York: Knopf, 1982.

Merriman, Roger Bigelow, ed. *The Life and Letters of Thomas Cromwell: Letters from 1536.* Oxford: Clarendon Press, 1902.

Mintz, Sidney. *Sweetness and Power: The Place of Sugar in Modern History.* New York: Penguin Books, 1985.

Mishra, Pankaj. *Age of Anger: A History of the Present.* New York: Farrar, Straus and Giroux, 2017.

Murray, Les. *Poems the Size of Photographs.* Sydney: Duffy & Snellgrove, 2002.

Nabokov, Vladimir. "Conclusive Evidence." *New Yorker,* December 28, 1998–January 4, 1999, 124–133.

———. *Speak, Memory: An Autobiography Revisited.* New York: Vintage International, 1989 [1951].

Nagle, Angela. *Kill All Normies: Online Culture Wars from 4chan and Tumblr to Trump and the Alt-Right.* Winchester, U. K.: Zero Books, 2017.

Nesbitt, Nick. *Universal Emancipation: The Haitian Revolution and the Radical Enlightenment.* Charlottesville: University of Virginia Press, 2008.

Newman, William R. *Promethean Ambitions: Alchemy and the Quest to Perfect Nature.* Chicago: University of Chicago Press, 2004.

Niakan, Kathy. "Using CRISPR/Cas9-Mediated Genome Editing to Investigate Mechanisms of Lineage Specification in Human Embryos." Paper delivered at the conference "Les natures en questions," Collège de France, October 20, 2017.

Nichols, Tom. *The Death of Expertise: The Campaign against Knowledge and Why It Matters.* New York: Oxford University Press, 2017.

Nietzsche, Friedrich. *Philosophische Werke in sechs Bänden.* Hamburg: Felix Meiner

Verlag, 2013.

Nowak, Holger, et al. *Lexikon zur Schlacht bei Jena und Auerstedt 1806. Personen, Ereignisse, Begriffe*. Jena: Städtische Museen, 2006.

Nozick, Robert. "Newcomb's Problem and Two Principles of Choice." In *Essays in Honor of Carl G. Hempel*, edited by Nicholas Rescher, 114–146. Dordrecht: Reidel, 1969.

Ohnuki-Tierney, Emiko. *Kamikaze, Cherry Blossoms, and Nationalisms: The Militarization of Aesthetics in Japanese History*. Chicago: University of Chicago Press, 2002.

Oka, Rahul, and Chapurukha M. Kusimba. "The Archaeology of Trading Systems, Part 1: Towards a New Trade Synthesis." *Journal of Archaeological Research* 16 (2008): 339–395.

Ong, Walter J. *Orality and Literacy: The Technologizing of the Word*. London: Taylor & Francis, 2002 [1982].

———. *Ramus, Method, and the Decay of Dialogue: From the Art of Discourse to the Art of Reason*. Cambridge, M. A.: Harvard University Press, 1958.

Pappus of Alexandria. *The Commentary of Pappus on Book X of Euclid's Elements*. Edited and translated by William Thomson. Cambridge, M. A.: Harvard University Press, 1930.

Pascal, Blaise. *Pensées de Blaise Pascal*. Edited by J.-M.-F. Frantin. 3rd ed. Paris: Lagny, 1870.

Pastoureau, Michel. *L'ours. Histoire d'un roi déchu*. Paris: Éditions du Seuil, 2007.

Patrikarakos, David. *War in 140 Characters: How Social Media Is Reshaping Conflict in the TwentyFirst Century*. New York: Basic Books, 2017.

Paul, L. A. *Transformative Experience*. New York: Oxford University Press, 2014.

———. "What You Can't Expect When You're Expecting." *Res Philosophica* 92, no. 2 (2015): 1–23.

Perkins, Franklin. *Leibniz and China: A Commerce of Light*. Cambridge: Cambridge University Press, 2005.

Petrone, Karen. *The Great War in Russian Memory*. Bloomington: Indiana University Press, 2011.

Pigliucci, Massimo, and Maarten Boudry, eds. *Philosophy of Pseudoscience: Reconsidering the Demarcation Problem*. Chicago: University of Chicago Press, 2013.

Pinker, Steven. *Enlightenment Now: Reason, Science, Humanism, and Progress*. New

York: Penguin Random House, 2018.

Plutarch. *De sollertia animalium*. Loeb Classical Library 12. Cambridge, M. A.: Harvard University Press, 1957.

Popper, Karl. "Philosophy of Science: A Personal Report." In *British Philosophy in Mid-Century*, edited by C. A. Mace, 155–191. Crows Nest, N. S. W.: Allen and Unwin, 1951.

Porphyry. *Life of Plotinus*. In *The Essence of Plotinus: Extracts from the Six Enneads and Porphyry's* Life of Plotinus, edited by Grace H. Turnbull, translated by Stephen MacKenna. New York: Oxford University Press, 1934.

"Preaching on the Bible; Pulpit Opinions of the New Version." *New York Times*, May 23, 1881, 8.

Quine, W. V. O. "Two Dogmas of Empiricism" (1951). In W. V. O. Quine, *From a Logical Point of View*, 20–46. Cambridge, M. A.: Harvard University Press, 1953.

Ranke, Leopold von. *Geschichte der romanischen und germanischen Völker von 1494 bis 1514*. 3rd ed. Leipzig: Verlag von Duncker & Humblot, 1885 [1824].

"Relation de ce qui s'est passé de plus remarquable . . . ès années 1670 et 1671, envoyé au Reverend Père Jean Pinette, Provincial de la Province De France." In *Relations des Jésuites, contenant ce qui s'est passé de plus remarquable dans les missions des pères de la Compagnie de Jésus dans la Nouvelle France*, vol. 3. Quebec City: Augustin Côté, 1858.

Riel, Louis. "Dissertation on Monads." Translated by Justin E. H. Smith. *Cabinet Magazine* 49 (2013): 26–27.

Rorario, Girolamo. *Hieronymi Rorarii ex legati pontificii, Quod animalia bruta ratione utantur melius homine*. Libri duo. Amsterdam: Apud Joannem Ravesteinium, 1654 [1555].

Rousseau, Jean-Jacques. *Discours sur l'origine et les fondements de l'inégalité parmi les hommes*. Amsterdam: Marc Michel Rey, 1762.

Sahlins, Marshall. "La Pensée Bourgeoise: Western Society as Culture." In *Culture and Practical Reason*, 166–204. Chicago: University of Chicago Press, 1976.

Sartre, Jean-Paul. *Being and Nothingness: A Phenomenological Essay on Ontology*. Translated by Hazel Barnes. New York: Washington Square Press, 1956 [1943].

———. Interview with *Actuel*, February 28, 1973.

———. *No Exit, and Three Other Plays*. New York: Vintage Books, 1955 [1944].

Saxo Grammaticus. *The First Nine Books of the Danish History of Saxo Grammaticus*. Translated by Oliver Elton. London: David Nutt, 1894.

Scott, James C. *Against the Grain: A Deep History of the Earliest States*. New Haven, CT: Yale University Press, 2017.

Setiya, Kieran. *Midlife: A Philosophical Guide*. Princeton, N. J.: Princeton University Press, 2018.

Simon, Gustave. *Chez Victor Hugo. Procès-verbaux des tables tournantes de Jersey*. Paris: Louis Conard, 1923.

Smart, Christopher. *The Poetical Works of Christopher Smart*. Vol. 1, *Jubilate Agno*. Edited by Karina Williamson. Oxford: Clarendon Press, 1980.

Smith, Justin E. H. "The Art of Molting." *RES: Anthropology and Aesthetics* 67/68 (2016/17): 1–9.

———. "The Gravity of Satire: Offense and Violence after the Paris Attacks." The Pierre Bayle Lecture, Pierre Bayle Foundation, Rotterdam, The Netherlands, November 27, 2015.

———. "The Ibis and the Crocodile: Napoleon's Egyptian Campaign and Evolutionary Theory in France, 1801–1835." *Republic of Letters* 6, no. 1 (March 2018): 1–20..

———. "The Internet of Snails." *Cabinet Magazine* 58 (2016): 29–37.

———. *Nature, Human Nature, and Human Difference: Race in Early Modern Philosophy*. Princeton, N. J.: Princeton University Press, 2015.

———. *The Philosopher: A History in Six Types*. Princeton, N. J.: Princeton University Press, 2016.

Spera, Danielle. *Hermann Nitsch: Leben und Arbeit*. Vienna: Brandstätter, 2005.

Spinoza, Benedictus de. *The Collected Works of Spinoza*. Translated and edited by Edwin Curley. Princeton, N. J.: Princeton University Press, 1985 (vol. 1), 2016 (vol. 2).

———. *Opera*. Edited by Carl Gebhardt. Heidelberg: Carl Winter Verlag, 1925.

Staal, Frits. *Ritual and Mantras: Rules without Meaning*. New York: Peter Lang, 1990.

Staël, Germaine de. *De la littérature, considérée dans ses rapports avec les institutions sociales*. In *Oeuvres complètes de Madame de Staël, publiées par son fils*, vol. 4. Brussels: Louis Hauman et Co., 1830.

Sternhell, Zeev. *Les anti-Lumières. Une tradition du XVIIIe siècle à la guerre froide*. Paris: Fayard, 2006. English edition: *The Anti-Enlightenment Tradition*. Translated by David Maisel. New Haven, C. T.: Yale University Press, 2009.

Suárez, Francisco. *Opera omnia*. Edited by Charles Berton. 28 vols. Paris: Apud Ludovicum Vivès, 1856–78.

Suskind, Ron. "Faith, Certainty, and the Presidency of George W. Bush." *New York Times Magazine*, October 17, 2004.

Terence. *Heautontimouremos: The Self-Tormentor*. In *The Comedies of Terence*, edited and translated by Henry Thomas Riley, 139. New York: Harper and Brothers, 1859.

Tertullian. *Tertullian's Treatise on the Incarnation*. Edited and translated by Ernest Evans. Eugene, O. R.: Wipf and Stock, 1956.

Tolstoy, L. N. *Smert' Ivana Il'icha*. Saint Petersburg, 1886.

Trigger, Bruce. *The Children of Aataentsic: A History of the Huron People to 1660*. Montreal : McGill-Queens University Press, 1987.

Trollinger, Susan L., and William Vance Trollinger, Jr. *Righting America at the Creation Museum*. Baltimore: Johns Hopkins University Press, 2016.

Tufekci, Zeynep. *Twitter and Tear Gas: The Power and Fragility of Networked Protest*. New Haven, C. T.: Yale University Press, 2017.

Tuvel, Rebecca. "In Defense of Transracialism." *Hypatia: A Journal of Feminist Philosophy* 32, no. 2 (2017): 263–278.

Vauchez, André. *Francis of Assisi: The Life and Afterlife of a Medieval Saint*. Translated by Michael F. Cusato. New Haven, C. T.: Yale University Press, 2013.

Verne, Jules. *De la terre à la lune. Trajet direct en 97 heures 20 minutes*. Paris: Bibliothèque d'éducation et de récréation, 1872 [1865].

Vico, Giambattista. *The* New Science *of Giambattista Vico*. Unabridged translation of the third edition (1744) with the addition of "Practic of the New Science." Edited and translated by Thomas Goddard Bergin and Max Harold Fisch. Ithaca, N. Y. : Cornell University Press, 1948.

Walker, D. P. *The Ancient Theology*. Ithaca, N. Y.: Cornell University Press, 1972.

Warner, Marina. *Stranger Magic: Charmed States and the Arabian Nights*. Cambridge, M. A.: Harvard University Press, 2012.

Wertheim, Margaret. *Physics on the Fringe: Smoke Rings, Circlons, and Alternative Theories of Everything*. New York: Bloomsbury, 2011.

Whitman, Walt. *Walt Whitman: Selected Poems, 1855–1892*. Edited by Gary Schmidgall. New York: Stonewall Inn Editions, 1999.

Winroth, Anders. *The Conversion of Scandinavia: Vikings, Merchants, and Missionaries in the Remaking of Northern Europe*. New Haven, C. T.: Yale University Press, 2012.

Wittgenstein, Ludwig. *Tractatus Logico-Philosophicus*. Translated by C. K. Ogden, London: Kegan Paul, Trench and Trübner, 1922.

Wolpert, David H., and Gregory Benford. "The Lesson of Newcomb's Paradox." *Synthese* 190, no. 9 (2013): 1637–1646.

Woolf, Virginia. *Virginia Woolf: Selected Short Stories.* Edited by Sandra Kemp. London: Penguin Classics, 1993 [1929].

Worley, Peter. *The Trumpet Shall Sound: A Study of 'Cargo Cults' in Melanesia.* New York: Schocken Books, 1957.

Yahya, Harun. *Atlas of Creation.* Istanbul: Global Kitap, 2006. Translation of Harun Yahya, *Yaratılış Atlası.* Istanbul: Global Kitap, 2006.

Yates, Frances. *Giordano Bruno and the Hermetic Tradition.* London: Routledge, 1964.

Yeats, William Butler. *The Winding Stair and Other Poems.* New York: Macmillan and Co., 1933.

Yeo, Richard. *Defining Science: William Whewell, Natural Knowledge, and Public Debate in Early Victorian Britain.* Cambridge: Cambridge University Press, 1993.

Zhdanov, A. A. *On Literature, Music, and Philosophy.* New York: Lawrence and Wishart, 1950.

Zoshchenko, Mikhail. *Prikliucheniia obez'iany.* Moscow: Eksmo, 2017 [1945].

电子资源

完整的 URL 地址参见尾注。

Aslamova, Dar'ia. "Zhan-Mari le Pen—'KP': Nam nuzhna edinaia Evropa ot Parizha do Vladivostoka." *Komsomol'skaya Pravda*, January 15, 2015.

Atwood, Margaret. "Am I a Bad Feminist?" *Globe and Mail*, January 14, 2018.

Bingham, John. "How Teenage Pregnancy Collapsed after Birth of Social Media." *Telegraph*, March 9, 2016.

Bissell, Tom. "Who's Laughing Now? The Tragicomedy of Donald Trump on *Saturday Night Live*." *Harper's Magazine,* October 2017.

Bokhari, Allum, and Milo Yiannopoulos. "An Establishment Conservative's Guide to the AltRight." *Breitbart News*, March 29, 2016.

Brinkbäumer, Klaus, Julia Amalia Heyer, and Britta Sandberg. "Interview with Emmanuel Macron: 'We Need to Develop Political Heroism.'" *Der Spiegel Online*, October 13, 2017.

Cohen, Eliot A. "Two Wounded Warriors." *Atlantic*, October 22, 2017.

Dawkins, Richard. "Venomous Snakes, Slippery Eels and Harun Yahya." Website of the Richard Dawkins Foundation, accessed 2006 (since removed).

"Donald Trump: The Howard Stern Interviews, 1993–2015." *Factbase.*

Dupont, Gaëlle. "Pour La Manif pour tous, 'c'est le moment de se faire entendre.'" *Le*

Monde, October 15, 2016.

"En prison, Breivik se dit 'torturé' et réclame une Playstation 3." *Le Monde* with Agence France Presse, February 14, 2014.

Fisher, Mark. "Exiting the Vampire Castle." *North Star*, November 22, 2013.

Franzen, Jonathan. "Is It Too Late to Save the World?" *Guardian*, November 4, 2017.

Gais, Hannah. "How Putin Is Making Greece's Nazi Problem Worse." *Business Insider*, March 26, 2015.

Gessen, Masha. "Russian Interference in the 2016 Election: A Cacophony, Not a Conspiracy." *New Yorker*, November 3, 2017.

Goldberg, Jonah. "Cheese-Eating Surrender Monkeys from Hell." *National Review Online*, April 16, 1999.

Haidt, Jonathan. "The Age of Outrage: What the Current Political Climate Is Doing to Our Country and Our Universities." *City Journal*, December 17, 2017.

Heer, Jeet (@heerjeet), Tweet dated December 20, 2017.

Heim, Joe. "Recounting a Day of Rage, Hate, Violence, and Death." *Washington Post*, August 14, 2017.

Herman, Judith L., and Robert Jay Lifton. Letter to the Editor. *New York Times*, March 8, 2017.

Herzog, Rudolph. "Laughing All the Way to Autocracy." *Foreign Policy*, February 8, 2017.

Hess, Amanda. "How Astrology Took Over the Internet." *New York Times*, January 1, 2018.

Jackson, Molly. "Are Open Carry Protesters Fueling Fear outside a Texas Mosque?" *Christian Science Monitor*, November 22, 2015.

Jones, Sam, Kerin Hope, and Courtney Weaver. "Alarm Bells Ring over Syriza's Russian Links." *Financial Times*, January 28, 2015.

Kestenbaum, Sam. "Got Nazis? Milk Is New Symbol of Racial Purity for White Nationalists." *Forward*, February 13, 2017.

Kisselgoff, Anna. "Pina Bausch Dance: Key Is Emotion." *New York Times*, October 4, 1985.

Lehman, Joseph. "A Brief Explanation of the Overton Window." Mackinac Center for Public Policy.

Lewis, Paul. "'Our Minds Can Be Hijacked': The Tech Insiders Who Fear a Smartphone Dystopia." *Guardian*, October 6, 2017.

Malcolm, Derek. "Krzysztof Kieslowski—Obituary." *Guardian*, March 14, 1996.

Marshall, Francesca. "PC Criticised for Warning 'Feminine Care' Supermarket Signs Are Sexist." *Telegraph*, August 13, 2017.

Marshall, Richard. "Why You Don't Need Brain Surgery to Change Logic" (interview with Hartry Field). *3:AM Magazine*, May 3, 2018.

Maysh, Jeff. "Why One Woman Pretended to Be a High-School Cheerleader." *Atlantic*, July 6, 2016.

McCarthy, Tom. "The Edge of Reason: The World's Boldest Climb and the Man Who Conquered It." *Guardian*, September 10, 2017.

McGrogan, Manus. "Charlie Hebdo: The Poverty of Satire." *Jacobin Magazine*, January 7, 2017.

McPhate, Mike. "California Today: An 'Incomprehensible' Climb in Yosemite." *New York Times*, June 6, 2017.

Meier, Barry. "Inside a Secretive Group Where Women Are Branded." *New York Times*, October 17, 2017.

Meza, Summer. "Jenna Abrams, Alt-Right Hero on Twitter, Was Really a Russian Troll Who Tricked Republicans and Celebrities." *Newsweek*, November 3, 2017.

Nussbaum, Emily. "How Jokes Won the Election." *New Yorker*, January 23, 2017.

Selby, W. Gardner. "Michele Bachmann Didn't Say Bible Written in English." *Politifact*, December 23, 2014.

Sprague, David. "Sex Pistols Flip Off Hall of Fame." *Rolling Stone*, February 24, 2006.

"Syllabus on Sex and Gender Differences: How to Disprove Sexist Science." At librarycard.org, August 14, 2017.

"The Tea Party & the Circus—Final Healthcare Reform Protest," particularly 5:18–5:54, published on YouTube March 18, 2010.

Tempey, Nathan. "Cops Arrest Subway Riders for 'Manspreading.'" *Gothamist*, May 28, 2015.

Thiel, Peter. "The Education of a Libertarian." *Cato Unbound: A Journal of Debate*, April 13, 2009.

"Thomas Piketty refuse la Légion d'honneur." *Le Monde*, January 1, 2015.

Trees, Hannah. "Normalizing Pronoun-Sharing at Philosophy Conferences." *Blog of the APA*, March 20, 2018.

Trump, Donald J. (@realdonaldtrump). Tweet dated March 28, 2014.

"Trump Praises Macron, Considers July 4 Military Parade Like One He Saw in Paris." *Reuters*, September 18, 2017.

Weinberger, Eliot. "Charlie, encore une fois . . ." *LRB blog*, April 28, 2015.

出版后记

《理性的暗面》原书主体写于2016—2018年，彼时身份政治兴起，阴谋论和表情包流行，启蒙遭到质疑，公共领域被侵蚀，援引书中的话来说："我们正在经历一个极度非理性、狂热奔放、摇摇欲坠、让人感到恐惧的时代。"

鉴于此，贾斯汀·史密斯以敏锐的观察和犀利的笔锋撰写这部追溯理性暗面历史的作品，可以说是恰逢其时。当然，本书的内容在今天来看也并不过时，作为一名哲学教授，史密斯的灵感火花和博学点评，对于我们持续理解当下身处的世界颇有助益。他从逻辑的局限（和滥用）、作为进化机制的理智的失败、梦、艺术的创作、伪科学、启蒙运动的辩证法、互联网对于理性话语的扭曲、笑话和谎言、死亡等九大方面，说明了非理性如何在理性的背面蓬勃生发：当我们谈论人类理性如何一步步战胜了蒙昧、混乱时，它的孪生兄弟非理性也在隐秘地发展，而彻底制服非理性的企图往往只会造成它的爆发。理性和非理性，二者辩证相生的关系，恐怕永远不会消失。

由于水平有限，文中不免出现疏漏，恳请广大读者朋友批评指正。

图书在版编目（CIP）数据

理性的暗面：非理性的九副面孔 /(美) 贾斯汀·
E.H.史密斯著；王昕译. -- 北京：九州出版社，
2023.5（2024.5重印）

ISBN 978-7-5225-1639-4

Ⅰ.①理… Ⅱ.①贾… ②王… Ⅲ.①感性 Ⅳ.
①B017

中国国家版本馆CIP数据核字(2023)第047531号

Irrationality: A History of the Dark Side of Reason by Justin E. H. Smith

Copyright © 2019 by Justin E. H. Smith

著作权合同登记号：01-2023-0184

理性的暗面：非理性的九副面孔

作　　者	［美］贾斯汀·E.H.史密斯　著　　王　昕　译
责任编辑	王　佶
出版发行	九州出版社
地　　址	北京市西城区阜外大街甲35号（100037）
发行电话	（010）68992190/3/5/6
网　　址	www.jiuzhoupress.com
印　　刷	北京天宇万达印刷有限公司
开　　本	889 毫米 × 1194 毫米　　　32开
印　　张	12.25
字　　数	297 千字
版　　次	2023 年 5 月第 1 版
印　　次	2024 年 5 月第 3 次印刷
书　　号	ISBN 978-7-5225-1639-4
定　　价	76.00元